Baydaoui

Webseiten entwickeln mit ASP.NET

Jamal Baydaoui

Webseiten entwickeln mit ASP.NET

Eine Einführung mit umfangreichem
Beispielprojekt.
Alle Codes in Visual Basic und C#

Der Autor:

Jamal Baydaoui, Bietigheim-Bissingen

Alle in diesem Buch enthaltenen Informationen, Verfahren und Darstellungen wurden nach bestem Wissen zusammengestellt und mit Sorgfalt getestet. Dennoch sind Fehler nicht ganz auszuschließen. Aus diesem Grund sind die im vorliegenden Buch enthaltenen Informationen mit keiner Verpflichtung oder Garantie irgendeiner Art verbunden. Autor und Verlag übernehmen infolgedessen keine juristische Verantwortung und werden keine daraus folgende oder sonstige Haftung übernehmen, die auf irgendeine Art aus der Benutzung dieser Informationen – oder Teilen davon – entsteht.

Ebenso übernehmen Autor und Verlag keine Gewähr dafür, dass beschriebene Verfahren usw. frei von Schutzrechten Dritter sind. Die Wiedergabe von Gebrauchsnamen, Handelsnamen, Warenbezeichnungen usw. in diesem Buch berechtigt deshalb auch ohne besondere Kennzeichnung nicht zu der Annahme, dass solche Namen im Sinne der Warenzeichen- und Markenschutz-Gesetzgebung als frei zu betrachten wären und daher von jedermann benutzt werden dürften.

Bibliografische Information der Deutschen Nationalbibliothek:

Die Deutsche Nationalbibliothek verzeichnet diese Publikation in der Deutschen Nationalbibliografie; detaillierte bibliografische Daten sind im Internet über http://dnb.d-nb.de abrufbar.

© 2014 Carl Hanser Verlag München, www.hanser-fachbuch.de
Lektorat: Sieglinde Schärl
Copy editing: Monika Paff, Langenfeld
Herstellung: Irene Weilhart
Umschlagdesign: Marc Müller-Bremer, www.rebranding.de, München
Umschlagrealisation: Stephan Rönigk
Gesamtherstellung: Kösel, Krugzell
Ausstattung patentrechtlich geschützt. Kösel FD 351, Patent-Nr. 0748702
Printed in Germany

Print-ISBN: 978-3-446-43723-4
E-Book-ISBN: 978-3-446-43784-5

Inhalt

1

Einführung

Mit dem Microsoft .NET Framework beschäftige ich mich seit etwa Ende 2003 und habe seitdem einige Programme und Seiten damit entwickelt. Den Anfang machte ich mit dem .NET Framework 1.1, womit ich verschiedene Desktop-Anwendungen entwickelte. Die damalige ASP.NET-Version verwendete ich erstmals ca. im Jahr 2004 und war wenig begeistert. Daher entschied ich mich, PHP zu lernen, denn das ist damals wie heute die meistverwendete Sprache im Web. Irgendwann zwischen 2005 und 2006 versuchte ich mich dann nochmals am neuen ASP.NET 2.0 und war begeistert, denn die neuen Funktionalitäten und auch die Entwicklungsumgebung hatten sich so stark verbessert, dass ich einen zweiten Versuch starten wollte. Ich las 1.200 Seiten starke Wälzer und programmierte einige Lösungen mit ASP.NET 2.0. PHP ließ ich aber nie aus den Augen, d. h., ich fuhr ständig zweigleisig und verwendete die aktuellen Versionen beider Techniken/Sprachen.

Während dieser Jahre hörte ich oft, wie schlecht .NET sei, dass es Kinderkram sei usw. – das übliche Geplänkel zwischen Programmierern verschiedener Sprachen. Aber auch .NET-Desktop-Entwickler konnten sich oft nicht mit der Web-Variante anfreunden und ließen die Finger davon. Wohl auch deshalb, weil sie kein 1.200 Seiten umfassendes Buch lesen wollten, um dann zu merken, dass ASP.NET nicht das ist, was sie sich erhofft hatten. Deshalb habe ich dieses Buch geschrieben. Es soll Ihnen einen schnellen Eindruck von ASP.NET vermitteln, verknüpft mit vielen Beispielen aus der Praxis, sodass Sie direkt sehen können, wie die Technologie funktioniert.

An wen sich dieses Buch richtet

Dieses Buch wurde für Leute geschrieben, die noch nie etwas im Web programmiert haben. Es richtet sich prinzipiell auch an diejenigen, die noch nie irgendetwas programmiert haben, da es eine Einführung in HTML und JavaScript enthält. Beide sind essentiell für die Arbeit im Web.

Das Buch wurde darüber hinaus auch für .NET-Entwickler geschrieben, die nur die Desktop-Seite kennen und sich noch nicht an ASP.NET herangetraut haben. Letztere werden in den Beispielaufgaben und Übungen sofort merken, wie sehr sich Desktop- und Webentwicklung mit .NET ähneln, aber auch, wo die Unterschiede liegen.

Auch für PHP-Entwickler ist das Buch interessant, denn sie werden anhand der Praxisbeispiele auf schnelle Weise die Funktionalitäten und Vorteile von ASP.NET kennenlernen.

Das Buch umfasst demnach folgende Zielgruppen:

- .NET-Desktop-Entwickler
- PHP-Entwickler, die sich von den Vorteilen von ASP.NET überzeugen wollen
- Hobby-HTML-Entwickler ohne Erfahrung in dynamischer Webentwicklung
- Leute, die einen schnellen Einblick in die ASP.NET-Entwicklung gewinnen möchten

Nicht zur Zielgruppe gehören:

- Professionelle ASP.NET-Entwickler
- Anfänger bzw. Programmierer anderer Sprachen, die *sofort* komplexe Webapplikationen entwickeln möchten (das würde den Rahmen dieses Buches sprengen)

Welche Vorkenntnisse vorausgesetzt werden

Im Grunde keine – außer ein Grundverständnis der Arbeit am Computer! Sie brauchen keine Programmiererfahrung, um das Buch durcharbeiten zu können, denn ich werde alle wichtigen Elemente, die man für den Start braucht, erklären. Sollten Sie schon einmal programmiert haben oder eine andere Programmiersprache beherrschen, wird es Ihnen natürlich wesentlich einfacher fallen, das Buch zu verstehen, da Sie z. B. schon das Verständnis für Kontrollstrukturen usw. haben.

Aufbau und Ausrichtung dieses Buches

Das Buch beinhaltet viel Praxis, d. h., es wird immer erst die Theorie erklärt und diese dann anhand von Codebeispielen erklärt. Kapitel 15 enthält ein umfangreiches Beispielprojekt: die Entwicklung einer Website mit ASP.NET. Das Buch endet mit einem reinen Übungskapitel, in dem Sie noch einmal die Möglichkeit haben, das Gelernte zu vertiefen. Wenn Sie das Buch durchgearbeitet haben, sind Sie also bestens für die Entwicklung dynamischer Webseiten gerüstet.

Aufwendige Webapplikationen mit Login-Bereich, Web Services usw. beinhaltet dieses Buch nicht, da diese Themen nicht in ein Einstiegsbuch gehören. Sollten Sie aber später diese Richtung einschlagen wollen, liefert Ihnen dieses Buch die nötige Grundlage, d. h., Sie können sich schneller in diese Themen einarbeiten.

Ich habe früher oft in der Bahn, auf dem Weg zur Arbeit, Programmierbücher gelesen und festgestellt, dass manche Dinge ohne einen PC einfach nicht ersichtlich sind. Deshalb habe ich versucht, das Buch so zu schreiben, dass Sie auch ohne Computer vor der Nase verstehen, was gerade passiert.

Der Quellcode zum Buch

Alle ASP.NET-Quellcodes in diesem Buch sind sowohl in VB.NET als auch in C# im Buch dargestellt und in beiden Varianten als Download verfügbar. Sämtliche Codebeispiele sind unter folgendem Link abrufbar:

http://www.lebsites.de/autor/webseiten-entwickeln-mit-asp-net

Zusätzlich zu den Listings stehen Ihnen auch die kompletten Projekte des Buchs zum Download zur Verfügung. Das Beispielprojekt finden Sie auch als lauffähige Version unter dem oben genannten Link.

Danksagung

Ich möchte ein herzliches Dankeschön an folgende Personen richten:

- meine Frau
- meine Familie
- die Luschdige Truppe
- Mei Fradi Marco & Mei Panda Franzi
- Frau Schärl vom Hanser Verlag, die ermöglicht hat, dass es dieses Buch überhaupt gibt
- Herrn Bärlin, ohne den ich wohl kein .NET-Entwickler geworden wäre

So erreichen Sie mich

Für Anregungen, Hinweise, Kritik und Vorschläge können Sie mir gerne eine E-Mail an *buch@lebsites.de* schreiben.

2 ASP.NET

ASP.NET ist eine von Microsoft entwickelte Technologie, die auf dem .NET (gesprochen: *dot net*) Framework basiert. Das .NET Framework besteht aus einer Sammlung von Klassenbibliotheken, Schnittstellen usw. Das .NET Framework unterstützt eine Vielzahl von Programmiersprachen, wobei die meist verwendeten C# (gesprochen *C sharp*) und VB.NET sind. Laut der Webseite *www.dotnetframework.de* gibt es über 50 Programmiersprachen für .NET (Stand: Anfang 2013). Mit dem .NET Framework lassen sich sowohl Softwareprojekte als auch webbasierte Projekte realisieren. Für die webbasierten serverseitigen Projekte wird ASP.NET verwendet.

■ 2.1 Geschichte

ASP.NET kam 2002 als Nachfolger der seit 1996 veröffentlichten Active Server Pages (ASP) Technologie auf den Markt und löste diese ab. Das neu eingeführte ASP.NET brachte viele Klassenbibliotheken und Methoden mit, die in ASP nicht implementiert waren, und sollte es den EntwicklerInnen somit einfacher machen, webbasierte Projekte schneller zum Abschluss zu bringen. Bei der Veröffentlichung der Version 2.0 im November 2005 sprach Microsoft davon, dass es nun möglich sei, Projekte mit „70 % weniger Code" abzuschließen, da das .NET Framework schon viele Funktionen von Haus aus mitliefert. Mit der Version 3.5, die im November 2007 erschien, fügte Microsoft unter anderem die Unterstützung von Ajax hinzu. Ganz kurz beschrieben, bietet Ajax die Möglichkeiten, Teile einer Webseite im Hintergrund mit dynamischen Daten zu aktualisieren. Die aktuelle Version ist ASP.NET 4.5, welcher unter anderem Features von HTML5 hinzugefügt wurden.

Der Marktanteil von Webseiten, die mit ASP.NET realisiert wurden, liegt derzeit bei ca. 20 %[1] (Stand 2013). Damit belegt ASP.NET den zweiten Platz der meistverwendeten Websprachen nach PHP, das ca. 70 – 80 % der Webseiten verwenden.

---

[1] *http://w3techs.com/technologies/overview/programming_language/all*

■ 2.2 Funktionsweise

Das .NET Framework ist die Schnittstelle zwischen dem Programmcode und dem Betriebssystem, auf dem Ihr Projekt läuft. Das Framework beinhaltet viele Funktionen, die man früher selbst schreiben musste, und lässt uns diese nutzen. Ein Beispiel hierfür sind Funktionen, um auf das Dateisystem zugreifen zu können oder Dateien zu bearbeiten. Da das .NET Framework verschiedenste Sprachen unterstützt, wird unser Programmcode beim Kompilieren in eine Zwischensprache umgewandelt.

 Kompilieren bezeichnet das Umwandeln des Programmcodes in vom Computer ausführbaren Code. Diese Aufgabe übernimmt ein Compiler, der in Entwicklungsumgebungen oder auch als einzelnes Programm ausgeführt wird.

Diese Zwischensprache wird als *Microsoft Intermediate Language (MSIL)* bezeichnet. Egal ob wir unseren Code in C#, VB.NET oder einer anderen .NET-fähigen Sprache schreiben, der Code wird erst in diese Sprache umgewandelt. Dadurch lassen sich auch verschiedene Sprachen parallel in einem Projekt verwenden.

■ 2.3 Sprachen

Die zwei meistverwendeten Programmiersprachen des .NET Frameworks sind C# und Visual Basic .NET. Diese zwei Sprachen werden wir auch in diesem Buch verwenden, und alle Codes werden in beiden Sprachen vorliegen. Welche der beiden Sprachen Sie letztendlich verwenden, bleibt Ihnen überlassen. Viele Programmierer entscheiden sich anhand der Sprachen, die sie schon vorher kannten und deren Syntax der einen oder anderen Sprache ähnlich ist. Programmierer, die z. B. schon VBA oder VB6 anwenden können, werden wohl eher zu VB.NET greifen, wogegen PHP, Java oder C/C++-Programmierer eher zu C# tendieren. Für absolute Programmierneulinge ist die Syntax von VB.NET aber vermutlich einfacher zu verstehen.

Visual Basic .NET

Visual Basic .NET (kurz: VB.NET) ist der Nachfolger der von Microsoft entwickelten Programmiersprache Visual Basic. Diese Sprache wurde lange Zeit viel genutzt, da man mit ihr bei der Softwareentwicklung oftmals schneller zum Ziel kam als mit anderen Sprachen. Allerdings war das klassische Visual Basic sehr unstrukturiert. Mit VB.NET entwickelte Microsoft Visual Basic komplett neu, anstatt es wie in der Vergangenheit einfach nur zu erweitern. VB.NET unterstützte nun auch die Objektorientierung und Vererbung vollständig. VB.NET unterscheidet nicht zwischen Groß- und Kleinschreibung, dies bedeutet, dass die Variablen Anzahl, anzahl und ANZAHL dieselbe Variable sind.

C#

C# wurde als neue Sprache von Microsoft entwickelt und griff dabei auf Konzepte bestehender Sprachen zurück und kombinierte Teile von diesen in der neuen Sprache. Syntaktisch orientiert C# sich an Java und C/C++. C#-Code ist meist etwas kürzer als VB.NET-Code, da der VB.NET-Code zum Beispiel Blöcke mit Schlüsselwörtern umschließt und C# dafür geschweifte Klammern verwendet. C# ist eine *case sensitive*-Sprache, unterscheidet also im Gegenzug zu VB.NET zwischen Groß- und Kleinschreibung. Die eingangs im VB.NET-Teil angegebenen Variablennamen würden in C# drei verschiedenen Variablen entsprechen.

Welche Sprache soll ich verwenden?

Beide haben ihre Vor- und Nachteile. Das wohl wichtigste Kriterium bei der Wahl zwischen zwei Sprachen ist die Ausführungsgeschwindigkeit, die aber hier keine Unterschiede aufweist. Ein Vorteil von VB.NET ist die bessere Unterstützung und Hilfe in Visual Studio. Für Anfänger mag vielleicht die Syntax von VB.NET einfacherer zu erlernen und nicht so anfällig für „Leichtsinnsfehler" sein, z. B. durch das Vergessen von Semikolons und Klammern oder durch falsche Groß- und Kleinschreibung. Allerdings weist die Entwicklungsumgebung im Normalfall auf solche Fehler sofort hin. Für welche Sprache Sie sich nun entscheiden, bleibt Ihnen überlassen. Falls Sie sich doch für beide interessieren, haben Sie mit diesem Buch die Möglichkeit dazu, da alle Codes in beiden Sprachen vorliegen.

3 Die Entwicklungs-umgebung

Um Webseiten mit ASP.NET komfortabel entwickeln zu können, benötigt man eine entsprechende Entwicklungsumgebung (kurz IDE, engl. für *integrated development environment*). Die Entwicklungsumgebung, die wir in diesem Buch verwenden, ist Microsoft Visual Studio Express 2012 für Web. Diese Version von Visual Studio ist kostenlos und bedarf nur einer Registrierung. Diese kostenlosen Expressversionen kamen erstmals 2005 auf den Markt und waren ursprünglich nur als Testversionen geplant. Da aber die Nachfrage für dauerhafte kostenlose Versionen immens war und Microsoft die Anzahl der illegalen Kopien seiner Software verringern wollte, entschied man sich dafür, die Expressversionen dauerhaft kostenlos zu belassen. Die Expressversionen sind in ihrem Umfang deutlich kompakter als die „großen" Versionen, dennoch für viele Entwicklungen mehr als ausreichend.

3.1 Systemvoraussetzungen

Die 2012er Version benötigt Windows 7 oder höher bzw. Windows Server 2008 oder höher.

 HINWEIS: Sollten Sie über keines dieser Betriebssysteme verfügen, können Sie natürlich auch eine 2010er Version verwenden. Diese funktioniert vom Prinzip her wie die 2012er. Es besteht natürlich die Möglichkeit, dass dort die eine oder andere Funktion der IDE nicht verfügbar oder an einer anderen Stelle auffindbar ist. Das sollte Sie aber nicht davon abhalten, mit dem Buch fortzufahren. ∎

Wenn Ihr Betriebssystem die Voraussetzung erfüllt, können wir mit der Installation beginnen.

■ 3.2 Installation

Als Erstes sollten Sie die Windows Update-Funktion Ihres Betriebssystems ausführen und nachsehen, ob es Updates für das .NET Framework gibt, die installiert werden können (Bild 3.1).

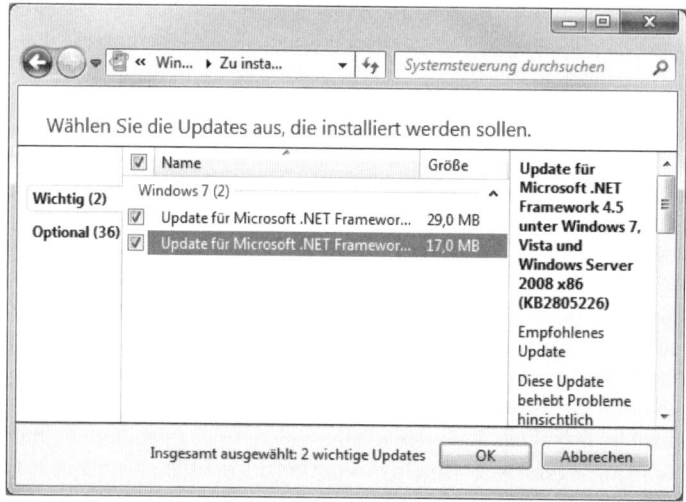

Bild 3.1
Updates für das
.NET Framework

Wenn die Updates installiert wurden, wird das System möglicherweise einen Neustart verlangen. Sobald das System neugestartet wurde, laden wir die IDE runter. Der Link zur Downloadseite lautet: *http://www.microsoft.com/visualstudio/deu/downloads#d-2012-express*. Dort finden Sie in einem Akkordeon-Menü die verschiedenen Visual Studio Express 2012-Versionen. Wir benötigen die Web-Version. Durch einen Klick auf den Reiter *Visual Studio Express 2012 für Web* öffnet sich das Auswahlfenster mit verschiedenen Optionen. Mit einem Klick auf Jetzt installieren wird man zuerst auf eine Seite weitergeleitet, auf der man den Microsoft Web Platform Installer installieren muss. Wenn Sie auf den Button klicken, wird eine Datei heruntergeladen, die Sie ausführen müssen; nach der Initialisierung der Installation erscheint das Installationsfenster.

Im Installationsfenster klicken Sie auf Installieren (Bild 3.2). Es öffnet sich ein Auswahlfenster mit Software, die Sie installieren können. Hier wählen Sie Visual Studio Express 2012 für das Web mit Windows Azure SDK (aktuellste Version) aus und klicken auf Ich stimme zu. Nach diesem Klick startet die Installation. Wenn diese einen Neustart verlangt, führen Sie diesen bitte durch. Die Installation kann dann einige Minuten dauern, da der Plattform Installer während der Installation die benötigten Dateien erst herunterlädt. Wenn die Installation abgeschlossen ist, klicken Sie auf Beenden. Dadurch wird die Installation abgeschlossen.

Beim Start von Visual Studio werden Sie darauf hingewiesen, dass die Version in 30 Tagen abläuft. Hier können Sie sich nun registrieren und eine Seriennummer erhalten oder dieses erst einmal durch einen Klick auf das X oben rechts überspringen.

Wenn Sie die IDE nun öffnen, sehen Sie den in Bild 3.3 dargestellten Bildschirm.

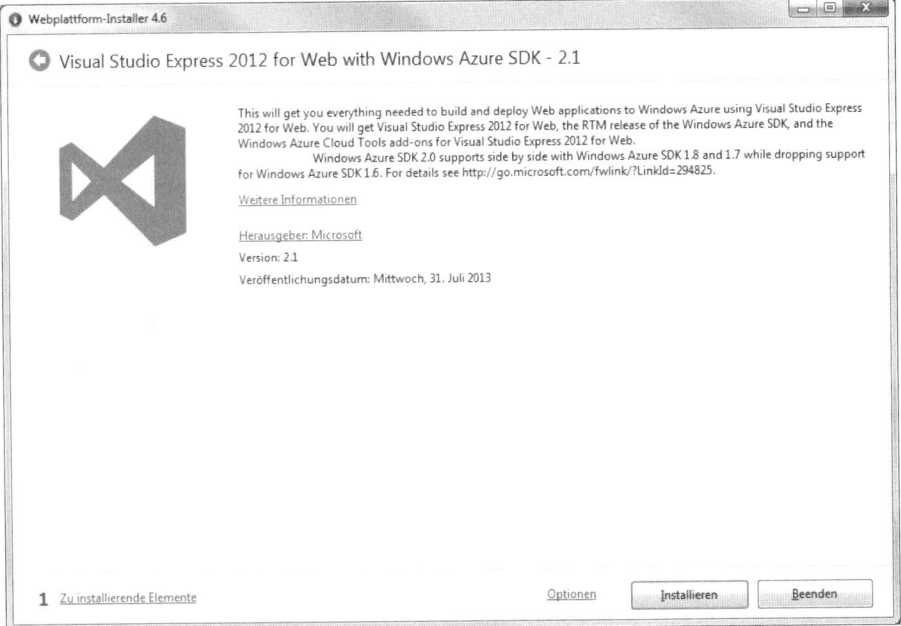

Bild 3.2 Der Webplattform-Installer

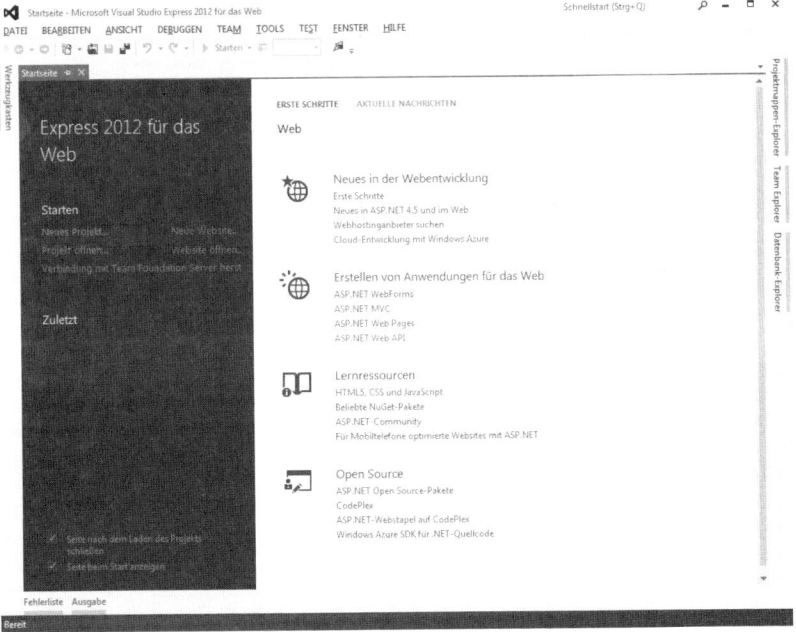

Bild 3.3 IDE-Startbildschirm

Jetzt können wir mit der Programmierung beginnen.

4 HTML und CSS

In diesem Kapitel dreht sich alles um den Grundbaustein der Webentwicklung: HTML und CSS. Sie lernen hier, wie Sie einfache HTML-Dokumente erstellen und sie mit CSS stylen, anders gesagt: Sie lernen, die Darstellung und die Anzeigeeigenschaften festzulegen. Dieses Grundverständnis zu den beiden Techniken brauchen Sie, um in die ASP.NET-Programmierung einsteigen zu können.

Sollten Sie schon Erfahrung in der Webprogrammierung und im Styling von Webseiten mit CSS haben, können Sie dieses Kapitel überspringen, da es für absolute Neulinge ausgelegt ist.

■ 4.1 HTML

4.1.1 Was ist HTML?

HTML bedeutet Hypertext Markup Language (Hypertext-Auszeichnungssprache), HTML ist also keine Programmiersprache, sondern eine Methode, um die Inhalte eines Dokuments zu strukturieren. Die Inhalte eines HTML-Dokuments können u.a. Bilder, Hyperlinks und Texte sein. HTML-Dokumente können ganz einfach in einem Texteditor geschrieben und dann vom Browser angezeigt werden. Die Browser parsen zuerst den Quelltext, um ihn dann zu rendern. Das Parsen bewirkt, dass der von uns geschriebene Quelltext (der komplette Text in unserem HTML-Dokument) in eine für den Browser verarbeitbare Datenstruktur umgewandelt wird. Diese Datenstruktur wird dann gerendert, also in eine darstellbare Form umgewandelt, welche dann im Browser angezeigt wird.

4.1.2 Geschichte

Um den Mitarbeitern an den verschiedenen Standorten der Europäischen Organisation für Kernforschung (CERN) Dokumente bereitzustellen, entstand dort 1989 das Projekt zur Entwicklung von HTML unter der Leitung von Tim Berners-Lee, welcher als Erfinder des World

Wide Web gilt. Im Zuge der Entwicklung von HTML entwickelte er auch das Transferprotokoll http, den ersten Webbrowser und den ersten Webserver.

Um eine einheitliche Entwicklung von HTML sicherzustellen, gründete Tim Berners-Lee das World Wide Web Consortium (W3C), welchem er bis heute vorsteht. Ziel des W3C ist die Weiterentwicklung von HTML, CSS und weiteren Techniken. Das W3C spricht Empfehlungen zur Implementierung dieser Techniken aus, welche aber nicht verpflichtend sind.

Die aktuelle Version ist HTML 4.01 (Stand Juli 2013). Die Version 5 hat derzeit den Status *working draft* und soll im Laufe des Jahres 2014 offiziell verabschiedet werden. Derzeit wird HTML5 unterschiedlich stark unterstützt. Einige Implementierungen finden in allen großen Browsern Unterstützung, andere Implementierungen nur in wenigen. Eine explizite Auflistung kann hier leider nicht gegeben werden, da sich die Unterstützung mit jedem Browser-Update ändern kann.

4.1.3 Aufbau und Syntax

4.1.3.1 Aufbau

Ein HTML-Dokument hat einen Aufbau, der aus drei Bereichen besteht:

1. **Doctype (Dokumenttyp):** Er steht am Anfang jedes Dokuments und gibt die verwendete DTD (Dokumentypdefinition) an. Dies kann z. B. HTML4 oder HTML5 sein.
2. **Headerbereich (Kopfbereich):** Er gibt unter anderem Informationen des Dokuments an oder bindet externe Dateien wie Stylesheets oder JavaScript-Dateien ein und wird nicht im Browser ausgegeben.
3. **Body (der HTML-Körper):** Hier werden alle Daten eingegeben, die im Browser sichtbar für den Benutzer ausgegeben werden sollen.

4.1.3.2 Syntax

Alle Daten innerhalb eines HTML-Dokuments sind entweder von einem Tag-Paar umschlossen oder bestehen aus einem Tag. Es gibt mehrere Arten der Schreibweise von Tags. Wir verwenden nur zwei Arten. Die eine besteht aus einem Start- und einem Endtag, die zweite aus einem Tag, der beide kombiniert. Der Aufbau eines Tags folgt im Grunde immer demselben Schema:

1. Zuerst wird der Tag mit einem <-Zeichen geöffnet.
2. Danach folgt die Elementart, z. B. p für Paragraph oder h1 für eine Überschrift der ersten Stufe.
3. Es können dem Element zusätzlich Attribute vergeben werden, wie z. B. id="first-para-graph". Dieses würde unserem Element eine eindeutige Id mit der Bezeichnung first-paragraph verleihen.
4. Als Drittes wird der Starttag mit > geschlossen.

Der Aufbau des schließenden Tags (Endtag) folgt demselben Muster bis auf einen Unterschied: Vor dem schließenden >-Zeichen steht /, also />.

Es wird nicht zwischen Groß- und Kleinschreibung unterschieden. Allerdings wird die Kleinschreibung bevorzugt verwendet.

Wenn wir nun ein Element „Paragraph", welches einen Textabsatz auszeichnet, in unser HTML-Dokument einfügen wollen, müssen wir die in Listing 4.1 dargestellten Inhalte verwenden.

Listing 4.1 HTML-Syntax am Beispiel p-Tag

```
<p id="first-paragraph">
    Mein erster Absatz.
</p>
```

Ein kombiniertes Tag besteht aus einem Start und Endtag in einem. Dies wird z.B. für die Einbindung eines Bildes mittels eines Bild-Elements (img-Tag) verwendet (Listing 4.2).

Listing 4.2 HTML-Syntax am Beispiel img-Tag

```
<img src="Pfad zu meinem Bild" alt="Bezeichnung des Bildes" />
```

Verschachtelung von Elementen

Einige der HTML-Elemente lassen sich auch verschachteln, das bedeutet, dass innerhalb eines HTML-Elements ein oder mehrere weitere Elemente eingebaut werden können. Wollen wir ein Bild innerhalb eines Paragraphen einbinden, würde das so wie in Listing 4.3 dargestellt aussehen.

Listing 4.3 HTML-Verschachtelung, Bild in Paragraph

```
<p>
    <img src="Pfad zu meinem Bild" alt="Bildbezeichnung" />
    Mein Text, der unterhalb des Bildes angezeigt wird.
</p>
```

Block- und Inline-Elemente

Es gibt zwei Arten von HTML-Elementen:

- **Block-Elemente:** Block-Elemente nutzen immer eine ganze Zeile bzw. den restlichen verfügbaren Platz der Zeile. Das bedeutet, dass nachfolgende Elemente immer in einer neuen Zeile unterhalb des Block-Elements angezeigt werden. Block-Elemente können Text, Inline- und Block-Elemente enthalten.

- **Inline-Elemente:** Inline-Elemente nutzen nur so viel Breite, wie ihr Inhalt benötigt. Mehrere Inline-Elemente hintereinander reihen sich nebeneinander an, bis der Platz der Zeile zu Ende ist, und werden daraufhin in der nächsten Zeile fortgeführt. Folgt ein Inline-Element auf ein Block-Element bzw. umgekehrt, stehen diese immer in zwei Zeilen, da das Block-Element immer die gesamte Zeile verwendet und somit das Inline-Element verdrängt. Inline-Elemente können Text und andere Inline-Elemente enthalten, aber keine Block-Elemente.

HINWEIS: Grundlegend sei gesagt: Block-Elemente dürfen nicht innerhalb von Inline-Elementen liegen, umgekehrt ist es aber erlaubt. Es gibt Ausnahmen wie in HTML5, die es erlauben, Block-Elemente innerhalb eines a-Tags (Link) zu platzieren.

4.1.4 Ein erstes HTML-Dokument erstellen

Nun wollen wir unser erstes vollständiges HTML-Dokument erstellen. Dazu müssen wir zuerst noch ein paar Tags kennenlernen:

- `<!DOCTYPE html>`: Der Doctype steht in der ersten Zeile und gibt an, welche Art von Dokument diese Datei ist. Dieser Doctype deklariert unser Dokument zu einer HTML5-Datei. Es gibt noch weitere, wir verwenden hier zuerst HTML5.

- `<html> </html>`: Dieses Tag-Paar erstellt unser HTML-Element, innerhalb dessen sich der komplette Inhalt unserer HTML-Datei befindet.

- `<head> </head>`: Dies ist der Kopfteil des Dokuments. Er wird verwendet, um Informationen zu unserer Datei anzugeben oder externe Dateien einzubinden.

- `<title> </title>`: Dieser Tag steht innerhalb des `head`-Bereiches. Er wird verwendet, um dem Dokument einen Titel zu geben, der dann oben im Browser steht als Bezeichner in der Suchmaschine oder als Bezeichnung für den Eintrag in den Bookmarks, falls die Seite in den Favoriten gespeichert wird.

- `<body> </body>`: Dies gibt den Bereich an, der die im Browser anzuzeigenden Elemente umfasst. Alle Block- und Inline-Elemente, die unsere Datei umfasst, **müssen** im body stehen.

Wenn wir diese Teile nun kombinieren, erhalten wir unser erstes HTML-Dokument (Listing 4.4).

Listing 4.4 Erstes HTML-Dokument

```
<!DOCTYPE html>
<html>
    <head>
        <title></title>
    </head>
    <body>
    </body>
</html>
```

Wenn Sie diese Datei nun auf Ihrem Rechner erstellen wollen, gehen Sie wie folgt vor:

1. Öffnen Sie einen Texteditor wie Notepad oder Notepad++ (kostenlos im Internet verfügbar).

2. Schreiben Sie den Quelltext hinein.

3. Speichern Sie die Datei unter dem Namen *index.html*.

Wenn Sie diese Datei nun in einem Browser öffnen, sehen Sie eine weiße Seite. Um dies zu ändern, können Sie nun versuchen, dem Dokument einen Titel zu vergeben und innerhalb des body einen Paragraphen einzubauen.

Schon versucht? Hat es funktioniert? Im Browser sollte es wie in Bild 4.1 aussehen.

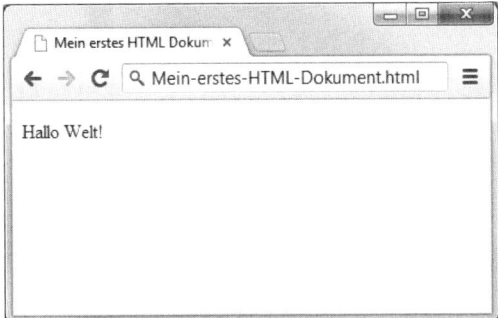

Bild 4.1
Erstes HTML-Dokument

In Listing 4.5 sehen Sie eine Musterlösung des Quelltextes.

Listing 4.5 Erstes HTML-Dokument, Musterlösung

```
<!DOCTYPE html>
<html>
    <head>
        <title>Mein erstes HTML-Dokument</title>
    </head>
    <body>
        <p>
            Hallo Welt!
        </p>
    </body>
</html>
```

4.1.4.1 Der Head-Bereich

Wie bereits vorher erwähnt, beschreibt der head-Bereich unser Dokument oder bindet externe Dateien ein. Innerhalb des head-Tags können sieben verschiedene Elemente verwendet werden, wobei der title erforderlich ist.

- title: Bezeichnung der Seite für die Titelleiste, Suchmaschinen oder Favoriten
- meta: Metadaten zur genaueren Beschreibung des Dokuments (Inhaltsbeschreibung, Stichworte usw.)
- base: gibt die Basis-URL der Webseite an
- style: ermöglicht es, CSS-Anweisungen innerhalb des Dokuments einzugeben, um das Aussehen der Seite anzupassen
- script: wird hauptsächlich verwendet, um Skripte einzubauen, meistens JavaScript
- link: wird verwendet, um externe Dateien, hauptsächlich CSS-Stylesheets, einzubinden
- noscript: anzuzeigender Inhalt, falls der Benutzer die Skriptausführung des Browsers deaktiviert hat

4.1.5 Einige HTML-Elemente im Überblick

Nun wollen wir uns einige der HTML-Elemente in einer kurzen Übersicht anschauen und damit am Ende unser Dokument ausbauen.

- h1–h6: Dies stellt die Überschriften zur Gliederung der Webseite dar. Die Zahl steht für die Überschriftsebene. Eine h1-Überschrift sollte auf einer Seite möglichst nur einmal vorkommen, da sie als Überschrift des Dokuments gilt. Die h2–h6-Überschriften können so oft wie benötigt im Dokument eingesetzt werden.
  Beispiel: `<h1>Überschrift Ebene 1</h1>`

- p: Ein Paragraph oder Absatz wird für Fließtext verwendet. Jeder Fließtext sollte in einem p-Tag stehen. Ein p-Tag darf keine weiteren p-Tags oder andere Block-Elemente enthalten.
  Beispiel: `<p>Mein Fließtext innerhalb eines p-Tags</p>`

- span: Um einen bestimmten Teil eines Textes z.B. mit CSS anders gestalten zu können, verwenden wir span-Tags. Diese sind Inline-Elemente und können innerhalb p, h1-h6 u.v.m. eingesetzt werden.
  Beispiel: `<p>Mein <span>Fließtext</span> innerhalb eines p-Tags</p>`

- a: Dieses Tag wird verwendet, um andere Seiten, Dokumente, Sprungmarken und Dateien zu verlinken. Es benötigt ein href-Attribut, welches das Ziel des a-Tags angibt, und ein title-Attribut, welches eine Beschreibung des Links ist. Der Text zwischen dem öffnenden und schließenden Tag-Paar wird dem Nutzer im Browser ausgegeben.
  Beispiel: `<a href="http://www.google.de" title="Google.de">Mein Linktext</a>`

- img: Um Bilder einzufügen, benötigen wir ein img-Tag. Die wichtigsten Attribute dieses Tags sind:
  - src: Source (Quelle) des Bildes. Dies ist ein Verweis auf die Bilddatei, die eingebunden werden soll.
  - alt: Dies bezeichnet alternativen Text, der eingeblendet wird, wenn das Bild nicht angezeigt werden kann oder bei Lesegeräten ausgegeben wird, die keine Bilder anzeigen können, wie z.B. Browser für Blinde.
  - width: Dies gibt eine Größenangabe für die Breite in Pixel an, auf die das Bild skaliert wird.
  - height: Dies stellt eine Größenangabe für die Höhe in Pixel dar, auf die das Bild skaliert wird.

  Wenn wir diese Attribute nun alle kombinieren, erhalten wir beispielsweise solch ein img-Tag:
  `<img src="bild.jpg" alt="Urlaubsbild" width="400" height="300" />`
  Dieses Tag gibt ein Bild aus mit dem Dateinamen *bild.jpg*, der Höhe 300 Pixel, Breite 400 Pixel und einem Alternativtext „Urlaubsbild" aus.

- div: div-Elemente werden verwendet, um ein Dokument in mehrere Bereiche einzuteilen und einzelne Elemente in diesem „Container" zusammenzufassen. Ein div kann weitere div-Elemente und alle anderen HTML-Ausgabeelemente wie p, img, Überschriften usw. enthalten.
  Beispiel: `<div><h1>Überschrift</h1><p>Mein Fließtext</p></div>`

- ul: Dies steht für *unordered list*, was so viel wie „ungeordnete Liste" bedeutet. Dieses Element verwenden wir, wenn wir eine Auflistung einbauen wollen, die nicht nummeriert sein muss. Innerhalb dieser ul stehen die li-Elemente *(list items)*. Jedes li steht für einen Eintrag in unserer Liste.

Ein Beispiel für eine Liste mit 3 Items: `<ul><li>Erstes Item</li><li>Zweites Item</li><li>Drittes Item</li></ul>`

Diese Liste wird im Browser wie in Bild 4.2 aussehen.

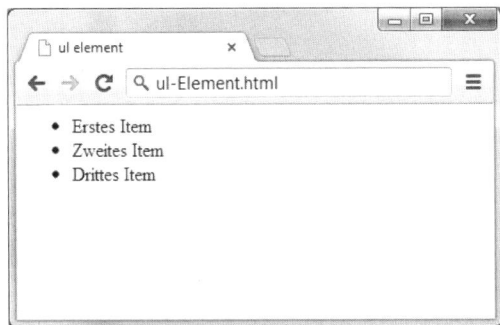

Bild 4.2
UL-Liste

Eine ul entspricht also derselben Liste wie dieser Auflistung, in der wir uns gerade befinden.

- ol: ol bedeutet *ordered list* („geordnete Liste"). Diese funktionieren genau wie die ul, allerdings wird die Liste als Aufzählung ausgegeben, d. h., dass anstatt der Punkte vor den Items Ziffern stehen (1, 2, 3, ...).
  Beispiel: `<ol><li>Erstes Item</li><li>Zweites Item</li><li>Drittes Item</li></ol>`

- br: Dieser Tag erzwingt einen Zeilenumbruch. Innerhalb eines p-Tags kann es nützlich sein, wenn ein bestimmter Satz (ein bestimmtes Wort) zwingend in der nächsten Zeile am Anfang stehen soll. Das br-Tag ist ein leeres Element und wird so geschrieben: `<br />`. Setzen Sie dieses Tag nur sparsam ein, da der Textfluss Ihrer Texte bei Ihnen aus verschiedenen Gründen (z. B. Bildschirmauflösung) anders aussehen kann als beim Endbenutzer.

Nun wollen wir unser Dokument um einiger dieser Elemente erweitern.

 ÜBUNG: Versuchen Sie, ein HTML-Dokument mit folgendem Aufbau zu erstellen:

- Es soll einen Titel „Zweites Dokument" haben.
- Es soll zwei Bereiche enthalten, der erste mit der Id header, der zweite mit der Id content.
- Innerhalb des erstes Bereichs soll sich eine Überschrift mit dem Text „Hauptüberschrift" ersten Ranges befinden.
- Legen Sie im zweiten Bereich einen Absatz mit einem beliebigen Text an und bauen Sie darin einen Link zu einer Webseite Ihrer Wahl ein.
- Fügen Sie als Letztes unterhalb des Absatzes eine geordnete Liste mit mindestens 2 Einträgen ein.

Das Endergebnis sollte in etwa wie in Bild 4.3 aussehen.

Bild 4.3
Zweites HTML-Dokument

Falls es bei Ihnen so ähnlich aussieht, können Sie nun den Quelltext mit der Musterlösung vergleichen (Listing 4.6). Falls nicht, versuchen Sie es doch noch einmal. Übung macht den Meister!

Listing 4.6 Zweites Dokument, Musterlösung

```html
<!DOCTYPE html>
<html>
    <head>
        <title>Zweites Dokument</title>
    </head>
    <body>
        <div id="header">
            <h1>Hauptüberschrift</h1>
        </div>
        <div id="content">
            <p>
                Das ist mein Absatz mit einem beliebigen Text.
                Und jetzt folgt der Link:
                <a href="http://www.google.de" title="Google.de">
                    Link zu Google.de
                </a>
            </p>
            <ol>
                <li>Das ist das erste Listenelement</li>
                <li>Und das ist das zweite</li>
            </ol>
        </div>
    </body>
</html>
```

4.1.6 HTML-Kommentare

In HTML gibt es die Möglichkeit, seinen Quelltext mit Kommentaren zu versehen. Diese werden dem Benutzer nicht im Browser angezeigt und helfen beispielsweise bei späterer Bearbeitung der Datei, sich wieder darin zurechtzufinden.

Kommentare werden nach folgendem Schema aufgebaut:

```
<!-- Dies ist der Kommentar -->
```

Der Kommentar-Tag wird mit folgenden Zeichen eingeleitet: `<!--`. Danach folgt der Text des Kommentars, abschließend folgt `-->`.

Innerhalb unseres Quelltextes fügen wir jetzt Kommentare zu den `div`-Bereichen ein, die jeweils den Anfang und das Ende des `div`-Elements markieren (Listing 4.7).

Listing 4.7 HTML-Kommentare

```html
<!DOCTYPE html>
<html>
    <head>
        <title>Zweites Dokument</title>
    </head>
    <body>
        <!-- Kopfbereich für die Überschrift -->
        <div id="header">
            <h1>Hauptüberschrift</h1>
        </div>
        <!-- Ende des Kopfbereichs -->
        <!-- Inhaltsbereich -->
        <div id="content">
            <p>
                Das ist mein Absatz mit einem beliebigen Text.
                Und jetzt folgt der Link:
                <a href="http://www.google.de" title="Google.de">
                    Link zu Google.de
                </a>
            </p>
            <ol>
                <li>Das ist das erste Listenelement</li>
                <li>Und das ist das zweite</li>
            </ol>
        </div>
        <!-- Ende des Inhaltsbereichs -->
    </body>
</html>
```

Wenn Sie diese neuen Zeilen nun in Ihr Dokument einbauen und es dann im Browser öffnen, werden Sie die Kommentare nicht sehen. Wenn wir uns aber den Quelltext der Seite anzeigen lassen, werden wir die Kommentare entdecken.

 PRAXISTIPP: Um den Quelltext einer Internetseite anzeigen zu lassen, können Sie im Mozilla Firefox und Google Chrome Browser die Tastenkombination STRG + U verwenden. Im Internet Explorer klicken Sie mit der rechten Maustaste auf die Seite und dann im erscheinenden Kontextmenü auf QUELLCODE ANZEIGEN.

4.1.7 Zusammenfassung

- HTML ist keine Programmiersprache, sondern eine Auszeichnungssprache.
- Ein HTML-Dokument besteht aus drei Bereichen: Doctype, Header (Kopfbereich), Body (Inhaltsbereich).
- Im Head-Bereich wird das Dokument beschrieben und externe Dateien eingebunden. Innerhalb des Head-Bereichs ist das `title`-Tag erforderlich.
- HTML-Elemente werden als Tags in das Dokument geschrieben. Der Aufbau sieht so aus: `<element_name attribut_name="attribut_wert">Inhalt</element_name>` bzw. `<element_name attribut_name="attibut_wert" />`
- Attribute sind Eigenschaften des HTML-Elements und beschreiben das Element genauer.
- Es gibt zwei Arten von Elementen:
  - **Block-Elemente:** Diese verwenden immer den maximal verfügbaren Platz der aktuellen Zeile und können Text, Block- und Inline-Elemente beinhalten.
  - **Inline-Elemente:** Diese verwenden nur den benötigten Platz und können Text und andere Inline-Elemente beinhalten.
- HTML-Kommentare werden im Browser nicht ausgegeben, befinden sich aber im Quelltext der Seite. Die Syntax der Kommentare lautet: `<!-- Kommentartext -->`

■ 4.2 CSS

4.2.1 Was ist CSS?

CSS steht für Cascading Style Sheets und bedeutet auf Deutsch „Kaskadierte Gestaltungsvorlagen". CSS bestimmt (bei der Verwendung mit HTML), wie ein Dokument auszusehen und/oder sich zu verhalten hat. Gesteuert werden können unter anderem Schriftart und Schriftgröße, Farben, Abstände und Rahmen.

4.2.2 Geschichte

Am Anfang von HTML wurden Stilvorgaben noch durch bestimmte HTML-Tags und Attribute vorgegeben, die heutzutage allerdings nicht mehr verwendet werden (sollten). Das bedeutet, dass Layout und Datenstruktur nicht voneinander getrennt waren. Dadurch musste man in jedem HTML-Dokument seine Tags immer wieder gleich aufbauen und die gleichen Attribute vergeben, um ein einheitliches Design zu erhalten. Eine kleine Änderung am Design wie eine Änderung der Schriftfarbe musste dann in allen Dokumenten einzeln durchgeführt werden.

1994 schlug Håkon Wium Lie dem zu diesem Zeitpunkt an einem Browser arbeitenden Bert Bos vor zusammenzuarbeiten und CSS in den Browser zu implementieren. Nachdem sie

CSS in der folgenden Zeit präsentiert hatten, wurde das W3C darauf aufmerksam und entschloss sich 1996, CSS 1 als Stylesheet-Sprache vorzuschlagen.

1998 veröffentlichte das W3C CSS Level 2, welches einige Neuerungen mit sich brachte.

Seit 2000 wird an CSS Level 3 gearbeitet. Einige Browser unterstützen schon mehr oder weniger die Neuerungen dieser Entwicklung.

4.2.3 Aufbau und Syntax

Grundsätzlich ist ein Stylesheet eine Ansammlung von Regeln. Diese Regeln haben einen festgelegten Aufbau:

Zuerst werden ein oder mehrere Elemente über Selektoren ausgewählt. Ein Selektor kann zum Beispiel ein Elementtyp, eine ID oder eine Klasse sein. Man kann auch kommasepariert mehrere Selektoren verwenden. Danach folgt eine öffnende geschweifte Klammer. Innerhalb dieser Klammer folgen die Anweisungen, um die Eigenschaften der ausgewählten Elemente anzupassen. Zum Abschluss folgt eine schließende geschweifte Klammer.

In einem CSS-Dokument können genau wie bei HTML Kommentare eingebaut werden. Kommentare werden mit /* eingeleitet und mit */ abgeschlossen, dazwischen steht der Kommentartext. Ein kurzes Beispiel: /* Einzeiliges CSS Kommentar */. Kommentare dürfen auch mehrzeilig sein.

Im Stylesheet sieht das dann wie in Listing 4.8 aus.

Listing 4.8 Aufbau einer CSS-Regel

```
Selektor
{
    Eigenschaftsname: Eigenschaftswert;
    /* Kommentar */
}
```

Diese Regel würde der Eigenschaft *Eigenschaftsname* des ausgewählten Elements den Wert *Eigenschaftswert* geben. Das ist jetzt natürlich nicht sehr greifbar, deshalb werden wir uns nun einigen Selektoren und Eigenschaften widmen, um dann unser vorher erstelltes HTML-Dokument zu stylen.

4.2.4 Selektoren

Ein Selektor beschreibt die Bedingung, die zutreffen muss, damit ein Element von der entsprechenden Regel gestylt wird. Tabelle 4.1 zeigt eine Auswahl der wichtigsten Selektoren.

Tabelle 4.1 Selektoren

*	Selektiert alle Elemente im Dokument	`* { font-size:12px; }` Die Schriftgröße im gesamten Dokument wird auf 12 Pixel gesetzt.
E	Wählt alle Elemente vom Typ E aus.	`div { background-color:blue; }` Alle div-Blöcke im Element werden mit einem blauen Hintergrund versehen.
.meine-klasse	Wählt alle Elemente mit dem Klassennamen „meine-klasse"	`.meine-klasse { color:red; }` Alle Elemente mit der Klasse „meine-klasse" bekommen eine rote Schrift.
#meine-id	Selektiert alle Elemente mit der Id „meine-id"	`#meine-id { font-weight:bold; }` Alle Elemente mit der Id „meine-id" bekommen eine **fette** Schrift.
E.meine-klasse	Wählt alle Elemente vom Typ E, die die Klasse „meine-klasse" haben	`p.meine-klasse { color:green; }` Alle p-Elemente mit der Klasse „meine-klasse" bekommen eine grüne Schriftfarbe. Andere Elemente mit dieser Klasse werden von dieser Regel nicht beeinflusst.
E F	Selektiert alle Elemente vom Typ F, die sich innerhalb eines Elements vom Typ E befinden	`div p { color:black; }` Alle p-Elemente, die sich innerhalb eines div-Containers befinden, bekommen die Schriftfarbe Schwarz.

E F.eine-klasse	Selektiert all Elemente vom Typ F mit der Klasse „eine-klasse", die sich innerhalb eines Elements vom Typ E befinden	`div p.eine-klasse {`
		`    color:red;`
		`    font-size:18px;`
		`}`
		Alle p-Elemente mit der Klasse „eine-klasse", die sich innerhalb eines div-Containers befinden, bekommen die Schriftfarbe Rot und die Schriftgröße von 18 Pixel.

E#meine-id F	Wählt alle Elemente vom Typ F, die sich innerhalb eines Elements vom Typ E mit der Id „meine-id" befinden, aus	`div#meine-id p {`
		`    font-weight:bold;`
		`}`
		Alle p-Elemente innerhalb des div-Containers mit der Id „meine-id" bekommen eine fette Schrift.

 HINWEIS: Wie man aus den vorangehenden Ausführungen ersehen kann, lassen sich die verschiedenen Selektoren kombinieren, um eine genauere Auswahl zu treffen, welches Element gestylt wird. In Tabelle 4.1 ist nur eine Auswahl an Selektoren und Kombinationen zu sehen. Die restlichen Möglichkeiten sind im Internet oder speziellen CSS-Büchern zu finden.

4.2.5 CSS in HTML einbinden

Um CSS in HTML einzubinden, gibt es mehrere Möglichkeiten:

- **Inline Style:** Hierbei werden die CSS-Anweisungen direkt im `style`-Attribut des HTML-Tags eingetragen.
- **Internes Stylesheet:** Die CSS-Anweisungen stehen innerhalb von `style`-Tags direkt im HTML-Dokument.
- **Externes Stylesheet:** Die CSS-Anweisungen werden in einer separaten *.css*-Datei gespeichert und im `head`-Bereich des HTML-Dokuments eingebunden.

4.2.5.1 Inline Style

Beim Inline Style schreibt man die CSS-Anweisungen in das `style`-Attribut des zu stylenden HTML-Tags. Allerdings sollte man diese Möglichkeit so sparsam wie nur möglich einsetzen, da man durch den Einsatz von Inline Styles viele Vorteile der Stylesheets verliert, wie z. B. die zentrale Möglichkeit, alle Elemente eines Typs anzupassen.

Listing 4.9 Inline Style

```
<p style="color:red;font-weight:bold;">
    Dieser Paragraph besitzt ein Inline Style.
</p>
```

In Listing 4.9 werden einem Paragraphen innerhalb des `style`-Attributs zwei CSS-Anweisungen gegeben:

- `color:red;`: Mit dem CSS-Befehl `color` wird einem HTML-Element gesagt, welche Farbe der Text innerhalb des Elements haben soll – in diesem Fall Rot (= `red`).
- `font-weight:bold;`: Der Befehl `font-weight` beschreibt die *Schriftdicke*, also ob die Schrift fett, normal oder dünn angezeigt werden soll. In unserem Fall soll die Schrift fett (= `bold`) angezeigt werden.

4.2.5.2 Interne Stylesheets

Interne Stylesheets verwendet man hauptsächlich dann, wenn man Styles hat, die nur für ein Dokument gültig sind. Sie werden im `head`-Bereich einer HTML-Datei mit einem `style`-Tag eingebaut. Wir werden unser HTML-Dokument aus Listing 4.7 nun dahingehend verändern, dass wir ein paar der Elemente mit CSS in einem internen Stylesheet stylen (siehe Listing 4.10).

Listing 4.10 Internes Stylesheet

```
<!DOCTYPE html>
<html>
    <head>
        <title>Zweites Dokument</title>
        <style>
            h1 {
                font-size:18px;
                font-weight:bold;
                text-transform:uppercase;
```

```
            }
        p { font-size:14px; }
        a { text-decoration:underline; }
        ol { margin-top:20px; border:2px solid black; }
        ol li { font-size: 14px; }
    </style>
  </head>
  <body>
    <!-- Kopfbereich für die Überschrift -->
    <div id="header">
        <h1>Hauptüberschrift</h1>
    </div>
    <!-- Ende des Kopfbereichs -->
    <!-- Inhaltsbereich -->
    <div id="content">
        <p>
            Das ist mein Absatz mit einem beliebigen Text. Und jetzt folgt der
Link:
            <a href="http://www.google.de" title="Google.de">Link zu Google.de</a>
        </p>
        <ol>
            <li>Das ist das erste Listenelement</li>
            <li>Und das ist das zweite</li>
        </ol>
    </div>
    <!-- Ende des Inhaltsbereichs -->
  </body>
</html>
```

Im Vergleich zu dem Quelltext aus Listing 4.7 hat sich nur der head-Bereich verändert. Dort wurde ein style-Tag eingebaut mit allen CSS-Anweisungen für das HTML-Dokument. Die einzelnen Anweisungen haben folgende Bedeutung:

- h1 { font-size:18px; font-weight:bold; text-transform:uppercase; }
  - font-size:18px;: Das Element vom Typ h1 soll die Schriftgröße 18 Pixel haben.
  - font-weight:bold;: Die Schrift der h1-Überschrift soll fett sein.
  - text-transform:uppercase;: Der Text der Überschrift soll in Großbuchstaben (= uppercase) transformiert werden.
- p { font-size:14px; }: Alle Paragraphen im Dokument sollen die Schriftgröße 14 Pixel haben.
- a { text-decoration:underline; }: Alle a-Tags sollen unterstrichen (= underline) werden.
- ol { margin-top:20px; border:2px solid black; }
  - margin-top:20px;: Das Element ol soll oberhalb einen Abstand zum vorhergehenden Element von 20 Pixel haben.
  - border:2px solid black;: Um die sortierte Liste (ol) soll ein Rahmen gezeichnet werden mit einer Dicke von 2 Pixel, einer durchgezogenen Linie (= solid) und der Farbe Schwarz.
- ol li { font-size: 14px; }: Die Listenelemente (li) der sortierten Liste sollen eine Schriftgröße von 14 Pixel haben.

Wenn Sie diese Zeilen in Ihr Dokument eingefügt haben, sollte das Ergebnis wie in Bild 4.4 aussehen.

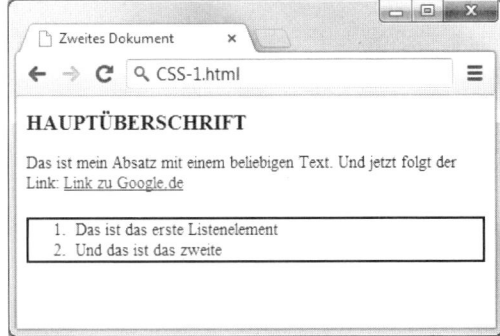

Bild 4.4
HTML und CSS

4.2.5.3 Externe Stylesheets

Externe Stylesheets eignen sich sowohl für einzelne Dokumente als auch für komplette Webseiten. Wenn man eine Webseite aufbaut, die ein Grunddesign hat (Farben, Schriftarten, Schriftgrößen, Abstände etc.), platziert man diese Regeln in einer CSS-Datei, die dann von allen Seiten der Webseite eingebunden wird. Wenn man später Änderungen am Design durchführen möchte, muss man nur eine CSS Datei anpassen, und die Anpassungen wirken auf alle Seiten und Unterseiten, die diese zentrale Datei verwenden.

Wir werden jetzt das CSS aus unserem letzten Listing 4.10 Internes Stylesheetin eine CSS-Datei auslagern und diese dann in unser HTML-Dokument einbinden. Am Style selbst ändern wir nichts, es wird nur ausgelagert.

Zuerst erstellen wir im selben Ordner, in der unsere HTML-Datei liegt, eine neue Datei mit dem Namen *css-extern.css*, in diese fügen wir die CSS-Regeln aus Listing 4.10 Internes Stylesheet ein. In der HTML-Datei löschen wir den `style`-Tag aus dem `head`-Bereich, da wir das CSS in einer anderen Datei haben. Anstelle des `style`-Tags fügen wir nun folgende Zeile ein:

```
<link rel="stylesheet" type="text/css" href="css-extern.css">
```

Diese Zeile bindet das externe Stylesheet ein. Die Attribute bedeuten Folgendes:

- `rel` beschreibt die „Beziehung" zwischen der einbindenden und der einzubindenden Datei.
- `type` beschreibt den MIME-Type der einzubindenden Datei.
- `href` gibt den Pfad des Stylesheets an, dies funktioniert genau wie bei a-Tags. In unserem Fall liegen die Dateien im selben Ordner. Würde die CSS-Datei beispielsweise in einem Unterordner mit Namen *css* liegen, müsste das Attribut so aussehen: `href="css/css-extern.css"`

Die CSS-Datei sieht jetzt, mit Kommentaren ergänzt, wie in Listing 4.11 aus.

Listing 4.11 Externes Stylesheet: css-extern.css

```css
/* Dies ist ein externes CSS-Stylesheet */

/* Regel für die h1-Überschrift */
h1 {
    font-size:18px;
    font-weight:bold;
    text-transform:uppercase;
}

/* Regel für alle Paragraphen */
p {
    font-size:14px;
}

/* Regel für alle Hyperlinks */
a {
    text-decoration:underline;
}

/* Regel für alle sortierten Listen */
ol {
    margin-top:20px;
    border:2px solid black;
}

/* Regel für alle li innerhalb sortierter Listen */
ol li {
    font-size: 14px;
}
```

Der Quelltext der HTML-Datei, in die das Stylesheet eingebunden wird, sieht jetzt wie in Listing 4.12 aus.

Listing 4.12 Externes Stylesheet in HTML einbinden

```html
<!DOCTYPE html>
<html>
    <head>
        <title>HTML mit externem CSS</title>

        <!-- Hier wird das externe Stylesheet eingebunden. -->
        <link rel="stylesheet" type="text/css"
            href="css-extern.css">
    </head>
    <body>
        <!-- Kopfbereich für die Überschrift -->
        <div id="header">
            <h1>Hauptüberschrift</h1>
        </div>
        <!-- Ende des Kopfbereichs -->
        <!-- Inhaltsbereich -->
        <div id="content">
            <p>
                Das ist mein Absatz mit einem beliebigen Text.
                Und jetzt folgt der Link:
                <a href="http://www.google.de" title="Google.de">
```

```
                    Link zu Google.de
              </a>
         </p>
         <ol>
              <li>Das ist das erste Listenelement</li>
              <li>Und das ist das zweite</li>
         </ol>
     </div>
     <!-- Ende des Inhaltsbereichs -->
   </body>
</html>
```

 ÜBUNG: Versuchen Sie, das Stylesheet ein wenig anzupassen, und probieren Sie ein paar der schon bekannten Befehle aus. Weitere Befehle und genauere Erklärungen finden sich im Internet. Starten Sie mit Kleinigkeiten wie Hintergrundfarben oder Schriftgrößen und passen Sie diese an.

4.2.5.4 Gewichtung und Vererbung

Beim Einbau von CSS in HTML gibt es eine Gewichtung. Interne Stylesheets überschreiben Regeln aus externen Stylesheets (wenn der `style`-Tag nach dem `link`-Tag steht) und Inline Style überschreibt interne Stylesheets.

Wenn man also in einem externen Stylesheet die Hintergrundfarbe aller `div`-Container auf Rot setzt und dann in einem internen Stylesheet oder Inline Style die Farbe auf Blau setzt, werden die `div`-Container eine blaue Hintergrundfarbe erhalten. Wenn man nun im externen Stylesheet noch die Schriftgröße auf 18 Pixel setzt und in der Style-Anweisung des `div`-Containers, die die Hintergrundfarbe überschreibt, keine Angabe zur Schriftgröße macht, wird diese aus der Anweisung des externen Stylesheets vererbt.

 Man kann es grundlegend so ausdrücken: Je näher eine CSS-Anweisung an dem betreffenden Element steht, desto höher wird sie gewichtet.

4.2.6 Floating

Eine wichtige Methode für den Aufbau eines Seitenlayouts ist das *Floating* (dt. schweben, umfließen). Dieser Begriff beschreibt das Fließen von Elementen um Elemente. Da Blockelemente immer eine neue komplette Zeile für sich beanspruchen, ist es standardmäßig nicht möglich, zwei solcher Elemente in einer Zeile nebeneinander zu platzieren. Hier kommt das Floating ins Spiel. Das Floating ist eine CSS-Eigenschaft, die jedem HTML-Element zugewiesen werden kann und es automatisch zu einem Blockelement macht. Darüber hinaus wird dem Element gesagt, auf welcher Seite es von den umfließenden Elementen stehen soll.

Es gibt vier mögliche Zuweisungen der float-Eigenschaft:

- float:left;: Das Element steht links von den umfließenden Elementen.
- float:right;: Das Element steht rechts von den umfließenden Elementen.
- float:none;: Das Element floatet nicht.
- float:inherit;: Das Element übernimmt die Eigenschaft vom Elternelement.

Als erstes Beispiel nehmen wir ein Bild, das eine Bildunterschrift hat, und rechts von dem Bild steht ein Text, der das Bild umfließt. Da das Bild also links von den umfließenden Elementen steht, verwenden wir float:left;. Das Bild und die Bildunterschrift werden in ein div-Element gepackt und gefloatet, danach folgt der Text, der umfließen soll (Bild 4.5).

Bild 4.5
Links im Bild: Gefloatetes Bild

Dem div-Element, in dem das Bild und die Bildunterschrift liegen, bekommt eine feste Breite, und der Text fließt dann um dieses feste Element herum (Listing 4.13).

Listing 4.13 Float:left;

```
<!DOCTYPE html>
<html>
    <head>
        <title>float:left;</title>
        <style>

            #float {
                float:left;
                width:120px;
                height:120px;
            }

        </style>
    </head>
    <body>
        <div id="float">
            <img src="Listing-Koala.jpg" width="100">
            <span>Bildunterschrift</span>
        </div>
        <p>
            Der fließende Text: Lorem ipsum dolor sit amet,
            consectetuer adipiscing elit.
            Aenean commodo ligula eget dolor. Aenean massa.
            Cum sociis natoque penatibus et magnis dis parturient
```

```
                montes,
                nascetur ridiculus mus. Donec quam felis, ultricies nec,
                pellentesque eu, pretium quis, sem.
                Nulla consequat massa quis enim.
            </p>
        </body>
</html>
```

Wenn man das gleiche Bild rechts haben will und den Text links, muss man die CSS-Angabe von float:left; auf float:right; ändern (Listing 4.14 und Bild 4.6).

Listing 4.14 float:right;

```
#float {
    float:right;
    width:120px;
    height:120px;
}
```

Bild 4.6
float:right;

Mit float kann man auch mehrere Elemente nacheinander nebeneinander anordnen. Wenn wir das Bild mit dem Koala und der Bildunterschrift dreimal nebeneinander platzieren möchten, verwenden wir auch wieder float:left; (siehe Bild 4.7 und Listing 4.15).

Bild 4.7
Mehrere Elemente nebeneinander

Listing 4.15 Mehrere Elemente nebeneinander

```
<!DOCTYPE html>
<html>
    <head>
        <title>float:left;</title>
```

```
<style>

    .float {
        float:left;
        width:120px;
        height:120px;
    }

</style>
</head>
<body>
    <div class="float">
        <img src="Listing-Koala.jpg" width="100">
        <span>Bildunterschrift</span>
    </div>
    <div class="float">
        <img src="Listing-Koala.jpg" width="100">
        <span>Bildunterschrift</span>
    </div>
    <div class="float">
        <img src="Listing-Koala.jpg" width="100">
        <span>Bildunterschrift</span>
    </div>
</body>
</html>
```

Wenn wir uns jetzt umentscheiden und statt des dritten Bildes Text einfügen wollen, aber der Text nicht neben den Bildern, sondern unter den Bildern stehen soll, wird es wie in Bild 4.8 aussehen.

Bild 4.8
Drei Spalten mit Text

Damit der Text nun wieder eine eigene Spalte verwendet, brauchen wir eine neue Anweisung, die das Floating beendet, die clear-Anweisung. Die clear-Anweisung besitzt drei mögliche Werte: clear:left;, clear:right; und clear:both;. Die jeweiligen Werte sagen aus, welches Floating „gecleared" werden soll, ob links, rechts oder beide. Das vorherige Beispiel würde somit wie in Listing 4.16 aussehen.

Listing 4.16 Clear-Anweisung

```html
<!DOCTYPE html>
<html>
    <head>
        <title>float:left;</title>
        <style>

            .float {
                float:left;
                width:120px;
                height:120px;
            }

            .clearer {
                clear:left;
            }

        </style>
    </head>
    <body>
        <div class="float">
            <img src="Listing-Koala.jpg" width="100">
            <span>Bildunterschrift</span>
        </div>
        <div class="float">
            <img src="Listing-Koala.jpg" width="100">
            <span>Bildunterschrift</span>
        </div>
        <p class="clearer">
            Der fließende Text: Lorem ipsum dolor sit amet,
            consectetuer adipiscing elit.
            Aenean commodo ligula eget dolor. Aenean massa.
            Cum sociis natoque penatibus et magnis dis parturient
            montes,
            nascetur ridiculus mus. Donec quam felis, ultricies nec,
            pellentesque eu, pretium quis, sem.
            Nulla consequat massa quis enim.
        </p>
    </body>
</html>
```

Dem Textblock wurde die Klasse clearer gegeben und eine entsprechende Klasse dafür erstellt, die die Anweisung clear:left; enthält. Dadurch wird nicht mehr gefloatet, und der Text steht in der nächsten Zeile. Dasselbe Ergebnis würde auch ein clear:both bewirken, da diese Anweisung sowohl left als auch right einschließt (Bild 4.9).

Das Floating werden Sie auch verwenden müssen, um das Seitenlayout aufzubauen. Wenn Sie zum Beispiel eine Seite haben, bei der Sie einen Headerbereich haben, der über die komplette Seitenbreite geht, zwei Contentbereiche, die nebeneinanderliegen, und einen Footer, der über die ganze Breite geht, verwenden Sie mindestens eine float-Anweisung und ein clear. Wenn Sie dann noch im Headerbereich ein Menü platzieren, bei dem die Menüpunkte li-Elemente sind, die nebeneinanderliegen, verwenden Sie auch Floating.

Bild 4.9
Clear-Anweisung im Browser

Listing 4.17 Layout mit float

```
<!DOCTYPE html>
<html>
    <head>
        <title>Layout mit float</title>
        <style>

            * {
                margin:0;
                padding:0;
            }

            body {
                padding:10px;
             }

            #header {
                border:1px solid #000000;
                padding:10px;
                margin-bottom:10px;
                width:272px;
            }

            #content-left {
                float:left;
                width:90px;
                height:240px;
                border:1px solid #000000;
                padding:10px;
                margin-right:10px;
                margin-bottom:10px;
            }

            #content-right {
                float:left;
                width:150px;
                height:240px;
```

```
                border:1px solid #000000;
                padding:10px;
            }

        #footer {
            clear:left;
            height:20px;
            border:1px solid #000000;
            padding:10px;
            width:272px;
        }

        .logo {
            float:left;
            width:90px;
        }

        .menu {
            float:left;
        }

        .menu ul li {
            float:left;
            width:60px;
            list-style:none;
        }

        .clearer {
            clear:left;
        }

    </style>
</head>
<body>
    <div id="header">
        <div class="logo">
            <img src="Listing-Koala.jpg" width="80">
        </div>
        <div class="menu">
            <ul>
                <li>Home</li>
                <li>Seite 2</li>
                <li>Seite 3</li>
            </ul>
            <div class="clearer"></div>
        </div>
        <div class="clearer"></div>
    </div>
    <div id="content-left">
        <p>
            Der linke Text: Lorem ipsum dolor sit amet,
            consectetuer adipiscing elit.
            Aenean commodo ligula eget dolor. Aenean massa.
        </p>
    </div>
    <div id="content-right">
        <p>
            Der rechte Text: Lorem ipsum dolor sit amet,
```

```
                  consectetuer adipiscing elit.
                  Aenean commodo ligula eget dolor. Aenean massa.
                  Cum sociis natoque penatibus et magnis dis
                  parturient montes,
                  nascetur ridiculus mus.
            </p>
        </div>
        <div id="footer">
            <span>footer</span>
        </div>
    </body>
</html>
```

In Listing 4.17 sehen Sie eine weitere Möglichkeit, um Floating zu beenden. Bei dieser Variante wird ein leeres div-Element erstellt, das die clear-Anweisung enthält. Diese Methode verwendet man meistens dann, wenn innerhalb eines Elements gefloatet wird und das letzte Element keine clear- oder selbst noch eine float-Anweisung enthält. Die Elemente content-left und content-right bekommen die float:left;-Anweisung, und der Footer hebt das Floating auf (Bild 4.10).

Bild 4.10
Layout mit float

■ 4.3 Übungen

HTML und CSS sind sehr leicht erlernbar. Trotzdem bedarf es der Übung, um beide gut zu beherrschen. In diesem Abschnitt finden Sie drei Übungsaufgaben mit Musterlösungen, um eine ordentliche Basis für die Webentwicklung zu erlangen. In den Übungen werden auch

CSS-Befehle vorkommen, die noch nicht erwähnt wurden. Nehmen Sie sich hierfür das Internet zur Hilfe oder schauen Sie in den Lösungen nach. In der Programmierung müssen Sie immer wieder Lösungsansätze oder Befehle nachschlagen und recherchieren. Bei diesen einfachen CSS-Befehlen können Sie dies schon einmal üben.

Die Übungen sind so gehalten, dass Ihnen eine Aufgabe gestellt wird und Sie in einem Screenshot sehen, wie das Ergebnis ausschauen soll. Die Maße dazu werde ich nicht vorgeben, da es letztendlich keinen Unterschied macht, ob Sie einen Kasten 50 oder 60 Pixel breit machen. Achten Sie einfach darauf, dass der Aufbau gleich ist. Wenn Sie dann in der Lösung die Maße sehen und in Ihren Code übertragen, können Sie natürlich vergleichen, ob Ihr Code hundertprozentig passt.

4.3.1 HTML-Übung 1

Die erste Übung soll im Ergebnis wie in Bild 4.11 aussehen.

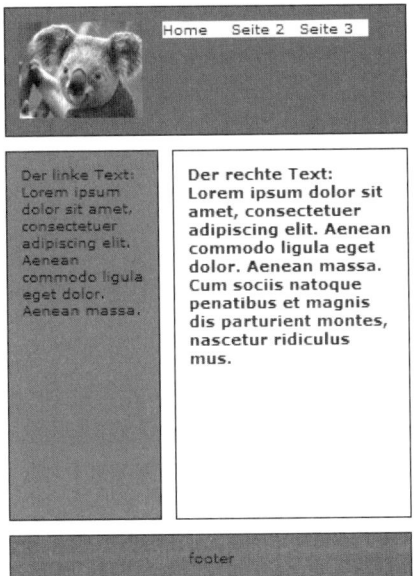

Bild 4.11
HTML-Übung 1

 ÜBUNG: Die erste Übungsaufgabe hat im Grunde denselben Aufbau wie Listing 4.17, mit folgenden Änderungen:

- Der Header und der Footer haben die Hintergrundfarbe Grün.
- Die Menüpunkte haben die Hintergrundfarbe Gelb.
- Die linke Spalte hat die Hintergrundfarbe Rot.
- Die Schriftart der Seite ist Verdana.
- Die Schriftgröße der rechten Spalte ist 11 Pixel und fett.

- Die Schriftgröße der Seite ist 10 Pixel.
- Der Text im Footer ist zentriert.
- Der rechte Abstand vom Logo zum Menü beträgt 15 Pixel.

Listing 4.18 Musterlösung zu HTML-Übung 1

```
<!DOCTYPE html>
<html>
    <head>
        <title>HTML Übung 1</title>
        <style>

            * {
                margin:0;
                padding:0;
            }

            body {
                padding:10px;
                font-size:10px;
                font-family:Verdana;
            }

            #header {
                border:1px solid #000000;
                padding:10px;
                margin-bottom:10px;
                width:272px;
                background-color:green;
            }

            #content-left {
                float:left;
                width:90px;
                height:240px;
                border:1px solid #000000;
                padding:10px;
                margin-right:10px;
                margin-bottom:10px;
                background-color:red;
            }

            #content-right {
                float:left;
                width:150px;
                height:240px;
                border:1px solid #000000;
                padding:10px;
                font-size:11px;
                font-weight:bold;
            }

            #footer {
                clear:left;
                height:20px;
```

```
            border:1px solid #000000;
            padding:10px;
            width:272px;
            background-color:green;
            text-align:center;
        }

        .logo {
            float:left;
            width:90px;
            margin-right:15px;
        }

        .menu {
            float:left;
        }

        .menu ul li {
            float:left;
            width:50px;
            list-style:none;
            background-color:yellow;
        }

        .clearer {
            clear:left;
        }

    </style>
</head>
<body>
    <div id="header">
        <div class="logo">
            <img src="Listing-Koala.jpg" width="80">
        </div>
        <div class="menu">
            <ul>
                <li>Home</li>
                <li>Seite 2</li>
                <li>Seite 3</li>
            </ul>
            <div class="clearer"></div>
        </div>
        <div class="clearer"></div>
    </div>
    <div id="content-left">
        <p>
            Der linke Text: Lorem ipsum dolor sit amet,
            consectetuer adipiscing elit.
            Aenean commodo ligula eget dolor. Aenean massa.
        </p>
    </div>
    <div id="content-right">
        <p>
            Der rechte Text: Lorem ipsum dolor sit amet,
            consectetuer adipiscing elit.
            Aenean commodo ligula eget dolor. Aenean massa.
            Cum sociis natoque penatibus et magnis dis
```

```
                parturient montes,
                nascetur ridiculus mus.
            </p>
        </div>
        <div id="footer">
            <span>footer</span>
        </div>
    </body>
</html>
```

Um die Hintergrundfarbe zu wechseln, verwenden wir die Eigenschaft background-color. Für die jeweilige Farbe habe ich in der Musterlösung die englische Bezeichnung verwendet, dies funktioniert für 16 Farben, für alle anderen Farben müssen Sie RGB- oder HEX-Codes verwenden. Die Schriftart wird mit font-family, die Schriftgröße mit font-size gesetzt, und mit font-weight wird die Schriftdicke festgelegt. Die Textausrichtung im Footer wird mit text-align festgelegt, hier können Sie zwischen left für links- und right für rechtsbündig oder center für zentriert wählen.

4.3.2 HTML-Übung 2

Die nächste Übung soll im Ergebnis wie in Bild 4.12 aussehen.

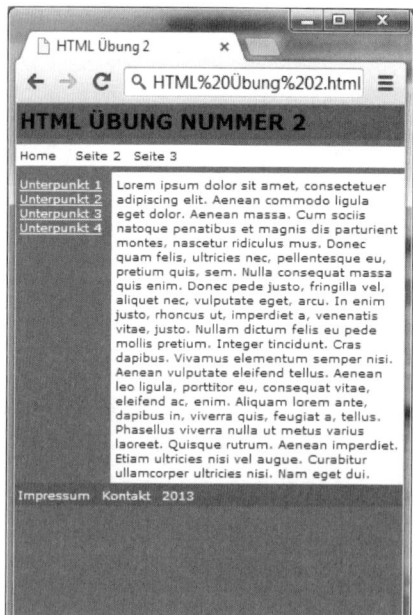

Bild 4.12
HTML-Übung 2

 ÜBUNG: Die zweite Übungsaufgabe hat folgende Vorgaben:

- Die Außen- und Innenabstände aller Elemente werden auf 0 gesetzt.
- Der gesamte body hat die Schriftart Verdana, die Schriftgröße ist 10 Pixel und die Hintergrundfarbe gray.

- Es gibt ein div-Element als Header mit der Hintergrundfarbe teal, 1 % Innenabstand und einem span-Element, in dem „HTML-Übung Nummer 2" steht. Der Text in diesem span-Element soll per CSS in Großschreibung umgewandelt werden, 18 Pixel groß und fett sein. Der untere Außenabstand soll 5 Pixel betragen.

- Es gibt ein div-Element, in dem die Hauptnavigation als ul-Element liegt. Das div hat 1 % Innenabstand, 5 Pixel Außenabstand und einen weißen Hintergrund.

- Die Listenelemente der Hauptnavigation sollen nebeneinanderstehen, 50 Pixel breit sein und keinen list-style haben.

- Die linke Spalte soll 23 % breit sein, 1 % Innenabstand und eine weiße Schrift haben.

- Innerhalb der linken Spalte liegt eine Liste, die als Unternavigation dient. Die Listenelemente haben keinen list-style, werden aber unterstrichen angezeigt.

- Der Inhaltsbereich liegt neben der linken Spalte und hat 1 % Innenabstand, 73 % Breite und einen weißen Hintergrund.

- Der Footer hat dieselbe Hintergrundfarbe wie das Headerelement, 1 % Innenabstand und eine weiße Schrift.

- Innerhalb des Footers liegt eine Liste ohne list-style, bei der jedes Element einen rechten Abstand von 10 Pixel hat. Nach der Liste folgt ein span-Element mit der Jahreszahl.

Listing 4.19 Musterlösung zu HTML-Übung 2

```
<!DOCTYPE html>
<html>
    <head>
        <title>HTML Übung 2</title>
        <style>

            * {
                margin:0;
                padding:0;
            }

            body {
                font-size:10px;
                font-family:Verdana;
                background-color:gray;
            }

            .clearer {
                clear:left;
            }

            #header {
                background-color:teal;
```

```
                padding:1%;
                margin-bottom:5px;
            }

            #header span {
                font-size:18px;
                font-weight:bold;
                text-transform:uppercase;
            }

            .menu {
                padding:1%;
                background-color:white;
                margin-bottom:5px;
            }

            .menu ul li {
                float:left;
                width:50px;
                list-style:none;
            }

            #sub-menu {
                float:left;
                color:#ffffff;
                padding:1%;
                width:23%;
            }

            #sub-menu ul li {
                text-decoration:underline;
                list-style:none;
            }

            #content {
                background-color:#ffffff;
                float:left;
                width:73%;
                padding:1%;
            }

            #footer {
                clear:left;
                padding:1%;
                background-color:teal;
                color:#ffffff;
            }

            #footer ul li {
                float:left;
                list-style:none;
                margin-right:10px;
            }

        </style>
    </head>
    <body>
        <div id="header">
```

```
            <span>HTML &Uuml;bung Nummer 2</span>
        </div>
        <div class="menu">
            <ul>
                <li>Home</li>
                <li>Seite 2</li>
                <li>Seite 3</li>
            </ul>
            <div class="clearer"></div>
        </div>
        <div id="sub-menu">
            <ul>
                <li>Unterpunkt 1</li>
                <li>Unterpunkt 2</li>
                <li>Unterpunkt 3</li>
                <li>Unterpunkt 4</li>
            </ul>
        </div>
        <div id="content">
            <p>
                Lorem ipsum dolor sit amet, consectetuer adipiscing elit. Aenean
commodo ligula eget dolor. Aenean massa. Cum sociis natoque penatibus et magnis
dis parturient montes, nascetur ridiculus mus. Donec quam felis, ultricies nec,
pellentesque eu, pretium quis, sem. Nulla consequat massa quis enim. Donec pede
justo, fringilla vel, aliquet nec, vulputate eget, arcu. In enim justo, rhoncus ut,
imperdiet a, venenatis vitae, justo. Nullam dictum felis eu pede mollis pretium.
Integer tincidunt. Cras dapibus. Vivamus elementum semper nisi. Aenean vulputate
eleifend tellus. Aenean leo ligula, porttitor eu, consequat vitae, eleifend ac, enim.
Aliquam lorem ante, dapibus in, viverra quis, feugiat a, tellus. Phasellus viverra
nulla ut metus varius laoreet. Quisque rutrum. Aenean imperdiet. Etiam ultricies nisi
vel augue. Curabitur ullamcorper ultricies nisi. Nam eget dui.
            </p>
        </div>
        <div id="footer">
            <ul>
                <li>Impressum</li>
                <li>Kontakt</li>
            </ul>
            <span class="clearer">2013</span>
        </div>
    </body>
</html>
```

4.3.3 HTML-Übung 3

Die letzte Übung ist ein wenig komplexer und soll im Ergebnis wie in Bild 4.13 auf der nächsten Seite aussehen.

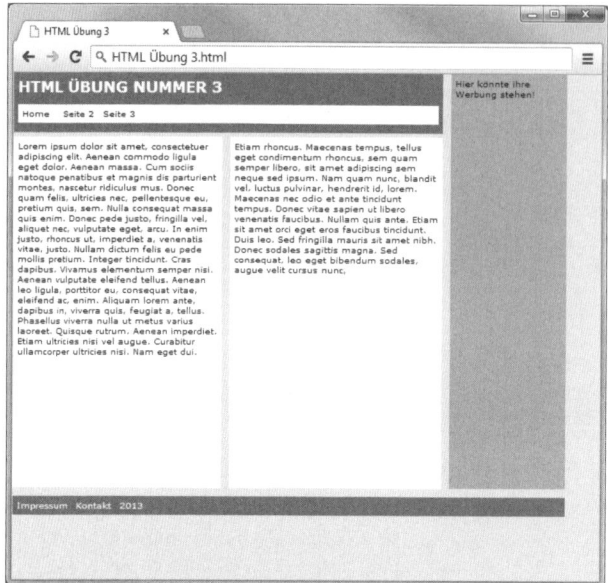

Bild 4.13
HTML-Übung 3

 ÜBUNG: Die dritte Übungsaufgabe hat folgende Vorgaben:

- Die Außen- und Innenabstände aller Elemente werden auf 0 gesetzt.

- Der gesamte body hat die Schriftart Verdana, die Schriftgröße 10 Pixel und die Hintergrundfarbe #E6E6E6.

- Es gibt einen Headerbereich, der eine Überschrift und ein Menü als Auflistung beinhaltet. Das Menü hat einen weißen Hintergrund und 5 Pixel Innenabstand.

- Der Header hat ebenfalls 5 Pixel Innenabstand, eine Höhe von 60 Pixel und einen unteren Außenabstand von 5 Pixel. Die Hintergrundfarbe hat den Farbcode #1E90FF.

- Die Überschrift hat die Schriftgröße 18 Pixel, ist fett und groß geschrieben und weiß. Der untere Abstand zum nächsten Element beträgt 10 Pixel.

- Die beiden Inhaltsbereiche haben einen weißen Hintergrund, 245 Pixel Breite, 5 Pixel Innenabstand und 400 Pixel Höhe. Der linke Bereich hat einen rechten Außenabstand von 10 Pixel.

- Die rechte Spalte für die Werbung hat eine Breite von 130 Pixel, als Hintergrundfarbe #C0C0C0, 5 Pixel Innenabstand, 10 Pixel Außenabstand links und 475 Pixel Höhe.

- Der Footer hat dieselbe Hintergrundfarbe wie das Headerelement, 5 Pixel Innenabstand und eine weiße Schrift. Die Breite beträgt 660 Pixel.

- Innerhalb des Footers liegt eine Liste ohne list-style, bei der jedes Element einen rechten Abstand von 10 Pixel hat. Nach der Liste folgt ein span-Element mit der Jahreszahl.

Listing 4.20 Musterlösung zu HTML-Übung 3

```
<!DOCTYPE html>
<html>
    <head>
        <title>HTML Übung 3</title>
        <style>

            * {
                margin:0;
                padding:0;
            }

            body {
                font-size:10px;
                font-family:Verdana;
                background-color:#e6e6e6;
            }

            .clearer {
                clear:left;
            }

            #wrapper {
                float:left;
                width:520px;
                margin-bottom:10px;
            }

            #header {
                background-color:#1E90FF;
                padding:5px;
                margin-bottom:5px;
                height:60px;
            }

            #ad {
                width:130px;
                float:left;
                background-color:#C0C0C0;
                margin-left:10px;
                height:475px;
                padding:5px;
            }

            h1 {
                font-size:18px;
                font-weight:bold;
                text-transform:uppercase;
                margin-bottom:10px;
                color:white;
            }

            .menu {
                padding:5px;
                background-color:white;
            }
```

```
        .menu ul li {
            float:left;
            width:50px;
            list-style:none;
        }

        #content-left,
        #content-right {
            background-color:#ffffff;
            float:left;
            width:245px;
            padding:5px;
            height:400px;
        }

        #content-left {
            margin-right:10px;
        }

        #footer {
            clear:left;
            width:660px;
            background-color:#1E90FF;
            color:#ffffff;
            padding:5px;
        }

        #footer ul li {
            float:left;
            list-style:none;
            margin-right:10px;
        }

    </style>
</head>
<body>
    <div id="wrapper">
        <div id="header">
            <h1>HTML &Uuml;bung Nummer 3</h1>
            <div class="menu">
                <ul>
                    <li>Home</li>
                    <li>Seite 2</li>
                    <li>Seite 3</li>
                </ul>
                <div class="clearer"></div>
            </div>
        </div>
        <div id="content-left">
            <p>
                Lorem ipsum dolor sit amet, consectetuer adipiscing elit. Aenean
commodo ligula eget dolor. Aenean massa. Cum sociis natoque penatibus et magnis
dis parturient montes, nascetur ridiculus mus. Donec quam felis, ultricies nec,
pellentesque eu, pretium quis, sem. Nulla consequat massa quis enim. Donec pede
justo, fringilla vel, aliquet nec, vulputate eget, arcu. In enim justo, rhoncus ut,
imperdiet a, venenatis vitae, justo. Nullam dictum felis eu pede mollis pretium.
Integer tincidunt. Cras dapibus. Vivamus elementum semper nisi. Aenean vulputate
eleifend tellus. Aenean leo ligula, porttitor eu, consequat vitae, eleifend ac, enim.
```

```
Aliquam lorem ante, dapibus in, viverra quis, feugiat a, tellus. Phasellus viverra
nulla ut metus varius laoreet. Quisque rutrum. Aenean imperdiet. Etiam ultricies nisi
vel augue. Curabitur ullamcorper ultricies nisi. Nam eget dui.
                </p>
            </div>
            <div id="content-right">
                <p>
                    Etiam rhoncus. Maecenas tempus, tellus eget condimentum rhoncus,
sem quam semper libero, sit amet adipiscing sem neque sed ipsum. Nam quam nunc,
blandit vel, luctus pulvinar, hendrerit id, lorem. Maecenas nec odio et ante
tincidunt tempus. Donec vitae sapien ut libero venenatis faucibus. Nullam quis ante.
Etiam sit amet orci eget eros faucibus tincidunt. Duis leo. Sed fringilla mauris sit
amet nibh. Donec sodales sagittis magna. Sed consequat, leo eget bibendum sodales,
augue velit cursus nunc,
                </p>
            </div>
        </div>
        <div id="ad">
            Hier k&ouml;nnte Ihre Werbung stehen!
        </div>
        <div id="footer">
            <ul>
                <li>Impressum</li>
                <li>Kontakt</li>
            </ul>
            <span class="clearer">2013</span>
        </div>
    </body>
</html>
```

Um hier die Trennung zwischen Header, den Inhaltsbereichen und dem Werbungsbereich
herzustellen, wurde ein weiteres div-Element verwendet, in dem Header und Inhaltsbereiche liegen. Dieses div wird links gefloatet, und danach folgt der Werbungsbereich. Der
Footer hebt das Floating dann auf.

5 JavaScript

■ 5.1 Was ist JavaScript?

JavaScript ist eine Skriptsprache, die hauptsächlich clientseitig verwendet wird. Die Hauptaufgaben bestehen darin, HTML-Dokumente nach dem Abrufen auf dem Client zu verändern, hinzuzufügen oder zu löschen und Daten nachzuladen sowie den Browser zu steuern. JavaScript ist derzeit die meistverwendete clientseitige Skriptsprache für Webseiten.

Trotz des Namens hat JavaScript wenig mit Java gemeinsam.

■ 5.2 Anwendungsgebiete

JavaScript kann für verschiedenste Zwecke auf einer Webseite verwendet werden. Die häufigsten sind:

- dynamisches HTML, die Manipulation der Seite im Browser
- dynamisches Nachladen von Seiteninhalten, ohne die komplette Seite neuzuladen, bzw. Teile einer Webseite aktualisieren
- Validierung und Absenden von Formularen, ohne die Seite neuzuladen
- Dialogfenster und Pop-ups

■ 5.3 Aufbau und Syntax

5.3.1 Einbindung

JavaScript-Code wird direkt in script-Tags geschrieben oder in einer externen Datei platziert und dann via script-Tag eingebunden (Listing 5.1).

Listing 5.1 JavaScript-Einbindung

```
<!DOCTYPE html>
<html>
  <head>
    <title>JavaScript Einbindung</title>
    <script>
      //Hier kann JavaScriptCode stehen.
    </script>

    <!-- Externe JavaScript Datei -->
    <script src="meineScriptDatei.js"></script>
  </head>
  <body>
    Inhaltsbereich
    <script>
      //Hier kann auch JavaScriptCode stehen.
    </script>
  </body>
</html>
```

In Listing 5.1 können wir drei Varianten sehen, um JavaScript in eine HTML-Datei einzubinden. Im head-Bereich kann Code innerhalb von <script> und </script> platziert werden. Der zweite script-Tag bindet über das src-Attribut eine externe JavaScript-Datei ein, in der der Code steht. Die dritte Variante ist im Grunde dieselbe wie die erste, nur mit dem Unterschied, dass der Code nun mitten im Dokument steht und nicht im head-Bereich. Diese Variante wird oftmals bei JavaScript-Codes von Drittanbietern wie z.B. Google Analytics verwendet.

5.3.2 Syntax

Um nun die Grundlagen von JavaScript zu lernen, werden wir im ersten Schritt die wichtigsten Sprachelemente einzeln anschauen, um diese dann in einer Beispieldatei zu verwenden.

Als Erstes werden wir auf unserer Seite einen Dialog aufrufen. Die Dialogfunktion heißt alert() und erwartet einen Parameter vom Typ *String* (Zeichenkette). Der Parameter beinhaltet die Meldung, die im Dialog ausgegeben werden soll.

JavaScript ist eine *case sensitive*-Sprache, das bedeutet, dass die Sprache zwischen Groß- und Kleinschreibung unterscheidet. Wenn eine Funktion also alert heißt, kann diese nicht mit „Alert" oder „aLERt" aufgerufen werden. Dies gilt auch für Variablen und andere Sprachteile.

Listing 5.2 Dialog

```
<!DOCTYPE html>
<html>
  <head>
    <title>JavaScript Dialog</title>
    <script>
      alert("Hallo Welt!");
```

```
    </script>
  </head>
  <body>
    Inhaltsbereich
  </body>
</html>
```

Wenn Sie Listing 5.2 in eine neue HTML-Datei speichern und diese beispielweise *Listing-1.2-Dialog.html* nennen, wird beim Öffnen der Datei direkt ein Dialog erscheinen, der die Meldung „Hallo Welt!" ausgibt (Bild 5.1).

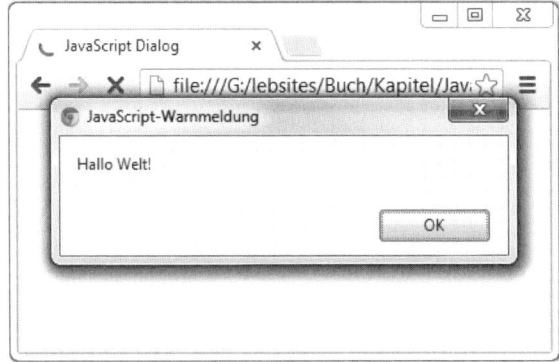

Bild 5.1
JavaScript-Dialog

In Listing 5.2 wird von Zeile 5 – 7 der JavaScript-Code eingebaut. Es beginnt mit einem öffnenden `script`-Tag, darauf folgt der Funktionsaufruf `alert("Hallo Welt!");` für den Dialog, und anschließend kommt ein schließendes `script`-Tag.

5.3.2.1 Funktionen

Im vorherigen Abschnitt haben wir die `alert`-Funktion kennengelernt und diese aufgerufen. Jetzt gehen wir etwas tiefer und schauen uns an, wie Funktionen aufgebaut sind und wie sie arbeiten.

Was sind Funktionen?

Funktionen sind Programmteile, die eine bestimmte Aufgabe erfüllen. Wenn man beispielsweise ein Programm schreiben möchte, das immer den Wert 2 zu einer vom Benutzer eingegebenen Zahl addiert, würde man eine Funktion schreiben, die die Eingabe des Nutzers erfasst, prüft, ob es sich um eine Zahl handelt, dann 2 addiert und das Ergebnis auf dem Bildschirm anzeigt.

Funktionen können Parameter/Übergabewerte haben; dies sind Werte, die die Funktion möglicherweise braucht, um ihre Aufgabe zu erledigen. Im obigen Fall wäre die Nutzereingabe ein Parameter.

Funktionen können auch einen Rückgabewert haben, dieser wird an die aufrufende Instanz zurückgegeben. In unserem Fall ist dies das Ergebnis aus Benutzereingabe + 2.

In unserem ersten Beispiel mit dem Dialogaufruf stand dieser nicht in einer Funktion. Dadurch wurde er direkt beim Öffnen der Seite ausgeführt. Wenn man nicht möchte, dass ein Code direkt beim Öffnen der Seite ausgeführt wird, muss man diesen in eine Funktion schreiben und das Aufrufen der Funktion an eine Bedingung knüpfen (z. B. „Bei Klick auf Button führe Funktion aus"). Näheres erfahren Sie in Abschnitt 5.3.3.

Eigene Funktionen definieren

Um eigene Funktionen zu erstellen, muss man einem bestimmten Muster folgen: Als Erstes muss man das Schlüsselwort `function` schreiben, danach ein Leerzeichen und den Funktionsnamen. Der Funktionsname beschreibt im Idealfall, was die Funktion genau tut. Der Name der Funktion …

- … darf nur aus Buchstaben und Ziffern bestehen, wobei das erste Zeichen ein Buchstabe sein muss.
- … darf keine Umlaute enthalten.
- … darf nicht identisch mit einem von JavaScript reservierten Wort sein; reservierte Wörter sind unter anderem `function`, `if`, `while`, `this`, `true`. Viele weitere, aktuelle Listen dazu findet man im Internet.
- … darf kein Leerzeichen enthalten.
- … darf ein „_" (Unterstrich) enthalten.

Nach dem Namen folgt eine öffnende Klammer. Falls Sie der Funktion Parameter übergeben wollen, schreiben Sie diese kommasepariert nach der Klammer und schließen die Klammer danach. Die Parameternamen können Sie frei wählen, beachten Sie aber auch hier, dass Sie möglichst aussagekräftige Namen verwenden. Die Regeln für die Parameternamen sind die gleichen wie für die Funktionsnamen. Falls Sie Ihrer Funktion keine Parameter übergeben wollen, schließen Sie die Klammer direkt nach dem Öffnen und schreiben nichts hinein.

Als Nächstes folgt der Körper der Funktion, dieser wird mit einer geschweiften Klammer { geöffnet, dann folgt der Code der Funktion, und danach wird der Körper mit einer }-Klammer geschlossen.

 ÜBUNG: Versuchen Sie nun, eine Funktion zu schreiben, die `meineFunktion` heißt und einen Parameter akzeptiert, der `meineNachricht` heißt. Die Aufgabe der Funktion soll sein, einen Dialog anzuzeigen, dem als Parameter der `meineNachricht`-Parameter übergeben wird.

Eine mögliche Lösung ist der Quelltext aus Listing 5.3.

Listing 5.3 Eigene Funktionen

```
function meineFunktion(meineNachricht)
{
    alert(meineNachricht);
}
```

Falls Ihr Code genau wie in Listing 5.3 aussieht, waren Sie sehr aufmerksam. Falls nicht, ist das kein Problem, denn wir gehen den Code nochmals durch.

In der ersten Zeile wird mit dem Schlüsselwort `function` der Funktionsaufbau eingeleitet, danach folgt der Funktionsname. Wenn die Funktion wie in unserem Fall einen Parameter erwartet, folgt der Name des Parameters in Klammern.

In der zweiten Zeile öffnen wir mit einer geschweiften Klammer den Funktionsblock.

In der dritten Zeile rufen wir die Funktion `alert` auf. Die Funktion `alert` erwartet einen Parameter mit der Nachricht, die ausgegeben werden soll. Hier übergeben wir unseren Parameter aus der ersten Zeile. Zum Abschluss der Zeile folgt ein Semikolon. Das Semikolon steht immer am Ende einer JavaScript-Zeile, die etwas ausführt, wie z. B. einen Funktionsaufruf oder eine Variablenzuweisung. Hierzu gibt es weitere Regeln und Ausnahmen. Einige davon lernen Sie noch im Verlaufe des Kapitels kennen.

In der vierten Zeile beenden wir den Funktionsblock mit einer schließenden geschweiften Klammer.

5.3.2.2 Kommentare

Ähnlich wie in HTML und CSS können auch in JavaScript Kommentare eingesetzt werden, um komplizierte Programmteile genauer zu beschreiben oder den Code zu dokumentieren. Die Kommentare werden vom Webbrowser ignoriert und nicht ausgegeben oder verarbeitet.

In JavaScript gibt es zwei Arten von Kommentaren: einzeilige und mehrzeilige (Listing 5.4).

Listing 5.4 JavaScript-Kommentare

```
// Einzeiliger Kommentar, bis zum Zeilenende

/* Mehrzeiliger Kommentar
Alles innerhalb der öffnenden & schließenden
Kommentar-Zeichen gilt als Kommentar. */

/* Der mehrzeilige Kommentar darf auch nur einzeilig sein. */
```

5.3.2.3 Variablen

Variablen sind wie in der Mathematik „Behälter", die einen Inhalt haben. JavaScript-Variablen speichern Daten wie Objekte, Zeichenketten und Zahlen. Die Daten, die eine Variable hält, können im Laufe des Programms verändert werden.

JavaScript-Variablen haben einen Typ, einen Namen und einen Wert. Vor der Verwendung der Variablen müssen diese erzeugt bzw. deklariert werden (Listing 5.5). Für den Namen gelten die gleichen Regeln wie für die Funktionen.

Listing 5.5 JavaScript-Variable deklarieren

```
// JavaScript Variable deklarieren
var meineVariable;
```

Durch das Schlüsselwort var wird die Variablendeklaration eingeleitet, danach folgt der Variablenname und das Semikolon. Da wir der Variablen noch keinen Wert zugewiesen haben, hat die Variable nun den Wert undefined. Damit unsere Variable nun einen Wert bekommt, müssen wir ihr diesen zuweisen. Dafür gibt es zwei Möglichkeiten: Die erste ist, den Wert in der Deklaration zuzuweisen, die zweite ist, den Wert im Laufe des Programms zuzuweisen.

In Listing 5.6 deklarieren wir zwei Variablen, wobei die erste den Wert in der Deklaration zugewiesen bekommt und die zweite ihren Wert erst im Laufe des Programms erhält.

Listing 5.6 Wertzuweisung von Variablen

```
// JavaScript Wertzuweisung

// Erste Variable mit Wertzuweisung in der Deklaration
var meineZahl = 15;
// Zweite Variable deklarieren
var meinText;
// Wertzuweisung für die 'meinText' Variable
meinText = "Hallo Welt!";
```

In Listing 5.6 sehen wir die zwei Möglichkeiten für die Wertzuweisung. Die Wertzuweisung folgt über ein „=" und den Wert, der der Variablen zugewiesen werden soll. Soll einer Variablen Text zugewiesen werden, steht der Text innerhalb von Anführungszeichen, Zahlen werden ohne Anführungszeichen zugewiesen. Die Anführungszeichen sind aber nicht Bestandteil der Daten, die gespeichert werden. Wird einer Variablen ein Wert zugewiesen, der in Anführungszeichen steht, wird die Variable automatisch zu einer Variablen vom Datentyp *String*.

5.3.2.4 Operatoren

Operatoren sind Zeichen oder Zeichenketten, die dazu verwendet werden, Operationen an Objekten anzuwenden. Es gibt verschiedene Arten von Operatoren. Manche werden verwendet, um logische Vorgänge vorzunehmen, andere, um zu rechnen usw. Einen Teil dieser Operatoren werden wir uns in diesem Abschnitt anschauen.

Zuweisungsoperator

Der erste Operator ist der Zuweisungsoperator. Er wird verwendet, um einer Variablen einen Wert zuzuweisen. Das Zeichen dafür ist ein Gleichheitszeichen (=). Diesen Operator haben wir in Listing 5.6 schon kennengelernt und verwendet.

Zeichenkettenverknüpfung

Um mehrere Zeichenketten (Strings) miteinander zu verknüpfen, wird das „+"-Zeichen verwendet. Hierbei werden mindestens zwei Strings mit einem + dazwischen einer Variablen übergeben oder als Parameter einer Funktion übergeben und dabei dann zusammengefügt (Listing 5.7).

Listing 5.7 String-Operator

```
// JavaScript-String Verknüpfung

// strVorname deklarieren
var strVorname = "Max";
// strNachname deklarieren
var strNachname = "Mustermann";

/* Variable strName deklarieren und die beiden
Variablen strVorname und strNachname miteinander
verknüpfen und strName zuweisen */
var strName = strVorname + strNachname;
```

```
/* strName enthält nun eine Verknüpfung aus den
beiden Variablen, dies würde jetzt den Variablenwert
MaxMustermann ergeben. Da wir aber einen leserlichen
Namen wollen, überschreiben wir die Variable noch einmal. */
strName = strVorname + " " + strNachname;

/* strName enthält nun eine Verknüpfung aus den beiden
Variablen und einem Leerzeichen dazwischen. */

/* Man kann eine Verknüpfung auch direkt im Funktionsaufruf
einbauen. */
alert(strVorname + " " + strNachname);
```

Berechnungsoperatoren

Berechnungsoperatoren oder arithmetische Operatoren werden verwendet, um mathematische Berechnungen durchzuführen. Im Grunde sind die Operatoren dieselben Zeichen, wie wir sie aus der Mathematik kennen. Im Folgenden sehen Sie einige Beispiele für die einzelnen Operatoren. In Listing 5.8 wird jede Operation einer Variablen „Ergebnis" zugewiesen, ohne dass wir für jedes Ergebnis eine neue Variable erstellen.

Listing 5.8 Arithmetische Operatoren

```
// JavaScript Arithmetische Operatoren

// Variable erstellen
var Ergebnis;

// Addition
Ergebnis = 1 + 3;
// Variable enthält Wert 4.

// Subtraktion
Ergebnis = 10 - 3;
// Ergebnis enthält Wert 7.

// Multiplikation
Ergebnis = 3 * 2;
// Ergebnis enthält Wert 6.

// Division
Ergebnis = 20 / 5;
// Ergebnis enthält Wert 4.

// Modulo Operator
/* Dieser Operator dividiert zwei Zahlen und gibt den Rest
   der Division zurück. */
Ergebnis = 5 % 2;
// Ergebnis enthält den Rest der Division, also 1.

// Inkrement
/* Der Inkrement-Operator erhöht den Wert einer Variablen um 1.
Gehen wir vom Fall aus, dass die Variable x = 10 ist. */
Ergebnis = x++;
// x wird nun um 1 erhöht und dann Ergebnis zugewiesen.
// Ergebnis enthält jetzt den Wert 11.
```

```
// Dekrement
/* Das Gegenteil vom Inkrement, hier wird der Wert um 1
verringert. Gehen wir wieder von x = 10 aus: */
Ergebnis = x--;
// Ergebnis enthält nun den Wert 9.
```

Vergleichsoperatoren

Vergleichsoperatoren werden verwendet, um Werte und Variablen miteinander zu vergleichen. Diese Operatoren sind ein wichtiger Bestandteil von JavaScript, da sie oft verwendet werden, wenn man Kontrollstrukturen verwendet. Tabelle 5.1 zeigt eine Übersicht.

Tabelle 5.1 Vergleichsoperatoren

Beschreibung	Operator	Beispiel
Gleich	==	Vergleicht zwei Werte, ob diese gleich sind. Beachtet nicht den Datentyp
Gleicher Wert und gleicher Datentyp	===	Vergleicht zwei Werte, ob diese den gleichen Wert und den gleichen Datentyp haben
Ungleich	!=	Vergleicht zwei Werte, ob diese ungleich sind. Beachtet nicht den Datentyp
Ungleicher Wert oder ungleicher Datentyp	!==	Vergleicht zwei Werte, ob diese ungleich vom Wert oder ungleich vom Datentyp sind
Größer	>	Vergleicht zwei Werte, ob der linke Wert größer als der rechte Wert ist
Kleiner	<	Vergleicht zwei Werte, ob der linke Wert kleiner als der rechte Wert ist
Größer gleich	>=	Wenn der linke Wert größer oder gleich dem linken Wert ist, ist die Bedingung wahr
Kleiner gleich	<=	Wenn der linke Wert kleiner oder gleich dem rechten Wert ist, ist die Bedingung wahr

In Abschnitt 5.3.2.5 werden wir diese Operatoren im Einsatz sehen.

5.3.2.5 Kontrollstrukturen

In JavaScript gibt es Kontrollstrukturen, mit denen sich der Ablauf des Programms oder des Codes steuern lässt. Diese Strukturen ermöglichen es, Bedingungen zu stellen oder Programmteile zu wiederholen.

if-else (Bedingte Anweisung)

Mit der if - else-Anweisung (deutsch: wenn-ansonsten) wird eine Bedingung angegeben, und wenn diese wahr ist (true), wird eine Anweisung ausgeführt. Ist die Bedingung falsch (false), wird die Anweisung im else-Block ausgeführt (Listing 5.9).

Listing 5.9 if - else Syntax

```
// JavaScript if - else Syntax

if ( Bedingung ) {
    Anweisung, wenn Bedingung wahr ist
} else {
    Anweisung, wenn Bedingung falsch ist
}
```

Eine if - else-Bedingung wird immer durch das Schlüsselwort if eingeleitet. Danach folgen in Klammern die Bedingung und ein Block in geschweiften Klammern, der den Code enthält, der ausgeführt wird, falls die Bedingung zutrifft. Darauf folgen das Schlüsselwort else und ein Block in geschweiften Klammern, der den Code enthält, der ausgeführt wird, falls die Bedingung nicht wahr ist.

Listing 5.10 if - else-Beispiel

```
<!DOCTYPE html>
<html>
  <head>
    <title>JavaScript if - else</title>
    <script>

      // Funktion erstellen, die einen übergebenen Wert prüft,
      // ob dieser 3 ist, und einen Dialog ausgibt
      function checkValue(myValue) {

        // Prüfen, ob die Variable den Wert 3 hat
        if (myValue == 3) {
          /* Wenn myValue den Wert 3 hat, diesen Dialog anzeigen: */
          alert("Die Variable myValue ist 3");
        } else {
          // Wenn myValue nicht 3 ist, dann diesen Dialog anzeigen:
          alert("Die Variable myValue ist nicht 3");
        }
      }

      /* Beim Starten der Seite wird zweimal die Funktion
         checkValue() Aufgerufen, um die beiden Fälle der
         if-else-Bedingung zu zeigen.
      */
      checkValue(7);
      checkValue(3);
    </script>
  </head>
  <body>
    Inhaltsbereich
  </body>
</html>
```

Wenn Sie das Skript aus Listing 5.10 nun ausführen, sollten Sie beim Starten der Seite zwei Dialoge hintereinander bekommen, der erste wird den Dialog aus dem else-Block anzeigen, der zweite Dialog die Meldung aus dem if-Block.

Eine Variante des if - else ist die if - else if - else-Bedingung. Diese prüft, falls die if-Bedingung false ist, nochmals eine zweite Bedingung über eine else - if-Bedingung; sollte diese auch false sein, wird der Code im else-Block ausgeführt. Es können beliebig viele else-if-Blöcke in einer Abfrage angegeben werden.

Unser JavaScript-Teil aus dem vorherigen Skript ließe sich z. B. wie in Listing 5.11 überarbeiten.

Listing 5.11 if - else if - else-Bedingung

```
// JavaScript-if-else if-else-Beispiel

// Funktion erstellen, die einen übergebenen Wert prüft,
// ob dieser 3 ist, und einen Dialog ausgibt
function checkValue(myValue) {

  // Prüfen, ob die Variable den Wert 3 hat
  if (myValue == 3) {
    // Wenn myValue den Wert 3 hat, dann diesen Dialog anzeigen:
    alert("Die Variable myValue ist 3");
  } else if (myValue == 5) {
    // Wenn myValue den Wert 5 hat, dann diesen Dialog anzeigen:
    alert("Die Variable myValue ist 5");
  } else {
    /* Wenn myValue nicht 3 und nicht 5 ist, dann diesen Dialog
       anzeigen: */
    alert("Die Variable myValue ist nicht 3 und nicht 5");
  }
}

/* Beim Starten der Seite wird dreimal die Funktion checkValue
   aufgerufen. */
checkValue(7);
checkValue(3);
checkValue(5);
```

Bei Bedingungen ist zu beachten, dass für einen Vergleich zweier Werte zwei Gleichheitszeichen verwendet werden und nicht nur eins. Wie wir vorher schon gelernt haben, ist das einfache Gleichheitszeichen ein Zuweisungsoperator. Wenn wir nur ein Gleichheitszeichen in einer Bedingung verwenden, wird der Wert hinter dem Zeichen dem vorderen zugewiesen, und die Bedingung ist immer wahr.

Vergleichsoperatoren

In Abschnitt 5.3.2.4 haben wir schon die einzelnen Vergleichsoperatoren kurz angeschaut. Nun wollen wir sie alle in kleinen Beispielen nochmals betrachten, um die Funktionsweise genauer zu verstehen (Listing 5.12).

Listing 5.12 Vergleichsoperatoren

```
// JavaScript Vergleichsoperatoren

// ist gleich  ==
var a = 5;
var b = 5;
```

```
if( a == b )
// "Wenn der Wert von a gleich dem Wert von b ist"
// Dieser Vergleich ist wahr, da beide Variablen
// denselben Wert haben.

// ist gleich  ==
var a = 5;
var b = "5";
if( a == b )
// "Wenn der Wert von a gleich dem Wert von b ist"
// Dieser Vergleich ist auch wahr, da beide Variablen
// denselben Wert haben und == nicht den Datentyp vergleicht.

// ist gleich mit Datentyp ===
var a = 5;
var b = "5";
if( a === b )
// "Wenn der Wert und Typ von a gleich dem Wert und Typ von b ist"
// Dieser Vergleich ist falsch, da beide Variablen nicht den-
// selben Datentyp haben. Durch die Zuweisung mit den
// Anführungszeichen ist b eine Variable vom Typ String und
// a eine Variable vom Typ Integer (Ganzzahl).

// Ungleich  !=
var a = "Hallo";
var b = "Welt";
if( a != b )
// "Wenn der Wert von a ungleich dem Wert von b ist"
// Dieser Vergleich ist wahr, da beide Variablen
// nicht denselben Wert haben.

// Ungleich mit Datentyp Vergleich !==
var a = 10;
var b = 10;
if( a !== b )
// "Wenn der Wert und Typ von a ungleich dem Wert und Typ von b ist"
// Dieser Vergleich ist falsch, da beide Variablen
// denselben Wert und denselben Datentyp haben
// und der Operator überprüft, ob die beiden Werte ungleich in Wert
// und Datentyp sind

// Größer  >
var a = 5;
var b = 3;
if( a > b )
// "Wenn der Wert von a größer als der Wert von b ist"
// Dieser Vergleich ist wahr, da 5 größer als 3 ist.

// Größer gleich >=
var a = 11;
var b = 11;
if( a >= b )
// "Wenn der Wert von a größer als oder gleich dem Wert von b ist"
// Dieser Vergleich ist wahr, da beide Variablen gleich groß sind.

// Größer gleich >=
var a = 12;
var b = 11;
```

```
if( a >= b )
// "Wenn der Wert von a größer als oder gleich dem Wert von b ist"
// Dieser Vergleich ist wahr, da a größer b ist.

// Kleiner  <
var a = 5;
var b = 9;
if( a < b )
// "Wenn der Wert von a kleiner als der Wert von b ist"
// Dieser Vergleich ist wahr, da 5 kleiner als 9 ist.

// Kleiner gleich <=
var a = 11;
var b = 11;
if( a <= b )
// "Wenn der Wert von a kleiner als oder gleich dem Wert von b ist"
// Dieser Vergleich ist wahr, da beide Variablen gleich groß sind.

// Kleiner gleich <=
var a = 1;
var b = 11;
if( a <= b )
// "Wenn der Wert von a kleiner als oder gleich dem Wert von b ist"
// Dieser Vergleich ist wahr, da a kleiner b ist.
```

 ÜBUNG: Versuchen Sie nun mithilfe dieser Vergleichsoperatoren und dem Quellcode aus Listing 5.11, verschiedene if-else-Bedingungen zu erstellen, die Ihnen verschiedene Dialoge ausgeben.

while-Schleife

Die while-Schleife (deutsch: während) prüft eine Bedingung und führt einen Code-Block so lange aus, bis diese Bedingung nicht mehr erfüllt wird. Sollte die Bedingung beim ersten Mal false ergeben, wird die Schleife gar nicht ausgeführt (Listing 5.13).

Listing 5.13 while-Syntax

```
// JavaScript-while-Syntax

while ( Bedingung ) {
  Anweisung, wenn Bedingung wahr ist
}
```

Wie bei der if-Abfrage folgt dem Schlüsselwort while eine Bedingung, die in Klammern steht. Diese Bedingungen können genauso formuliert werden wie vorher bereits bei der if-else-Anweisung. Sollte die Bedingung beim erstmaligen Erreichen der Zeile mit dem Schlüsselwort while true sein, wird der Code im Anweisungsblock innerhalb der geschweiften Klammer einmal ausgeführt. Danach wird die Bedingung wieder geprüft, und wenn diese wieder true ist, wird die Anweisung wieder ausgeführt usw. Es muss also im Anweisungsblock etwas passieren, damit die Bedingung irgendwann false ergibt, da ansonsten eine Endlosschleife entsteht. Das bedeutet, dass der Anweisungsblock immer wieder ausgeführt wird, da die Bedingung nie false zurückgibt und das Programm somit keinen Anlass hat, aus der Schleife zu springen und mit dem nachstehenden Code fortzufahren.

Listing 5.14 while-Beispiele

```
// JavaScript-while-Beispiele

// Einfaches Beispiel für eine while-Schleife

var sitzplaetze = 5;
var verkaufteTickets = 1;
// Solange verkaufteTickets kleiner-gleich sitzplaetze ist,
while ( verkaufteTickets < sitzplaetze ) {
  // gib einen Dialog mit den verkauften Tickets aus.
  alert("Verkaufte Tickets:" + verkaufteTickets);
  // Erhöhe die Anzahl verkaufter Tickets um 1.
  verkaufteTickets++;
}
// Nachdem die Schleife abgearbeitet wurde, zeige diesen Dialog:
alert("Alle Plaetze belegt");
```

Im Beispiel aus Listing 5.14 wird zuerst eine Variable mit der Anzahl der Sitzplätze erstellt, danach eine Variable der verkauften Tickets. In unserem Beispiel wurde schon ein Ticket verkauft. Danach folgt die while-Schleife, die die Bedingung setzt, dass die Anzahl verkaufter Tickets unter der Anzahl der Sitzplätze liegen muss. Wenn das zutrifft, wird zuerst die Anzahl der verkauften Tickets in einem Dialog angezeigt und danach ein Ticket „verkauft", indem wir die Anzahl der Tickets durch den Inkrement-Operator um 1 erhöhen. Wenn nun durch die Ticketverkäufe die Anzahl der verkauften Tickets gleich der Anzahl der Sitzplätze ist, wird die Bedingung false zurückgegeben und der Code nach dem Anweisungsblock ausgeführt. In unserem Beispiel ist das ein Dialog, der uns mitteilt, dass alle Plätze belegt sind.

Wenn wir nun die Zeile mit der Inkrementanweisung weglassen würden, hätten wir eine Endlosschleife. Da sich die Zahl der verkauften Tickets nicht erhöht, wird die Bedingung immer true sein und die Schleife sich immer wieder wiederholen.

do while-Schleife

Eine weitere Schleife ist die do while-Schleife. Sie funktioniert ähnlich wie die while-Schleife bis auf den Unterschied, dass die Anweisung immer mindestens einmal ausgeführt und erst danach die Bedingung geprüft wird. Wenn diese Bedingung dann true ist, wird der Anweisungsblock wieder ausgeführt, bei false nicht, und es geht mit dem Code, der nach der Schleife folgt, weiter (Listing 5.15).

Listing 5.15 do while-Syntax

```
// JavaScript-do while-Syntax

do {
  Anweisung, die mindestens einmal ausgeführt werden soll
} while ( Bedingung ) ;
```

Die Schleife wird mit dem Schlüsselwort do gestartet. Danach folgt ein Block in geschweiften Klammern, der den Code enthält, der mindestens einmal ausgeführt werden soll. Darauf folgt das Schlüsselwort while mit der Bedingung in Klammern, anhand der geprüft wird, ob der Block nochmals ausgeführt werden soll oder mit der Ausführung des Codes nach der Schleife fortgefahren wird. Auch hier muss wieder dafür gesorgt werden, dass die Bedingung irgendwann false ergibt, da wir uns sonst wieder in einer Endlosschleife befinden.

for-Schleife

Die for-Schleife führt den Anweisungsblock so oft aus, bis die Bedingung im Anweisungsblock nicht mehr zutrifft. Der Unterschied zu den vorherigen Schleifen besteht darin, dass wir eine Zähler-Variable verwenden, die in bestimmten Schritten hoch- oder runtergezählt wird. Dieser Schritt wird im Anweisungskopf angegeben und dann automatisch nach jeder Ausführung des Anweisungsblocks ausgeführt (Listing 5.16).

Listing 5.16 for-Syntax

```
// JavaScript-for-Syntax

for ( Anfangswert der Zählervariable; Bedingung; Zähleranweisung)
{
    Anweisung
};
```

Die for-Schleife wird mit dem Schlüsselwort for eingeleitet. Danach folgt in einer Klammer zuerst der Startwert der Zählervariablen, gefolgt von einem Semikolon. Als Nächstes wird die Bedingung angegeben, die uns sagt, in welchem Bereich die Zählervariable sein muss, damit die Schleife weiterhin ausgeführt wird. Als Letztes wird wieder ein Semikolon geschrieben und die Anweisung, in welchen Schritten die Zähler-Variable verändert werden soll. Der Kopfbereich ist damit abgeschlossen; es folgt wieder in geschweiften Klammern der Anweisungsblock, der ausgeführt wird, solange die Bedingung zutrifft.

Wenn wir nun beispielsweise eine einfache Schleife basteln wollen, die die Zahlen von 0 bis 5 ausgibt, würde diese wie in Listing 5.17 aussehen.

Listing 5.17 for-Beispiel

```
// JavaScript-for-Beispiel

var i; // Zaehler- bzw. Iterationsvariable

/* Wir starten mit i = 0 und führen die Schleife so lange aus,
wie i kleiner-gleich 5 ist.
Nach jedem Anweisungsblock wird i um 1 erhöht. */
for ( i = 0; i <= 5; i++) {
  alert(i);
  /* In jedem Anweisungsblock wird der aktuelle Wert
  von i augegeben. */
};
```

ÜBUNG: Versuchen Sie, ein wenig mit den Schleifen zu experimentieren. Durch verschiedene Spielereien mit den Schleifen verbessern Sie Ihr Verständnis für die Schleifen und können komplexere Anweisungen bauen.

5.3.3 Dynamisches HTML mit JavaScript

In diesem Abschnitt werden wir JavaScript verwenden, um eine HTML-Seite dynamisch zu verändern. Beim dynamischen HTML greifen wir per JavaScript auf bestimmte Elemente aus dem DOM zu und verändern deren Aussehen, Inhalt oder Eigenschaften. Diese Zugriffe erfolgen nach bestimmten Ereignissen, wie z.B. beim Klick auf ein Element oder wenn man mit dem Mauszeiger darüberfährt.

getElementById()-Funktion

Die für uns wichtigste Funktion in diesem Abschnitt ist die Funktion getElementById. Mit dieser Funktion wählen wir ein HTML-Element aus, um es bearbeiten zu können. Dazu wählt die Funktion ein HTML-Element anhand der Id aus, die wir im Id-Attribut des Tags vergeben. Auf ein Element ohne Id kann mit dieser Funktion nicht zugegriffen werden. Die Funktion gehört zum document-Objekt, mit welchem wir auf die Elemente und Funktionen des aktuellen Dokuments zugreifen können.

Die Funktion gibt eine Referenz auf das ausgewählte Element zurück. Dadurch können wir die Funktion einer Variablen zuweisen und so über die Variable auf alle Eigenschaften des HTML-Elements (Objekt) zugreifen und diese verändern. Ein Vorteil davon ist es, dass man nicht für jede Eigenschaft, die man auslesen oder ändern möchte, die Funktion erneut aufrufen muss.

Machen wir uns nun daran, ein erstes Skript mit dieser Funktion zu bauen und ein Element zu verändern. Dazu werden wir ein Element in unser Dokument einbauen, das sich verändert, und ein Element, dass die Veränderung durch einen Mausklick auslöst (Listing 5.18).

Listing 5.18 getElementById – Beispiel

```
<!DOCTYPE html>
<html>
  <head>
    <title>JavaScript getElementById</title>
    <script>
      // Funktion, um die Schriftgröße zu erhöhen
      function changeFontSize() {
        /* Eine Variable mit einer Referenz
        zu unserem Element erstellen*/
        var paragraph = document.getElementById("myText");
        // Schriftgröße ändern
        paragraph.style.fontSize = "20px";
      }

    </script>
```

```
  </head>
  <body>
    <div id="content">

      <p id="myText" style="font-size:12px">
        Dieser Text wird sich vergrößern.
      </p>
      <!-- Button erstellen -->
      <input type="button" name="Klick" value="Klick mich!"
        onclick="changeFontSize();">
      <!-- Über onClick die JavaScript-Funktion changeFontSize
            aufrufen -->

    </div>
  </body>
</html>
```

In der ersten Zeile der JavaScript-Funktion `changeFontSize` verwenden wir die Funktion `getElementById`, diese erwartet die Id des Elements, auf das wir zugreifen wollen, in diesem Fall das p-Element mit der Id `myText`. Der Aufruf wird der Variablen `paragraph` zugewiesen, die dadurch das Element mit der Id `myText` referenziert. Alle Änderungen, die wir nun an dem HTML-Element durchführen wollen, können wir über die Variable machen, die das Element referenziert.

In der nächsten Code-Zeile greifen wir auf die Variable mit der Referenz zu und greifen mit dem Punkt auf eine Eigenschaft der Variablen zu. Da wir Style-Eigenschaften ändern wollen, schreiben wir `.style`. Die `style`-Eigenschaft hat selbst auch Eigenschaften, diese sind z. B. Farben, Maße, Schriftgröße und viele weitere. Da wir die Schriftgröße ändern wollen, greifen wir auf die Eigenschaft `.fontSize` zu und geben ihr den Wert von 20px. Dieser Wert wird nun über die Referenz der Variablen an das Element weitergereicht und der neue Wert für die CSS-Schriftgröße gesetzt.

Im HTML-Bereich haben wir im `content`-Container ein Element vom Typ p erstellt und diesem über das `style`-Attribut via CSS eine Schriftgröße von 12px gegeben. In dieses Element schreiben wir einen Text, der sich per JavaScript vergrößern soll.

Nach dem p-Element erstellen wir ein `input`-Element vom Typ `button`. Es gibt verschiedene input-Elemente wie z. B. Textboxen, Checkboxen und Buttons. Buttons sind „Knöpfe", die man anklicken kann, wie man dies auch aus den `alert`-Dialogen kennt, um diese mit einem OK zu schließen. Unser `button`-Element hat ein Attribut `value`, welches den Text beschreibt, der auf dem Button steht. Wir tragen hier `"Klick mich!"` ein. Ein weiteres Attribut, das neu dazukommt, ist das `onclick`-Attribut. Das `onclick`-Attribut beschreibt, was passiert, wenn ein `onclick`-Event/Ereignis ausgelöst wird. Dieses Element wird, wie der Name schon sagt, „on click", also beim Klicken auf das Element, ausgelöst. Unser Button ruft beim `onclick` die JavaScript-Funktion `changeFontSize` auf. Der Funktionsaufruf wird in Anführungszeichen geschrieben und die Klammern dahintergesetzt, falls es Übergabeparameter gibt, die übergeben werden sollen. Wenn es keine gibt, wird die Klammer einfach leer gelassen. Abschließend folgt ein Semikolon.

Wenn Sie das Dokument nun aufrufen, sollten Sie ungefähr die in Bild 5.2 dargestellte Ansicht erhalten.

Bild 5.2
Textgröße vor Auslösen des Events

Wenn Sie nun auf den Button Klick mich! klicken, sollte sich die Schriftgröße des Textes vergrößern und ungefähr wie in Bild 5.3 aussehen.

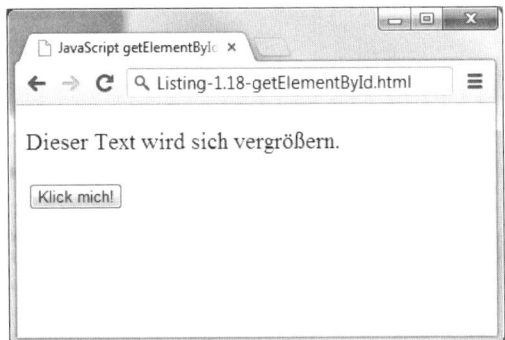

Bild 5.3
Textgröße nach Auslösen des Events

JavaScript-Elemente erstellen

Mit JavaScript können auch neue HTML-Elemente erstellt oder gelöscht werden. Das werden wir nun versuchen. Wir verwenden dafür Listing 5.18 und passen es ein wenig an. Wir werden nun innerhalb unseres p-Elements nach dem Text einen Zeilenumbruch und einen Link erstellen, nachdem der Button geklickt wird (Listing 5.19).

Listing 5.19 JavaScript-Elemente erstellen

```
<!DOCTYPE html>
<html>
  <head>
    <title>JavaScript Elemente erstellen</title>
    <script>
      // Funktion, um die Schriftgröße zu erhöhen
      function changeFontSizeAddElements() {
        /* Eine Variable mit einer Referenz
        zu unserem Element erstellen*/
        var paragraph = document.getElementById("myText");
        // Schriftgröße ändern
        paragraph.style.fontSize = "20px";
        /* Zeilenumbruch mit einem neuen <br /> Tag erstellen */
        var newLine = document.createElement('br');
        // Neues Link-Element erstellen
```

```
        var newLink = document.createElement('a');
        //Link-Text erstellen
        newLink.innerHTML = "Link zu Google";
        // href-Attribut für den neuen Link setzen
        newLink.href = "http://www.google.de";

        // Zeilenumbruch am Ende des Inhalts von paragraph einfügen
        paragraph.appendChild(newLine);
        // Link am Ende des Inhalts von paragraph einfügen
        paragraph.appendChild(newLink);
    }

    </script>
  </head>
  <body>
    <div id="content">

      <p id="myText" style="font-size:12px">
        Dieser Text wird sich vergrößern und es wird ein Link dazu kommen.
      </p>
      <!-- Button erstellen -->
      <input type="button" name="Klick" value="Klick mich!"
        onclick="changeFontSizeAddElements();">
      <!-- Über onClick die JavaScript-Funktion
             changeFontSizeAddElements aufrufen -->

    </div>
  </body>
</html>
```

Zuerst ändern wir den Funktionsnamen, da die Funktion nun im Gegensatz zum vorherigen Beispiel, als sie nur die Schriftgröße änderte, zusätzliche Aufgaben zu bewältigen hat. Im Button müssen wir dem onclick natürlich auch mitteilen, dass sich der Funktionsname geändert hat, damit der Aufruf weiterhin funktioniert.

Die erste Neuerung, die uns begegnet, ist die Zeile 14, in der wir einen neuen Zeilenumbruch erstellen. Dazu verwenden wir die Funktion document.createElement(). Diese Funktion erwartet einen Parameter, der dem Namen eines HTML-Elements entspricht. Wenn wir also einen Paragraphen erstellen wollen, würden wir ein p übergeben, bei einem div-Container ein div. Da wir einen Zeilenumbruch erstellen wollen, übergeben wir als Parameter br. Diesen Funktionsaufruf weisen wir einer neuen Variable newLine zu. Nach Ausführung der Funktion ist die Variable ein Objekt vom Typ eines br-HTML-Elements. Dieses Element bauen wir später innerhalb unseres bereits vorhandenen p-Elements ein. Zuerst erstellen wir aber noch in Zeile 16 nach demselben Muster wie soeben ein Link-Element. Dafür übergeben wir als Parameter a und erhalten eine Variable newLink vom Typ eines HTML-Links, und wir können nun auf alle Eigenschaften des Links zugreifen. Da unser neu erstellter Link von uns noch keine Daten erhalten hat, beispielsweise die Adresse, auf die er verlinken soll, oder der Text, der angezeigt wird, müssen wir diese noch angeben. Zuerst kümmern wir uns um den anzuzeigenden Text im Browser. Dieser wird zwischen dem öffnenden und dem schließenden a-Tag platziert. Die Eigenschaft dazu heißt innerHTML, auf Deutsch in etwa „inneres HTML". Mit dieser Eigenschaft lässt sich der Inhalt eines Tags ändern. Man kann damit auch komplette div-Blöcke mit Bildern, Texten und Links in ein weiteres Element einfügen. Auf diesem Weg weisen wir unserem Link in Zeile 18 den Text

„Link zu Google" zu. In Zeile 20 definieren wir, an welche Adresse uns der Link leiten soll, falls wir draufklicken. Dazu müssen wir der Eigenschaft `href` (`href` kennen wir schon als Link-Attribut für Link-Ziele) die Ziel-URL zuweisen. Als Letztes müssen wir die beiden neu erstellten Objekte `newLine` und `newLink` ausgeben lassen. Dazu verwenden wir die Funktion `appendChild`. `appendChild` fügt dem Objekt, an dem die Funktion aufgerufen wird, am Ende des Elementinhalts ein neues Element zu. Da es innerhalb des Elements eingefügt wird, handelt es sich um ein Kindelement (= Child element). `appendChild` verlangt einen Parameter, der das anzufügende Element enthält. In unserem Beispiel wollen wir zuerst den Zeilenumbruch und danach den Link anfügen. Dafür rufen wir die Funktion `appendChild` zweimal an unserem `paragraph`-Objekt auf. Beim ersten Mal übergeben wir in Zeile 23 das Objekt `newLine` für den Zeilenumbruch, beim zweiten Aufruf übergeben wir unseren Link.

Wenn Sie dieses Dokument nun aufrufen, sollte es wie in Bild 5.4 aussehen.

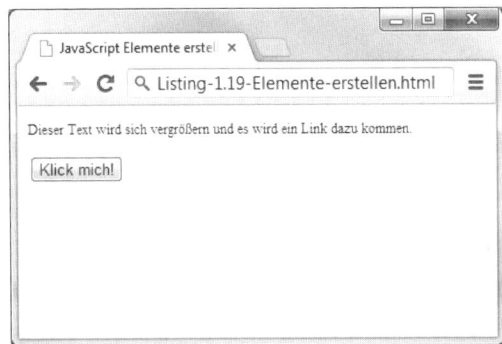

Bild 5.4
Listing 5.19 bevor auf den Button geklickt wird

Wenn Sie nun auf den Klick michi-Button klicken, sollte die Schrift größer werden und nach einem Zeilenumbruch ein Link zu Google.de erscheinen (Bild 5.5).

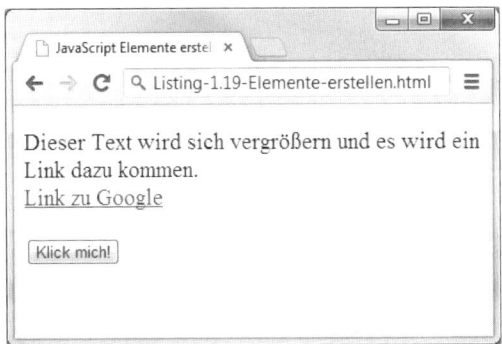

Bild 5.5
Listing 5.19 nach dem Klick auf den Button

Elemente löschen

Genau wie man Elemente erstellen und bearbeiten kann, kann man auch Elemente löschen. Um ein Element zu löschen, verwendet man die Funktion `removeChild()`. Diese wird am Elternobjekt vom Element aufgerufen, das gelöscht werden soll. Beachten Sie aber, wenn Sie ein Element löschen, das Kindelemente besitzt, dass diese auch mitgelöscht werden.

Im nächsten Beispiel werden wir beim Klick auf einen Button eine Funktion auslösen, die den Button aus dem HTML-Dokument entfernt (Listing 5.20).

Listing 5.20 Elemente löschen

```html
<!DOCTYPE html>
<html>
  <head>
    <title>JavaScript - Elemente löschen</title>
    <script>
      // Funktion, um den Button zu löschen
      function deleteButton() {
        /* Eine Variable mit einer Referenz zu dem
        Container, der den Button enthält, erstellen */
        var container = document.getElementById("content");
        // Button auswählen
        var button = document.getElementById("myButton");
        // Button löschen
        container.removeChild(button);
      }

    </script>
  </head>
  <body>
    <div id="content">

      <p id="myText" style="font-size:12px">
        Nach dem Klick verschwindet der Button
      </p>
      <!-- Button erstellen -->
      <input type="button" name="Klick" value="Klick mich!"
             id="myButton" onclick="deleteButton();">
      <!-- Über onClick die JavaScript-Funktion deleteButton
           aufrufen -->

    </div>
  </body>
</html>
```

Zuerst suchen wir uns den div-Container, in dem unser Button liegt, und speichern uns eine Referenz darauf in der Variablen container. Als Nächstes suchen wir uns den Button, den wir löschen wollen, anhand seiner Id und speichern diesen auch in eine Variable namens button. Um den Button nun zu löschen, rufen wir an der Variablen container die Funktion removeChild aus und übergeben dieser das Kindelement, das gelöscht werden soll, also die Variable button. Der HTML-Bereich des Quelltextes entspricht im Grunde den vorherigen Beispielen bis auf den Unterschied, dass der Button nun eine Id "myButton" hat und die Funktion, die im onclick aufgerufen wird, angepasst wurde.

Vor dem Klick auf den Button sieht das Dokument wie in Bild 5.6 aus.

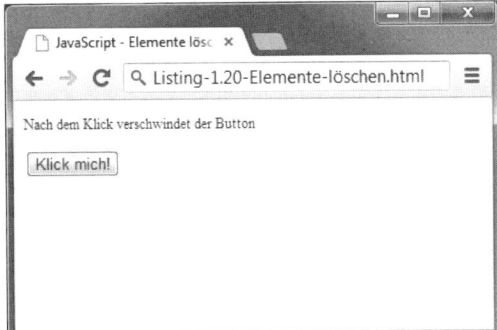

Bild 5.6
Listing 5.20 vor dem Klick

Nach dem Klick sollte der Button verschwinden, also das HTML von dem input-Tag aus dem Dokument rausgelöscht sein (Bild 5.7).

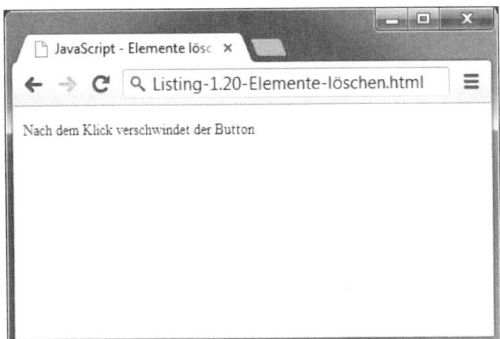

Bild 5.7
Listing 5.20 nach dem Klick

■ 5.4 JavaScript-Übung

Zum Abschluss des Kapitels wollen wir nun eine etwas umfangreichere Aufgabe lösen, um einen Teil der verschiedenen Elemente der Sprache zu kombinieren. Es gibt beim Lösen von Programmieraufgaben meistens mehrere Lösungen. Am Ende der Aufgabe werden wir uns eine gemeinsame Musterlösung anschauen, die möglicherweise von Ihrer (funktionieren-den) abweicht.

ÜBUNG: Bringen Sie folgende Funktionen in einem HTML-/JavaScript-Element unter:

- Integrieren Sie einen Button, der eine Liste der Monate generiert und in einen div-Container schreibt.
- Jeder Monat sollte innerhalb eines span-Elements liegen.
- Integrieren Sie einen Button, der diese Liste wieder leert.

- Beim Klick auf einen Monat soll dieser aus der Liste gelöscht werden.
- Wenn man ein weiteres Mal auf den GENERIEREN-Button klickt, sollen nur die Monate hinzugefügt werden, die nicht mehr in der Liste existieren.

 HINWEIS: Die ersten drei Punkte der Aufgabenstellung sollten Sie einfach lösen können. Die letzten zwei Punkte sind etwas kniffliger, sollten aber auch mit dem bisher Gelernten lösbar sein. Falls Sie Probleme haben, finden Sie im Internet viele Seiten, die JavaScript-Tutorials anbieten, um tiefer in die Materie einzudringen.

Für das bessere Verständnis werden wir nun zuerst eine Musterlösung sehen, die die ersten drei Punkte abdeckt (Listing 5.21). Danach werden wir diesen Quelltext überarbeiten, damit er alle Punkte abdeckt.

Listing 5.21 Musterlösung 1

```
<!DOCTYPE html>
<html>
  <head>
    <title>JavaScript - Musterlösung 1</title>
    <script>

      // Monate generieren
      function generiereMonate() {
        // Container für die Liste wählen
        var monateContainer = document.getElementById("monate");
        // Eine Schleife, die von 1 bis 12 zählt
        for( i = 1; i <= 12; i++) {

          /* Anhand des Zählers den richtigen Monatsnamen wählen */
          var monatsname = "";
          if (i == 1 ) {
            monatsname = "Januar";
          } else if ( i == 2 ) {
            monatsname = "Februar";
          } else if ( i == 3 ) {
            monatsname = "M&auml;rz";
          } else if ( i == 4 ) {
            monatsname = "April";
          } else if ( i == 5 ) {
            monatsname = "Mai";
          } else if ( i == 6 ) {
            monatsname = "Juni";
          } else if ( i == 7 ) {
            monatsname = "Juli";
          } else if ( i == 8 ) {
            monatsname = "August";
          } else if ( i == 9 ) {
            monatsname = "September";
          } else if ( i == 10 ) {
            monatsname = "Oktober";
          } else if ( i == 11 ) {
```

```
          monatsname = "November";
        } else if ( i == 12 ) {
          monatsname = "Dezember";
        }

        /* Den Monat in ein span schreiben und
        an das Ende der Liste schreiben*/
        monateContainer.innerHTML = monateContainer.innerHTML +
          "<span>" + monatsname + "</span>";
      }
    }

    function leerenMonate() {
      // Container für die Liste wählen
      var monateContainer = document.getElementById("monate");
      // innerHTML leeren
      monateContainer.innerHTML = "";
    }
  </script>

  <style>
    #monate {
      width:250px;
      border:2px solid #000000;
    }

    #monate span {
      display:block;
      height:20px;
      border-bottom:2px dotted #000000;
    }
  </style>
</head>
<body>
  <div id="content">
    <p id="monate">
    </p>
    <!-- Generieren-Button erstellen -->
    <input type="button" name="generieren" value="Monate
     generieren" id="btnGenerieren" onclick="generiereMonate();">
    <!-- Liste leeren-Button erstellen -->
    <input type="button" name="leeren" value="Monate leeren"
          id="btnLeeren" onclick="leerenMonate();">

  </div>
</body>
</html>
```

In der Musterlösung sehen Sie nun zwei JavaScript-Funktionen. Die erste, generiereMonate(), erzeugt eine Liste von Monaten und schreibt diese in einen div-Container. Die zweite Funktion, leerenMonate(), leert diesen Container wieder.

In der Funktion generiereMonate() wird als Erstes der div-Container in der Variablen monateContainer abgelegt, in der am Ende die Liste stehen soll. Danach folgt eine for-Schleife, diese zählt von 1 bis einschließlich 12 hoch. Innerhalb der Schleife wird zuerst anhand des Zählers i geprüft, welcher Monat der aktuelle ist. Je nach Wert des Zählers wird dann der Variablen monatsname der Monatsname zugewiesen. Nach dem if-Block wird der

Monatsname an das Ende des Inhalts von `monateContainer` geschrieben und von einem span-Tag umschlossen.

Die Funktion `leerenMonate()` löscht den Inhalt des `div` Containers der die Liste enthält. Dazu wird in der ersten Zeile der Container in der Variablen `monateContainer` gespeichert. In der zweiten Zeile wird dann der Eigenschaft `innerHTML` ein leerer String zugewiesen um den Inhalt zu löschen.

Im `style`-Block sehen Sie ein paar Style-Anweisungen, um das Beispiel etwas übersichtlicher zu gestalten.

Damit die Monatsnamen in der Liste über die ganze Breite der Zeile gehen, haben wir den span-Tags die Eigenschaft `display:block;` vergeben. Dadurch füllt jedes `span` eine ganze Zeile aus.

Im Inhaltsbereich unseres Dokuments haben wir ein p-Tag mit der Id "monate". In dieses Tag wird unsere Liste mit den Monaten eingefügt. Beim Öffnen des Tags ist dieses Element noch leer. Durch einen Klick auf den Button `btnGenerieren` wird die Liste gefüllt, da dieser Button im `onclick` die Funktion `generiereMonate()` aufruft. Um die Liste wieder zu leeren, müssen wir auf den zweiten Button `btnLeeren` klicken. Dieser ruft in seinem `onclick` die Funktion `leerenMonate()` auf und löscht dadurch die Liste wieder.

Beim Öffnen und nach dem Leeren der Liste sieht das Musterbeispiel im Browser wie in Bild 5.8 aus.

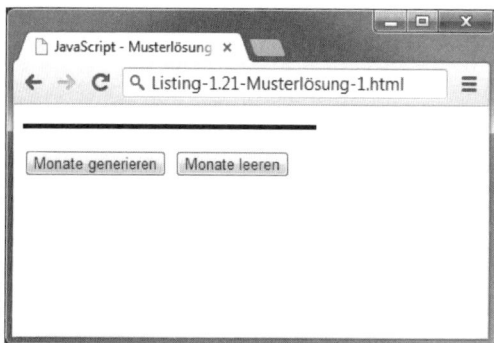

Bild 5.8
Musterbeispiel beim Öffnen und nach dem Leeren der Liste

Nach einem Klick auf den Button MONATE GENERIEREN wird die Liste angezeigt (Bild 5.9).

Als Nächstes wollen wir die letzten zwei Punkte der Aufgabe erfüllen (Listing 5.22). Man soll durch einen Klick auf einen der Monate diesen aus der Liste löschen können, und beim erneuten Klick auf den GENERIEREN-Button sollen nur die Monate hinzugefügt werden, die noch nicht in der Liste existieren. Zurzeit ist es noch so, dass bei jedem Klick auf den Button nochmals alle Monate hinzugefügt werden.

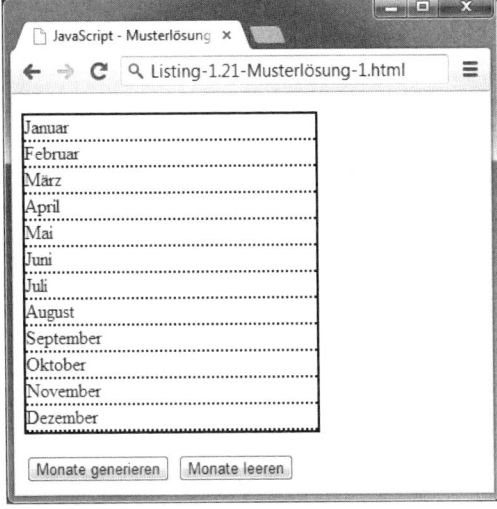

Bild 5.9
Musterbeispiel nach Generierung der Liste

Listing 5.22 Erweiterte Musterlösung

```
<!DOCTYPE html>
<html>
  <head>
    <title>JavaScript - Musterlösung 2</title>
    <script>

      // Monate generieren
      function generiereMonate() {
        // Container für die Liste wählen
        var monateContainer = document.getElementById("monate");
        // Eine Schleife, die von 1 bis 12 zählt
        for( i = 1; i <= 12; i++) {

          /* Anhand des Zählers den richtigen Monatsnamen wählen
          var monatsname = "";
          if (i == 1 ) {
            monatsname = "Januar";
          } else if ( i == 2 ) {
            monatsname = "Februar";
          } else if ( i == 3 ) {
            monatsname = "M&auml;rz";
          } else if ( i == 4 ) {
            monatsname = "April";
          } else if ( i == 5 ) {
            monatsname = "Mai";
          } else if ( i == 6 ) {
            monatsname = "Juni";
          } else if ( i == 7 ) {
            monatsname = "Juli";
          } else if ( i == 8 ) {
            monatsname = "August";
          } else if ( i == 9 ) {
            monatsname = "September";
          } else if ( i == 10 ) {
```

```
            monatsname = "Oktober";
        } else if ( i == 11 ) {
          monatsname = "November";
        } else if ( i == 12 ) {
          monatsname = "Dezember";
        }

        /* Prüfen, ob das span mit der id schon existiert */
        if( document.getElementById("monat-" + i) == null ) {
          /* Den Monat in ein span schreiben und
          an das Ende der Liste schreiben;
          das span bekommt eine id und ein onclick*/
          monateContainer.innerHTML = monateContainer.innerHTML + "<span id=\"monat-"
+ i + "\" onclick=\"monatLoeschen(" + i + ")\">" + monatsname + "</span>";
        }
      }
    }

    function leerenMonate() {
      // Container für die Liste wählen
      var monateContainer = document.getElementById("monate");
      // innerHTML leeren
      monateContainer.innerHTML = "";
    }

    function monatLoeschen(monat) {

      // Container für die Liste wählen
      var monateContainer = document.getElementById("monate");
      // Referenz zum Monatselement erstellen
      var monatsElement = document.getElementById("monat-" + monat);
      // Monatselement löschen
      monateContainer.removeChild(monatsElement);
    }

  </script>

  <style>
    #monate {
      width:250px;
      border:2px solid #000000;
    }

    #monate span {
      display:block;
      height:20px;
      border-bottom:2px dotted #000000;
    }
  </style>
</head>
<body>
  <div id="content">

    <p id="monate">

    </p>
    <!-- Generieren-Button erstellen -->
    <input type="button" name="generieren"
```

```
                    value="Monate generieren" id="btnGenerieren"
                      onclick="generiereMonate();">
            <!-- Liste leeren-Button erstellen -->
            <input type="button" name="leeren" value="Monate leeren"
                    id="btnLeeren" onclick="leerenMonate();">
        </div>
    </body>
</html>
```

In Listing 5.22 wurden die zwei fehlenden Funktionen eingefügt. Die erste Änderung finden wir in der Zeile, in der der Monat in ein span-Tag gepackt wird und am Ende der Liste eingefügt wird. Hier rufen wie die getElementById-Funktion auf und übergeben ihr als Parameter die Id, die das span für den aktuellen Monat bekommen soll. Die Funktion gibt, wenn das Element existiert, eine Referenz auf das Element zurück. Falls das Element nicht im Dokument existiert, gibt sie null zurück. Null bedeutet in diesem Fall nicht den Zahlenwert 0, sondern dass ein Wert fehlt. Man könnte also umgangssprachlich in diesem Fall sagen, dass null gleichbedeutend mit „nichts" ist. Wir prüfen also, ob der Rückgabewert null ist. Wenn ja, bedeutet dies, dass das Element nicht existiert und wir das Element einfügen müssen. In der Zeile, in der das span-Tag eingefügt wird, gibt es auch einige Änderungen, die wir uns genauer anschauen sollten. Als Erstes müssen wir dem span eine Id vergeben, um bei einem Klick auf das span genau identifizieren zu können, welcher Monat aus der Liste gelöscht werden soll. Die Id bauen wir immer aus dem String "monat-" und dem aktuellen Zählerwert der Variable i auf. Somit wird Januar die Id "monat-1" und Dezember die Id "monat-12" haben. Da wir in JavaScript Strings mit einem Anführungszeichen einleiten und beenden und wir in dieser Zeile HTML-Code zusammenbauen, der auch Anführungszeichen verwendet, um Attributwerte zu umschließen, müssen wir diese „escapen". Das bedeutet, dass wir JavaScript klarmachen müssen, dass das folgende Anführungszeichen nicht den String beenden, sondern ausgeben soll. Dafür setzen wir einfach vor das Anführungszeichen, das im HTML ausgegeben werden soll, einen umgekehrten Schrägstrich bzw. *Backslash* (\ ). Als Weiteres bauen wir ein onclick ein, damit bei einem Klick auf einen Monat dieser auch gelöscht wird. Dazu rufen wir im onclick eine Funktion monatLoeschen() auf und übergeben dieser den aktuellen Monat i.

Die Funktion monatLoeschen() erwartet einen Parameter monat. Als Erstes holt sich die Funktion den div-Container; in dem alle Monate angezeigt werden. Danach holt sich die Funktion das span mit der Id "monat-X". Das X steht in diesem Fall für den Wert, der im Übergabeparameter übergeben wurde. Zum Abschluss wird die removeChild()-Funktion aufgerufen, welche das span löscht.

Damit ist das Kapitel zu JavaScript abgeschlossen. Versuchen Sie noch ein wenig, sich mit JavaScript weiter vertraut zu machen, und erstellen Sie ein paar Quellcodes, um verschiedene Funktionen auszuprobieren. Des Weiteren können Sie natürlich auf JavaScript-Webseiten Tutorials usw. ansehen, um weitere Funktionen kennenzulernen.

6 Einführung in Visual Basic .NET

■ 6.1 Syntax

Da Visual Basic .NET (VB.NET) der Nachfolger von Visual Basic (VB) ist, ähneln sich diese Sprachen sehr. VB wurde damals konzipiert, um Software mit möglichst geringem Zeitaufwand erstellen zu können. Daher lehnte man die Programmiersprache der englischen Sprache an und verwendete statt beispielsweise geschweifter Klammern ({}), um Codeblöcke zu definieren, Schlüsselworte wie Function und End Function. Daraus sollte eine schnellere Erlernbarkeit der Sprache resultieren. VB.NET führt diese Eigenschaften fort.

Dies sind ein paar grundlegende Dinge zur Syntax:

- VB.NET ist *case-insensitiv*, dies bedeutet, dass nicht zwischen Groß- und Kleinschreibung unterschieden wird. Allerdings sollte man sich auf eine Schreibweise festlegen. Wenn man Visual Studio verwendet, übernimmt Visual Studio die Aufgabe und schafft eine einheitliche Schreibweise.

- Pro Zeile gibt es nur einen Befehl. Dies bedeutet, dass Befehle durch einen Zeilenumbruch getrennt werden. Will man eine Zeile mit der nächsten verbinden, damit der Zeilenumbruch nicht den Befehl trennt, muss man die vorhergehende Zeile mit einem Leerzeichen, gefolgt von einem Unterstrich, enden lassen.

- Es gibt keine Klammern, um Blöcke zu definieren, sondern Schlüsselworte.

- Kommentare werden mit einem einfachen Anführungszeichen gesetzt und gelten bis zum Ende der Zeile.

- Zeichenketten werden von doppelten Anführungszeichen umschlossen.

Listing 6.1 Hallo Welt-Beispiel

```
Sub Hallo()
    ' Text in der Konsole ausgeben
    Console.WriteLine ("Hallo Welt!")
End Sub
```

Mit Sub aus Listing 6.1 wird eine „Sub-Prozedur" definiert, die etwas ausführt, aber im Gegensatz zu Funktionen keine Rückmeldung liefert (siehe Abschnitt 6.4). Dieses Beispiel soll nur einen schnellen Blick auf VB.NET-Code liefern.

■ 6.2 Datentypen und Variablen

Oft werden beim Programmieren Variablen benötigt, in denen bestimmte Werte gespeichert sind und auf die man später wieder zugreifen muss, um sie beispielsweise zu verändern oder auszugeben. Solche Variablen sind Platzhalter, die einen Namen und einen Datentyp haben. Der Wert, den man einer Variablen zuweisen kann, hängt dann von dem Datentyp ab, den man beim Deklarieren (Festlegen) der Variable gewählt hat.

Die Syntax für eine Variablendeklaration zeigt Listing 6.2.

Listing 6.2 Variablendeklaration

```
Dim meineVariable As Datentyp
```

Diese Zeile würde uns eine Variable `meineVariable` vom Typ *Datentyp* erstellen. Dieser Variablen könnten wir nun einen Wert vom Typ *Datentyp* zuweisen.

 HINWEIS: Die Namen der Variablen dürfen nur aus Klein- und Großbuchstaben sowie Ziffern und Unterstrichen (_) bestehen, wobei sie nicht mit Ziffern beginnen dürfen. Sonderzeichen, Leerzeichen, Bindestriche usw. dürfen nicht enthalten sein. Auch muss der Name eindeutig sein und darf kein Schlüsselwort von VB.NET sein. Schlüsselwörter wären unter anderem die gerade gesehenen `Dim` und `As`. ■

Um einer Variablen einen Wert zuzuweisen, schreibt man den Variablennamen gefolgt von einem „=" und dem Wert (Listing 6.3).

Listing 6.3 Wertzuweisung

```
meineVariable = Wert
```

Eine weitere Möglichkeit ist es, den Wert direkt bei der Deklaration zuzuweisen (Listing 6.4).

Listing 6.4 Wertzuweisung bei Deklaration

```
Dim meineVariable as Datentyp = Wert
```

Datentypen

In Tabelle 6.1 finden Sie eine Auflistung der Datentypen von VB.NET.

Tabelle 6.1 VB.NET Datentypen

Bezeichnung	Wertebereich	Größe
Boolean (Wahrheitswert)	True oder False	Abhängig vom System
Byte	0 bis 255	1 Byte

Bezeichnung	Wertebereich	Größe
Char (einzelnes Zeichen)	0 bis 65535	2 Bytes
DateTime (Datum)	0:00:00 (Mitternacht), 1. Januar 0001, bis 23:59:59, 31. Dezember 9999	8 Bytes
Decimal	0 bis +/−79.228.162.514.264.337.593.543.950.335	16 Bytes
Double	−1,79769313486231570 * 10^308 bis −4,94065645841246544 * 10^−324 für negative Werte 4,94065645841246544* 10^−324 bis 1,79769313486231570* 10^+308 für positive Werte	8 Bytes
Integer (Ganzzahl, Int32)	−2.147.483.648 bis 2.147.483.647	4 Bytes
Long (Ganzzahl, Int64)	−9.223.372.036.854.775.808 bis 9.223.372.036.854.775.807	8 Bytes
Object	Jeder beliebige Typ	4 Bytes (32-Bit) 8 Bytes (64-Bit)
SByte	−128 bis 127	1 Byte
Short (Ganzzahl, Int16)	−32.768 bis 32.767	2 Bytes
Single	−3,4028235 * 10^38 bis 3,4028235 * 10^38	4 Bytes
String	Ca. 2 Milliarden Unicode-Zeichen	Abhängig vom System

Dies ist nur ein einfacher, schneller Überblick über eine Auswahl der wichtigsten Datentypen. Es gibt einige Datentypen die sich ähnlich sind, aber im Wertebereich unterscheiden. Das liegt daran, dass das System den Speicherplatz für eine Variable reserviert. Wenn man also nur eine kleine Zahl speichern will, braucht man dafür nicht den Speicherplatz eines Long-Typen zu reservieren, sondern kann eine Short- oder Integer-Variable verwenden.

Der Decimal-Datentyp ermöglicht es Ihnen festzulegen, wie viele Nachkommastellen Ihr Wert haben soll, dadurch lassen sich genaue Berechnungen ohne Rundungsfehler erstellen. Das Limit sind hierbei 28 Nachkommastellen. Ein praktischer Anwendungsfall für den Decimal-Datentyp sind z. B. finanzielle Berechnungen.

Listing 6.5 Beispiel Deklarationen

```
'Verschiedene Variablen

'String
Dim strWetter As String = "Die aktuelle Temperatur beträgt:"

'Decimal
Dim dcTemperatur As Decimal = 25.2

'Boolean
Dim boolSonneScheint As Boolean = True
```

In Listing 6.5 sehen Sie nun, wie drei Variablen deklariert wurden und ihnen dabei direkt ein Wert zugewiesen wurde. Strings stehen dabei immer in doppelten Anführungszeichen. Bei Decimals wird das Dezimaltrennzeichen durch einen Punkt dargestellt. Booleans bekommen als Wert entweder `true` oder `false` zugewiesen. Die Werte bei Booleans werden ohne Anführungszeichen geschrieben.

■ 6.3 Operatoren

Operatoren sind Zeichen oder Zeichenketten, die dazu verwendet werden, Operationen an Objekten auszuführen. Es gibt verschiedene Arten von Operatoren wie Vergleichsoperatoren, logische Operatoren oder Operatoren zur Datenmanipulation.

Arithmetische Operatoren

Arithmetische Operatoren sind Operatoren, mit denen sich die bekannten Rechenoperationen aus dem Mathematikunterricht ausführen lassen. Tabelle 6.2 liefert eine Übersicht.

Tabelle 6.2 Arithmetische Operatoren

Operator	Funktion
+	Addition
–	Subtraktion
/	Division
\	Division, bei der eine Ganzzahl als Ergebnis zurückgegeben wird
Mod	Division, bei der nur der Rest zurückgegeben wird
*	Multiplikation
^	Potenzierung

Listing 6.6 Arithmetische Operatoren

```
'Arithmetische Operatoren

'Addition
Dim Summe As Integer = 2 + 3

'Subtraktion
Dim Differenz As Integer = 10 - 6

'Division
Dim Quotient As Double = 10 / 4

'Ganzzahldivision
Dim Ergebnis As Integer = 11 \ 4
'Ergibt 2, da nur eine Ganzzahl zurückgegeben wird
```

```
'Modulo Operator (Rest)
Dim Rest As Integer = 10 Mod 3
'Rest hat nun den Wert 1

'Multiplikation
Dim Produkt As Integer = 3 * 5

'Potenzierung
Dim PotenzErgebnis As Integer = 2 ^ 2
'Entspricht Basis ^ Exponent
```

Vergleichsoperatoren

Mit Vergleichsoperatoren (Tabelle 6.3) werden Werte verglichen, und es wird entweder true oder false zurückgegeben. Diese werden in Schleifen und Verzweigungen abgefragt (siehe Abschnitt 6.5).

Tabelle 6.3 Vergleichsoperatoren

Operator	Ergibt True	Ergibt False
> Größer als	Wert1 > Wert2	Wert1 <= Wert2
>= „Größer gleich"	Wert1 >= Wert2	Wert1 < Wert2
< Kleiner als	Wert1 < Wert2	Wert1 >= Wert2
<= „Kleiner gleich"	Wert1 <= Wert2	Wert1 > Wert2
= Gleich	Wert1 = Wert2	Wert1 <> Wert2
<> Ungleich	Wert1 <> Wert2	Wert1 = Wert2

Logische Operatoren

Logische Operatoren sind unter anderem Und- und Oder-Verknüpfungen, als Ergebnis wird ein Boolean zurückgeliefert. Mit diesen Operatoren kann man überprüfen, ob ein Wert eine bestimmte Bedingung erfüllt und ein weiterer Wert eine zweite Bedingung usw. Tabelle 6.4 entnehmen Sie die Wahrheitswerte zu den wichtigsten logischen Operatoren.

Tabelle 6.4 Logische Operatoren – eine Auswahl

Operator	Beschreibung	Wert1	Wert2	Ergebnis
And	Und-Verknüpfung	True	True	True
		True	False	False
		False	True	False
		False	False	False
Or	Oder-Verknüpfung	True	True	True
		True	False	True
		False	True	True
		False	False	False

Tabelle 6.4 Logische Operatoren – eine Auswahl *(Fortsetzung)*

Operator	Beschreibung	Wert 1	Wert2	Ergebnis
Not	Negierung	True		False
	`Dim Ergebnis As Boolean`	False		True
	`Ergebnis = Not true`			
	`'Ergebnis hat den Wert "false"`			
Xor	Exklusives Oder,	True	True	False
	wenn genau einer der beiden Ausdrücke	True	False	True
	True ergibt	False	True	True
		False	False	false

Stringverkettung

Um mehrere Strings zu einem String zu verbinden, wird der Operator & verwendet. Beispiel: Name = Vorname & " " & Nachname. Die Variable Name würde nun den Inhalt aus Vorname und Nachname enthalten, dazwischen wäre ein Leerzeichen gesetzt.

■ 6.4 Funktionen und Prozeduren

Funktionen und Prozeduren sind Programmteile, die eine bestimmte Aufgabe erfüllen. Wenn man beispielsweise ein Programm schreiben möchte, das immer den Wert 2 zu einer vom Benutzer eingegebenen Zahl addiert, würde man eine Funktion schreiben, die die Eingabe des Nutzers erfasst, prüft, ob es sich um eine Zahl handelt, dann 2 addiert und das Ergebnis auf dem Bildschirm anzeigt.

Funktionen können Parameter/Übergabewerte haben. Dies sind Werte, die die Funktion möglicherweise braucht, um ihre Aufgabe zu erledigen. Im obigen Fall wäre die Nutzereingabe ein Parameter.

Funktionen liefern auch einen Rückgabewert zurück, dieser wird an die aufrufende Instanz zurückgegeben, in unserem Fall das Ergebnis aus Benutzereingabe + 2. Prozeduren haben keinen Rückgabewert.

In beiden Fällen besteht ein großer Vorteil darin, dass bestimmte Aufgaben von verschiedenen Bereichen im Programm immer wieder aufgerufen werden können, ohne dabei immer wieder denselben Code im Projekt zu platzieren.

Prozeduren

Wie vorangehend beschrieben, führen Prozeduren Programmcode aus, liefern aber im Gegensatz zu Funktionen keinen Rückgabewert zurück. Prozeduren können Parameter übergeben werden. Es ist sinnvoll, Programmteile, die eventuell öfter verwendet werden müssen, in Prozeduren auszulagern, damit der Code nur einmal geschrieben wird und er auch nur an einer Stelle angepasst werden muss, falls es zu Änderungen kommt.

Listing 6.7 Prozedur-Syntax

```
'Prozedur-Syntax

Sub Name([Optional] [ByVal|ByRef] Parametername As Datentyp
                [= Standardwert], ...)
    Prozedurcode
End Sub
```

Mit Sub in Listing 6.7 wird die Prozedurerstellung eingeleitet, darauf folgt der Name der Prozedur. In Klammern stehen die Parameter, die übergeben werden sollen.

Optional gibt an, ob der Parameter zwingend übergeben werden muss. Wenn man Optional in der Deklaration angibt, muss nach dem Datentyp auch ein Standardwert angegeben werden für den Fall, dass kein Parameter übergeben wurde. In Listing 6.7 ist das der Bereich innerhalb der eckigen Klammern nach Datentyp.

Als Erstes gibt es die Wahl zwischen ByVal und ByRef. Bei ByVal wird der Funktion der Wert einer Variablen übergeben, und dieser Wert kann in der Prozedur verändert werden. Die Änderung wirkt sich aber nur innerhalb der Prozedur aus. Bei ByRef-übergebenen Variablen wird eine Referenz zum Wert übergeben, das bedeutet, wenn man den Wert des Parameters innerhalb der Prozedur ändert, dann ändert sich auch der Wert der Variablen an allen anderen Stellen im Programm, die Zugriff auf exakt dieselbe Variable haben.

Parametername ist der Name des Parameters. Da der Parameter innerhalb der Prozedur eine Variable repräsentiert, können Sie auf diese zugreifen, indem Sie den Namen des Parameters angeben.

Datentyp ist der Datentyp des Parameters. Diese Schreibweise mit As kennen wir auch schon aus der Variablendeklaration.

Aufgerufen werden Prozeduren und Funktionen über ihren Namen und mit in Klammern dahinter stehenden Parametern, die übergeben werden sollen, sofern welche definiert wurden.

Listing 6.8 Prozedur-Beispiel

```
'Prozedur-Beispiel

Sub Start()

    'String deklarieren mit Wert Hallo
    Dim meinString As String = "Hallo"

    'Aufruf einer Sub mit ByVal
    'Innerhalb der Sub wird der Wert auf "Tschüss" geändert.
    'Da ByVal aber nur innerhalb der Sub die Variable ändert,
    'wird der Wert von meinString nicht verändert.
    testByVal(meinString)

    'gibt "Hallo" aus
    Response.Write(meinString)

    'Aufruf einer Sub mit ByRef
    'Innerhalb der Sub wird der Wert auf "Tschüss" geändert.
    'Da ByRef den Wert der referenzierten Variable
```

```
    'verändert, hat meinString nun den Wert "Tschüss".
    testByRef(meinString)

    'gibt "Tschüss" aus
    Response.Write(meinString)

End Sub

Public Sub testByVal(ByVal vartest As String)
    'Zugriff über den Namen des Parameters
    vartest = "Tschüss"
End Sub

Public Sub testByRef(ByRef vartest As String)
    'Zugriff über den Namen des Parameters
    vartest = "Tschüss"
End Sub
```

Funktionen

Funktionen unterscheiden sich zu Prozeduren nur dadurch, dass diese einen Rückgabewert haben. Das bedeutet, dass die Funktion an den ausführenden Programmcode einen definierten Wert zurückliefert, mit dem im aufrufenden Programmabschnitt weitergearbeitet werden kann (Listing 6.9).

Listing 6.9 Funktion – Syntax

```
'Funktion Syntax

Function Name([Optional] [ByVal|ByRef] Parametername As Datentyp
              [= Standardwert], ...) As Rückgabedatentyp
    Prozedurcode
    Return Rückgabewert
End Function
```

Die Deklaration der Funktion funktioniert wie bei den Prozeduren, außer dass das Schlüsselwort Sub durch Function getauscht wird (End Sub wird zu End Function), und nach der Klammer, in der die Parameter definiert werden, wird der Datentyp des Rückgabewerts der Funktion angegeben.

Innerhalb des Funktionsblocks muss das Schlüsselwort Return, gefolgt von einem Wert des Rückgabedatentyps, erscheinen. Eine Funktion kann mehrere Return-Anweisungen enthalten.

Listing 6.10 Funktion – Beispiel

```
'Funktion Beispiel

Sub Start()

    'String deklarieren mit Wert Hallo
    Dim meinString As String = "Hallo"

    'Die Funktion meineFunktion wurde mit dem Rückgabedatentyp
    'String deklariert. Daher kann man den Funktionsaufruf direkt
```

```
'einer String-Variablen zuordnen. Hier wird die Funktion
'meineFunktion aufgerufen und meinString übergeben. Innerhalb
'der Funktion wird dem übergebenen String ein weiterer Text
'angehängt und per Return zurückgegeben. meinString enthält
'nun den veränderten String "Hallo und Tschüss"
meinString = meineFunktion(meinString)

'Ausgabe der Variable meinString, im Browser erscheint
'die Ausgabe "Hallo und Tschüss"
Response.Write(meinString)

End Sub

Function meineFunktion(ByVal meinParameter As String) As String
    'Den übergebenen String verändern und direkt zurückgeben
    Return meinParameter & " und Tschüss"
End Function
```

■ 6.5 Kontrollstrukturen und Schleifen

In diesem Abschnitt gehen wir Kontrollstrukturen und Schleifen durch, mit denen man den Programmablauf steuern kann. Mit Schleifen lassen sich bestimmte Programmabschnitte anhand bestimmter Bedingungen so lange wiederholen, bis eine Bedingung zutrifft, die dem Programm mitteilt, dass es nun aus der Schleife heraussoll. Mit Kontrollstrukturen kann man Entscheidungen treffen, die anhand von Werten und Bedingungen ermittelt werden.

Sowohl mit Schleifen als auch mit den Kontrollstrukturen lässt sich der Programmablauf steuern, indem man innerhalb dieser Blöcke Befehle gibt, die den nachfolgenden Code beeinflussen.

if - else (Bedingte Anweisung)

Mit der If-Else-Anweisung (auf deutsch: wenn – dann – ansonsten) wird eine Bedingung angegeben. Wenn diese wahr ist (true), wird eine Anweisung ausgeführt. Ist die Bedingung falsch (false), wird die Anweisung im Else-Block ausgeführt.

Listing 6.11 If - Else-Syntax

```
'If then Else

If Bedingung Then
    Anweisung, wenn Bedingung wahr ist
Else
    Anweisung, wenn Bedingung falsch ist
End If
```

Eine If-Else-Bedingung wird immer durch das Schlüsselwort If eingeleitet. Danach folgen die Bedingung und das Schlüsselwort Then. Ab der nächsten Zeile folgt dann der Code, der ausgeführt wird, falls die Bedingung zutrifft. Darauf folgt in einer neuen Zeile das

Schlüsselwort Else und darauf eine neue Zeile, ab der der Code eingetragen wird, der ausgeführt wird, falls die Bedingung nicht wahr ist. Beendet wird die gesamte Anweisung mit einer neuen Zeile, in der End If steht.

Listing 6.12 If-Beispiel

```
'If-Beispiel

Dim Wert As Integer = 5
If Wert > 3 Then
    Response.Write("Der Wert ist größer 3")
Else
    Response.Write("Der Wert ist kleiner-gleich 3")
End If
```

Im Beispiel aus Listing 6.12 wird zuerst eine Integer-Variable „Wert" deklariert und 5 zugewiesen. In der nächsten Zeile folgt die Abfrage, in der überprüft wird, ob die Variable „Wert" größer als 3 ist. Wenn dies der Fall ist, wird die Funktion Response.Write() aufgerufen und dieser der Text „Der Wert ist größer 3" übergeben. Diese Funktion bewirkt eine Ausgabe im Browser. Falls „Wert" nicht größer als 3 ist, wird der Else-Block ausgeführt und die Funktion mit dem Text „Der Wert ist kleiner-gleich 3" aufgerufen. Danach wird der Block mit End If beendet.

Eine Variante des If-Else ist die If-ElseIf-Else-Bedingung. Diese prüft, falls die If-Bedingung false ist, nochmals eine zweite Bedingung über eine ElseIf-Bedingung („ansonsten wenn"). Sollte diese auch false sein, wird der Code im Else-Block ausgeführt. Es können beliebig viele ElseIf-Blöcke in einer Abfrage angegeben werden.

Listing 6.13 If - ElseIf - Else

```
'If ElseIf Beispiel

Dim Wert As Integer = 5
If Wert > 3 Then
    Response.Write("Der Wert ist größer 3")
ElseIf Wert < 7 Then
    Response.Write("Der Wert ist größer 3 und kleiner 7")
Else
    Response.Write("Der Wert ist kleiner-gleich 3")
End If
```

In Listing 6.13 wurde Listing 6.12 um zwei Zeilen erweitert. Zwischen dem If- und dem Else-Block wurde ein ElseIf-Block eingeschoben. Dieser hat dieselbe Schreibweise wie der einleitende If-Block, aber statt des If wird das ElseIf geschrieben.

Select Case

Die Select Case-Kontrollstruktur ist eine Möglichkeit, viele ElseIf-Abfragen mit weniger Schreibarbeit auszuführen. Zuerst wird ein Zustand geprüft und dann die möglichen Zustände angesprochen (Listing 6.14).

Listing 6.14 Select Case-Syntax

```
'Select Case-Syntax

Select Case-Variable
Case Wert1
    'Anweisung, falls Variable = Wert1
Case Wert2
    'Anweisung, falls Variable = Wert2
Case Else
    'Anweisung, falls Variable weder
    'Wert1 noch Wert2 entspricht
End Select
```

Die Kontrollstruktur wird mit Select Case eingeleitet. Darauf folgt eine Variable, deren Wert überprüft werden soll. Als Nächstes werden die verschiedenen „Fälle" (Cases) ausgewertet. Dies geschieht durch eine neue Zeile, die mit Case beginnt, hinter dem ein Wert steht. Wenn die überprüfte Variable diesen Wert enthält, wird der Code, der in der nächsten Zeile steht, ausgeführt. Falls nicht, wird der nächste Case ausgewertet. Dies geschieht so lange, bis ein Case zutrifft. Wenn ein zutreffender Case gefunden wurde, wird nach der entsprechenden Ausführung der zugehörigen Anweisung der Select Case-Block verlassen. Für den Fall, dass kein Case zutrifft, kann man mit einem Case Else einen Block am Ende einfügen, der wie der Else-Block bei If-Abfragen funktioniert und nur dann ausgeführt wird, wenn vorher kein passender Fall gefunden wurde. Der Case Else-Block ist aber nicht zwingend erforderlich.

Listing 6.15 Select Case-Beispiel

```
'Select Case-Beispiel

Dim Wert As Integer = 3
Select Case Wert
    Case 1
        Response.Write("Der Wert ist 1")
    Case 2
        Response.Write("Der Wert ist 2")
    Case 3
        Response.Write("Der Wert ist 3")
    Case Else
        Response.Write("Der Wert größer 3 oder kleiner 1")
End Select
```

while-Schleife

Die while-Schleife (deutsch: während) prüft eine Bedingung und führt einen Code-Block so lange aus, bis diese Bedingung nicht mehr erfüllt wird. Sollte die Bedingung beim ersten Mal false ergeben, wird die Schleife gar nicht ausgeführt.

Listing 6.16 While-Syntax

```
'While-Syntax

While-Bedingung
    Anweisung
End While
```

Die Schleife wird mit dem Schlüsselwort `While` begonnen, worauf eine Bedingung folgt. Diese Bedingungen können genauso formuliert werden wie vorher bereits bei der `If-Else`-Anweisung. Sollte die Bedingung beim erstmaligen Erreichen der Zeile mit dem Schlüsselwort `While` `true` ergeben, wird der Code im Anweisungsblock (die Zeilen zwischen `While` und `End While`) einmal ausgeführt. Danach wird die Bedingung wieder geprüft, und wenn diese erneut `true` ergibt, wird die Anweisung wieder ausgeführt usw. Es muss also im Anweisungsblock etwas passieren, damit die Bedingung irgendwann `false` ergibt, da ansonsten eine Endlosschleife entsteht. Das bedeutet, dass der Anweisungsblock immer wieder ausgeführt wird, da die Bedingung nie `false` zurückgibt und das Programm somit keinen Anlass hat, aus der Schleife zu springen und mit dem nachstehenden Code fortzufahren.

Listing 6.17 While-Beispiel

```
'While-Beispiel

Dim i As Integer = 0
    While i < 5
        Response.Write("i hat den Wert:" & i & " ")
        i = i + 1
End While
```

Im Beispiel aus Listing 6.17 wird zuerst eine Variable i vom Typ *Integer* deklariert und ihr der Wert 0 zugewiesen. Danach folgt eine `While`-Schleife, die so lange ausgeführt wird, solange i kleiner als 5 ist. Wenn die Bedingung wahr ist, wird eine Zeile ausgegeben, die den aktuellen Wert der Variable i ausgibt. In der nächsten Zeile wird i um 1 erhöht, da ansonsten die Bedingung niemals `false` ergibt und das Programm abstürzen würde bzw. eine Fehlermeldung erschiene.

Die Ausgabe sieht so aus: i hat den Wert:0 i hat den Wert:1 i hat den Wert:2 i hat den Wert:3 i hat den Wert:4

In der Zeile der Ausgabe wird der Funktion `Response.Write()` eine Zeichenkette („i hat den Wert:") übergeben, darauf folgen ein &-Operator und die Variable i. Diese steht nicht in Anführungszeichen, dadurch wird der Wert der Variable ausgegeben. Danach folgen nochmals ein &-Operator und ein Leerzeichen in Anführungszeichen.

Do-Schleife

Eine weitere Schleifenart ist die Do-Schleife. Von dieser Schleife gibt es drei Varianten. Die erste Variante ist die `Do While`-Variante, diese unterscheidet sich in der Funktionsweise nicht von der `While`-Schleife und wiederholt den Anweisungsblock, solange die Bedingung erfüllt wird (Listing 6.18).

Listing 6.18 Do While-Syntax

```
'Do While-Syntax

Do While Bedingung
    Anweisung
Loop
```

Diese Schleife funktioniert wie die `While`-Schleife, nur die Syntax ist unterschiedlich.

Die zweite Variante ist die `Do - Loop - While`-Schleife (Listing 6.19). Hierbei wird der Anweisungsblock zuerst einmal ausgeführt und danach geprüft, ob eine Bedingung zutrifft. Wenn dies der Fall ist, wird der Anweisungsblock wieder ausgeführt und erneut eine Prüfung der Bedingung durchgeführt. Dies geschieht so lange, bis die Bedingung `true` ergibt. Im Gegensatz zu den vorhergehenden Schleifen, die man „kopfgesteuerte" Schleifen nennt, ist diese „fußgesteuert".

Listing 6.19 Do - Loop - While-Syntax

```
'Do - Loop - While-Syntax

Do
    Anweisung
    'Die Anweisung wird auf jeden Fall einmal ausgeführt
Loop - While-Bedingung
```

Die letzte Variante ist die `Do Until`-Schleife (Listing 6.20). Diese führt den Anweisungsblock aus, solange die Bedingung `false` ergibt.

Listing 6.20 Do Until-Syntax

```
'Do Until-Syntax

Do Until-Bedingung
    Anweisung
Loop
```

For-Schleife

Die For-Schleife führt den Anweisungsblock so oft aus, bis die Bedingung nicht mehr zutrifft. Der Unterschied zu den vorherigen Schleifen besteht darin, dass wir eine Zähler-Variable verwenden, die in bestimmten Schritten hoch- oder runtergezählt wird. Dieser Schritt wird im Anweisungskopf angegeben und dann automatisch nach jeder Ausführung des Anweisungsblocks ausgeführt.

Listing 6.21 For-Syntax

```
'For-Syntax

For-Zähler = Startwert to Endwert Step Schritt
    Anweisung
Loop
```

Im Schleifenkopf wird eine Variable `Zähler` erstellt, die einen Startwert bekommt. Die Schleife wird so oft ausgeführt, bis die Variable `Zähler` den Endwert erreicht hat. Bei jeder Ausführung wird diese Variable um den Wert der Variable `Schritt` erhöht. Dies geschieht automatisch nach jeder Ausführung des Anweisungsblocks. Man kann `Step Schritt` auch weglassen, dann muss man sich selbst um die Zählervariable innerhalb der Anweisung kümmern, da sonst eine Endlosschleife entsteht.

Listing 6.22 For-Beispiel

```
'For-Beispiel

For index = 1 To 9 Step 3
    Response.Write(index & " ")
Next
```

Eine Ausführung von Listing 6.22 würde folgende Ausgabe ergeben: 1 4 7

For Each-Schleife

Ähnlich zur For-Schleife funktioniert die For Each-Schleife. Hierbei braucht man aber keinen Zähler, da die For Each-Schleife verwendet wird, um Arrays und Listen zu durchlaufen. Arrays sind eine Sammlung von Variablen des gleichen Typs. Die For Each-Schleife durchläuft einfach die komplette Auflistung, Element für Element.

Listing 6.23 For Each-Syntax

```
'For Each-Syntax

For Element As Datentyp In Array
    Anweisung
Next
```

■ 6.6 Fehlerbehandlung

Beim Programmieren passiert es ab und zu, dass man den einen oder anderen Fehler in seinem Code unterbringt, zum einen Fehler in der Logik, zum anderen Rechtschreibfehler und schließlich die Fehler zur Laufzeit. Ein Fehler in der Logik wäre beispielsweise, dass man beim Klick nach rechts das Objekt nach links verschiebt, obwohl es nach rechts sollte. Solche Fehler finden Sie durch Testen und können sie beheben. Rechtschreibfehler bzw. Syntaxfehler werden Ihnen durch den Code-Editor angezeigt und können dadurch sehr schnell erkannt und behoben werden. Fehler zur Laufzeit sind Fehler, die erst im Laufe des Programms auftreten. Solch ein Fehler kann ausgelöst werden, wenn Sie auf eine Datei zugreifen wollen, die nicht existiert oder durch 0 dividiert usw. Da solche Fehler die Programmausführung beenden, müssen wir uns darum kümmern, dass sichergestellt wird, dass diese Fehler abgefangen werden. Um diese Fehler, auch Ausnahmen genannt, zu behandeln, können wir mit dem Try Catch-Befehl arbeiten (Listing 6.24).

Listing 6.24 Try Catch-Syntax

```
'Try Catch-Syntax

Try
    Anweisung(en), die unter Umständen eine
    Ausnahme auslöst
Catch ex As Exception
```

```
    Anweisung, die im Falle einer Ausnahme
    im Try-Block ausgeführt wird
 Next
```

Innerhalb des `Catch`-Blocks können Sie auf die variable **ex** zugreifen und Informationen der Ausnahme auslesen. `Ex.Message` gibt Ihnen beispielsweise die Fehlermeldung aus. Weitere Möglichkeiten und Varianten des `Try Catch`-Befehls finden Sie unter *http://msdn.microsoft. com/de-de/library/fk6t46tz%28v=vs.110%29.aspx.*

7 Einführung in C#

■ 7.1 Syntax

C#, gesprochen *C sharp*, ist eine von Microsoft entwickelte Sprache, die sich unter anderem an Java und C++ orientiert und eine sehr ähnliche Syntax wie diese Sprachen hat.

Dies sind ein paar grundlegende Dinge zur Syntax:

- C# ist *case-sensitiv*, dies bedeutet, dass zwischen Groß- und Kleinschreibung unterschieden wird. `Anweisung()` ist nicht gleich `anweisung()`.

- Ein Befehl wird immer mit einem Semikolon `;` abgeschlossen. Dadurch kann man mehrere Befehle in einer Zeile schreiben oder auch Befehle über mehrere Zeilen hinwegschreiben.

- Mit geschweiften Klammern werden Blöcke gebildet, die Sie verwenden können, um gemeinsame Code-Zeilen zu bündeln. Sie werden auch für die Kontrollstrukturen verwendet, Siehe Kapitel 7.5.

- Kommentare, die bis zum Ende der Zeile reichen, werden mit // eingeleitet. Mehrzeilige Kommentare werden mit /* eingeleitet und mit */ beendet. Die mehrzeiligen Kommentare können natürlich auch nur einzeilig sein.

- Zeichenketten werden von doppelten Anführungszeichen umschlossen.

Listing 7.1 Hallo Welt-Beispiel

```
public void Hallo()
{
    // Text in der Konsole ausgeben
    Console.WriteLine("Hallo Welt!");
}
```

In Listing 7.1 sehen Sie eine Funktion, die die Zeile „Hallo Welt!" in der Konsole ausgibt.

■ 7.2 Datentypen und Variablen

Oft werden beim Programmieren Variablen benötigt, in denen bestimmte Werte gespeichert sind und auf die man später wieder zugreifen muss, um sie beispielsweise zu verändern oder auszugeben. Solche Variablen sind Platzhalter, die einen Namen und einen Datentyp haben. Der Wert, den man einer Variablen zuweisen kann, hängt dann von dem Datentyp ab, den man beim Deklarieren (Festlegen) der Variable gewählt hat.

Die Syntax für eine Variablendeklaration zeigt Listing 7.2.

Listing 7.2 Variablendeklaration

```
Datentyp meineVariable;
```

Diese Zeile würde uns eine Variable „meineVariable" von Typ *Datentyp* erstellen. Dieser Variablen könnten wir nun einen Wert vom Typ *Datentyp* zuweisen.

 HINWEIS: Die Namen der Variablen dürfen nur aus Klein- und Großbuchstaben sowie Ziffern und Unterstrichen (_) bestehen, wobei sie nicht mit Ziffern beginnen dürfen. Sonderzeichen, Leerzeichen, Bindestriche usw. dürfen nicht enthalten sein. Auch muss der Name eindeutig sein und darf kein Schlüsselwort von C# sein.

Um einer Variablen einen Wert zuzuweisen, schreibt man den Variablennamen, gefolgt von einem „=" und dem Wert (Listing 7.3).

Listing 7.3 Wertzuweisung

```
meineVariable = Wert
```

Eine weitere Möglichkeit ist es, den Wert direkt bei der Deklaration zuzuweisen (Listing 7.4).

Listing 7.4 Wertzuweisung bei Deklaration

```
Datentyp meineVariable = Wert;
```

Datentypen

In Tabelle 7.1 finden Sie eine Auflistung der Datentypen von C#.

Dies ist nur ein einfacher, schneller Überblick über eine Auswahl der wichtigsten Datentypen. Es gibt einige Datentypen, die sich ähnlich sind, aber im Wertebereich unterscheiden. Das liegt daran, dass das System den Speicherplatz für eine Variable reserviert. Wenn man also nur eine kleine Zahl speichern will, braucht man dafür nicht den Speicherplatz eines Long-Typen zu reservieren, sondern kann eine Short- oder Integer-Variable verwenden.

Der Decimal-Datentyp ermöglicht es Ihnen festzulegen, wie viele Nachkommastellen Ihr Wert haben soll, dadurch lassen sich genaue Berechnungen ohne Rundungsfehler erstellen.

Tabelle 7.1 C# Datentypen

Bezeichnung	C# Name	Wertebereich	Größe
Boolean (Wahrheits-wert)	bool	True oder False	Abhängig vom System
Byte	byte	0 bis 255	1 Byte
Char (einzelnes Zeichen)	char	0 bis 65535	2 Bytes
DateTime (Datum)	DateTime	0:00:00 (Mitternacht), 1. Januar 0001 bis 23:59:59, 31. Dezember 9999	8 Bytes
Decimal	decimal	0 bis +/−79.228.162.514.264.337.593.543.950.335	16 Bytes
Double	double	−1,79769313486231570 * 10^308 bis −4,94065645841246544 * 10^−324 für negative Werte; 4,94065645841246544* 10^−324 bis 1,79769313486231570* 10^+308 für positive Werte	8 Bytes
Integer (Ganzzahl, Int32)	int	−2.147.483.648 bis 2.147.483.647	4 Bytes
Long (Ganzzahl, Int64)	long	−9.223.372.036.854.775.808 bis 9.223.372.036.854.775.807	8 Bytes
Object	object	Jeder beliebige Typ	4 Bytes (32-Bit) 8 Bytes (64-Bit)
SByte	sbyte	−128 bis 127	1 Byte
Short (Ganzzahl, Int16)	short	−32.768 bis 32.767	2 Bytes
Single	float	−3,4028235 *10^38 bis 3,4028235 *10^38	4 Bytes
String	string	Ca. 2 Milliarden Unicode-Zeichen	Abhängig vom System

Das Limit sind hierbei 28 Nachkommastellen. Ein praktischer Anwendungsfall für den Decimal-Datentyp sind z. B. finanzielle Berechnungen.

Listing 7.5 Beispiel Deklarationen

```
//Verschiedene Variablen

//String
string strWetter = "Die aktuelle Temperatur beträgt:";

//Decimal
decimal dcTemperatur = 25.2;

//Boolean
bool boolSonneScheint = true;
```

In Listing 7.5 sehen Sie nun, wie drei Variablen deklariert wurden und ihnen dabei direkt ein Wert zugewiesen wurde. Strings stehen dabei immer in doppelten Anführungszeichen. Bei Decimals wird das Dezimaltrennzeichen durch einen Punkt dargestellt. Booleans bekommen als Wert entweder `true` oder `false` zugewiesen. Die Werte bei Booleans werden ohne Anführungszeichen geschrieben.

■ 7.3 Operatoren

Operatoren sind Zeichen oder Zeichenketten, die dazu verwendet werden, Operationen an Objekten auszuführen. Es gibt verschiedene Arten von Operatoren wie Vergleichsoperatoren, logische Operatoren oder Operatoren zur Datenmanipulation.

Arithmetische Operatoren

Arithmetische Operatoren sind Operatoren, die mit denen sich die bekannten Rechenoperationen aus dem Mathematikunterricht ausführen lassen. Tabelle 7.2 liefert eine Übersicht.

Tabelle 7.2 Arithmetische Operatoren

Operator	Funktion
+	Addition
−	Subtraktion
/	Division
%	Division, bei der nur der Rest zurückgegeben wird
*	Multiplikation

Listing 7.6 Arithmetische Operatoren

```
//Arithmetische Operatoren

//Addition

int Summe = 2 + 3;

//Subtraktion
int Differenz = 10 - 6;

//Division
double Quotient = 10 / 4;

//Modulo Operator (Rest)
int Rest = 10 % 3;
//Rest hat nun den Wert 1

//Multiplikation
int Produkt = 3 * 5;
```

Vergleichsoperatoren

Mit Vergleichsoperatoren werden Werte verglichen, und es wird entweder `true` oder `false` zurückgegeben. Diese werden in Schleifen und Verzweigungen abgefragt (siehe Abschnitt 7.5).

Tabelle 7.3 Vergleichsoperatoren

Operator	Ergibt True	Ergibt False
> Größer als	Wert1 > Wert2	Wert1 <= Wert2
>= „Größer gleich"	Wert1 >= Wert2	Wert1 < Wert2
< Kleiner als	Wert1 < Wert2	Wert1 >= Wert2
<= „Kleiner gleich"	Wert1 <= Wert2	Wert1 > Wert2
== Gleich	Wert1 == Wert2	Wert1 != Wert2
!= Ungleich	Wert1 != Wert2	Wert1 == Wert2

Logische Operatoren

Logische Operatoren sind unter anderem Und- und Oder-Verknüpfungen, als Ergebnis wird ein Boolean zurückgeliefert. Mit diesen Operatoren kann man überprüfen, ob ein Wert eine bestimmte Bedingung erfüllt und ein weiterer Wert eine zweite Bedingung usw. Tabelle 7.4 enthält die Wahrheitswerte zu den wichtigsten logischen Operatoren.

Tabelle 7.4 Logische Operatoren – eine Auswahl

Operator	Beschreibung	Wert1	Wert2	Ergebnis
&	Und-Verknüpfung	True	True	True
		True	False	False
		False	True	False
		False	False	False
|	Oder-Verknüpfung	True	True	True
		True	False	True
		False	True	True
		False	False	False
!	Negierung	True		False
	`bool Ergebnis;`	False		True
	`Ergebnis = !true;`			
	`//Ergebnis hat den Wert "false"`			
^	Exklusives Oder,	True	True	False
	wenn genau einer der beiden Ausdrücke	True	False	True
	True ergibt	False	True	True
		False	False	false

Stringverkettung

Um mehrere Strings zu einem String zu verbinden, wird der Operator + verwendet. Beispiel: `Name = Vorname + " " + Nachname`. Die Variable `Name` hätte nun den Inhalt aus Vorname und Nachname mit einem Leerzeichen dazwischen. Den +-Operator kennen wir schon aus den arithmetischen Operatoren; ist aber einer der beiden Operanden ein String, wird automatisch eine Stringverkettung statt einer Berechnung durchgeführt und der zweite Operand ggf. konvertiert.

■ 7.4 Funktionen und Prozeduren

Funktionen und Prozeduren sind Programmteile, die eine bestimmte Aufgabe erfüllen. Wenn man beispielsweise ein Programm schreiben möchte, dass immer den Wert 2 zu einer vom Benutzer eingegebenen Zahl addiert, würde man eine Funktion schreiben, die die Eingabe des Nutzers erfasst, prüft, ob es sich um eine Zahl handelt, dann 2 addiert und das Ergebnis auf dem Bildschirm anzeigt.

Funktionen können Parameter/Übergabewerte haben. Dies sind Werte, die die Funktion möglicherweise braucht, um ihre Aufgabe zu erledigen. Im obigen Fall wäre die Nutzereingabe ein Parameter.

Funktionen liefern auch einen Rückgabewert zurück, dieser wird an die aufrufende Instanz zurückgegeben, in unserem Fall das Ergebnis aus Benutzereingabe + 2. Prozeduren haben keinen Rückgabewert.

In beiden Fällen besteht ein großer Vorteil darin, dass bestimmte Aufgaben von verschiedenen Bereichen im Programm immer wieder aufgerufen werden können, ohne dabei immer wieder denselben Code im Projekt zu platzieren.

Prozeduren

Wie vorangehend beschrieben, führen Prozeduren Programmcode aus, liefern aber im Gegensatz zu Funktionen keinen Rückgabewert zurück. Prozeduren können Parameter übergeben werden. Es ist sinnvoll, Programmteile, die eventuell öfter verwendet werden, in Prozeduren auszulagern, damit der Code nur einmal geschrieben wird und er auch nur an einer Stelle angepasst werden muss, falls es zu Änderungen kommt.

Listing 7.7 Prozedur – Syntax

```
//Prozedur Syntax
void Name([ref [Datentyp Parametername][= Standardwert]], ...)
{
    Prozedurcode
}
```

Mit `void` in Listing 7.7 wird der Rückgabetyp der Methode auf „leer" gesetzt, dadurch erhält sie keinen Rückgabewert, darauf folgt der Name der Prozedur. In Klammern folgen dann die Parameter, die übergeben werden sollen, in Form der vorangehend erwähnten Variablendeklaration.

Durch die Angabe eines Standardwertes, in dem man in der Deklaration schon einen Wert zuweist, wird der Parameter zu einem optionalen Parameter, der nicht unbedingt übergeben werden muss.

Sollten Sie das Schlüsselwort `ref` vor eine Parameterdefinition schreiben, wird eine Referenz zum Wert übergeben, das bedeutet, wenn man den Wert des Parameters innerhalb der Prozedur ändert, ändert sich der Wert der Variablen auch an allen anderen Stellen im Programm, die Zugriff auf exakt dieselbe Variable haben.

`Parametername` ist der Name des Parameters. Da der Parameter innerhalb der Prozedur eine Variable repräsentiert, können Sie auf diese zugreifen, indem Sie den Namen des Parameters angeben.

`Datentyp` ist der Datentyp des Parameters.

Aufgerufen werden Prozeduren und Funktionen über ihren Namen und mit den Parametern, die übergeben werden sollen, in Klammern dahinter, sofern welche definiert wurden.

Listing 7.8 Prozedur – Beispiel

```
//Prozedur Beispiel

public void Start()
{
    //String deklarieren mit Wert Hallo
    string meinString = "Hallo";

    /* Aufruf einer Prozedur, bei der der Wert und nicht die
    Referenz übergeben wird
    Innerhalb der Prozedur wird der Wert auf "Tschüss" geändert.
    Da wir aber einen Wert übergeben, der nur innerhalb der
    Prozedur gültig ist,
    wird der Wert von meinString nicht verändert. */
    test(meinString);

    //gibt "Hallo" aus
    Response.Write(meinString);

    //Aufruf einer Prozedur mit ref
    //Innerhalb der Prozedur wird der Wert auf "Tschüss" geändert.
    //Da ref den Wert der referenzierten Variable
    //verändert, hat meinString nun den Wert "Tschüss".
    testByRef(ref meinString);

    //gibt "Tschüss" aus
    Response.Write(meinString);

}

public void test(string vartest)
{
    //Zugriff über den Namen des Parameters
    vartest = "Tschüss";
}

public void testByRef(ref string vartest)
{
    //Zugriff über den Namen des Parameters
```

```
//Hier wird der Wert der referenzierten Variable
//geändert.
vartest = "Tschüss";
}
```

Funktionen

Funktionen unterscheiden sich zu Prozeduren nur dadurch, dass diese einen Rückgabewert haben. Das bedeutet, dass die Funktion an den ausführenden Programmcode einen definierten Wert zurückliefert, mit dem im aufrufenden Programmabschnitt weitergearbeitet werden kann.

Listing 7.9 Funktion – Syntax

```
//Funktion Syntax

Rückgabedatentyp Name([[Datentyp Parametername][= Standardwert]], ...)
{
    Prozedurcode
    return Rückgabewert;
}
```

Die Deklaration der Funktion funktioniert wie bei den Prozeduren, außer dass anstatt void ein Datentyp angegeben wird, der den Datentyp des Rückgabewerts definiert. Innerhalb des Funktionsblocks muss es das Schlüsselwort `Return`, gefolgt von einem Wert des Rückgabedatentyps geben. Eine Funktion kann mehrere `Return`-Anweisungen enthalten.

Listing 7.10 Funktion – Beispiel

```
//Funktion Beispiel

public void Start()
{
    //String deklarieren mit Wert Hallo
    string meinString = "Hallo";

    /* Die Funktion meineFunktion wurde mit dem Rückgabedatentyp
    String deklariert. Daher kann man den Funktionsaufruf direkt
    einer String-Variablen zuordnen. Hier wird die Funktion
    meineFunktion aufgerufen und meinString übergeben. Innerhalb
    der Funktion wird dem übergebenen String ein weiterer Text
    angehängt und per Return zurückgegeben. meinString enthält
    nun den veränderten String "Hallo und Tschüss"
    meinString = meineFunktion(meinString); */

    //Ausgabe der Variable meinString, im Browser erscheint
    //die Ausgabe "Hallo und Tschüss"
    Response.Write(meinString);

}

public string meineFunktion(string meinParameter)
{
    //Den Übergebenen String verändern und direkt zurückgeben
    return meinParameter + " und Tschüss";
}
```

■ 7.5 Kontrollstrukturen und Schleifen

In diesem Abschnitt erarbeiten wir Kontrollstrukturen und Schleifen, durch die man den Programmablauf steuern kann. Mit Schleifen lassen sich bestimmte Programmabschnitte anhand bestimmter Bedingungen so lange wiederholen, bis eine Bedingung zutrifft, die dem Programm mitteilt, dass es nun aus der Schleife heraussoll. Mit Kontrollstrukturen kann man Entscheidungen treffen, die anhand von Werten und Bedingungen ermittelt werden.

Sowohl mit Schleifen als auch mit den Kontrollstrukturen lässt sich der Programmablauf steuern, indem man innerhalb dieser Blöcke Befehle gibt, die den nachfolgenden Code beeinflussen.

if - else (Bedingte Anweisung)

Mit der if - else-Anweisung (auf deutsch: wenn – dann – ansonsten) wird eine Bedingung angegeben, und wenn diese wahr ist (true), wird eine Anweisung ausgeführt; ist die Bedingung falsch (false), wird die Anweisung im else-Block ausgeführt.

Listing 7.11 if - else-Syntax

```
//If else-Anweisung

if (Bedingung) {
    Anweisung, wenn Bedingung wahr ist
}
else
{
    Anweisung, wenn Bedingung falsch ist
}
```

Eine if - else-Bedingung wird immer durch das Schlüsselwort if eingeleitet. Danach folgt die Bedingung in einfachen Klammern und daraufhin eine öffnende geschweifte Klammer. Anschließend folgt der Code, der ausgeführt wird, falls die Bedingung zutrifft. Diesen Bereich beendet man mit einer schließenden geschweiften Klammer und öffnet einen Bereich für den else-Block. Der else-Block beschreibt den Code, der ausgeführt wird, falls die Bedingung nicht wahr ist.

Listing 7.12 if-Beispiel

```
//If-Beispiel

int Wert = 5;
if (Wert > 3) {
    Response.Write("Der Wert ist größer 3");
} else {
    Response.Write("Der Wert ist kleiner-gleich 3");
}
```

In diesem Beispiel wird zuerst eine Integer-Variable „Wert" deklariert und 5 zugewiesen. In der nächsten Zeile folgt die Abfrage, in der überprüft wird, ob die Variable „Wert" größer als 3 ist. Wenn dies der Fall ist, wird die Funktion Response.Write() aufgerufen und dieser der

Text „Der Wert ist größer 3" übergeben. Diese Funktion bewirkt eine Ausgabe im Browser. Falls „Wert" nicht größer als 3 ist, wird der else-Block ausgeführt und die Funktion mit dem Text „Der Wert ist kleiner-gleich 3" aufgerufen.

Eine Variante des if-else ist die if-else if-Else-Bedingung. Diese prüft, falls die if-Bedingung false ist, nochmals eine zweite Bedingung über eine else if-Bedingung („ansonsten wenn"); sollte diese auch false sein, wird der Code im else-Block ausgeführt. Es können beliebig viele else if-Blöcke in einer Abfrage angegeben werden.

Listing 7.13 if - else if - else

```
//If else if Beispiel

int Wert = 5;
if (Wert > 3) {
    Response.Write("Der Wert ist größer 3");
} else if (Wert < 7) {
    Response.Write("Der Wert ist größer 3 & kleiner 7");
} else {
    Response.Write("Der Wert ist kleiner-gleich 3");
}
```

In Listing 7.13 wurde Listing 7.12 um zwei Zeilen erweitert. Zwischen dem if- und dem else-Block wurde ein else if-Block eingeschoben. Dieser hat dieselbe Schreibweise wie der einleitende if-Block, nur wird statt des if das else if geschrieben.

Switch Case

Die switch case-Kontrollstruktur ist eine Möglichkeit, viele else if-Abfragen mit weniger Schreibarbeit auszuführen. Zuerst wird ein Zustand geprüft und dann die möglichen Zustände angesprochen.

Listing 7.14 Switch Case-Syntax

```
//Switch Case-Syntax

switch (Variable) {
    case Wert1:
        break;
        //Anweisung, falls Variable = Wert1
    case Wert2:
        break;
        //Anweisung, falls Variable = Wert2
    default:
        break;
        //Anweisung, falls Variable weder
        //Wert1 noch Wert2 entspricht
}
```

Die Kontrollstruktur in Listing 7.14 wird mit switch eingeleitet. Darauf folgt in Klammern eine Variable, deren Wert überprüft werden soll. Als Nächstes werden die verschiedenen „Fälle" (Cases) ausgewertet. Dies geschieht durch eine neue Zeile, die mit case beginnt, hinter dem ein Wert und ein Doppelpunkt stehen. Wenn die überprüfte Variable diesen Wert enthält, wird der Code, der in der nächsten Zeile steht, ausgeführt. Falls nicht, wird der nächste case ausgewertet. Dies wird so lange durchgeführt, bis ein case zutrifft. Wenn ein zutreffender case gefunden wurde, wird nach der entsprechenden Ausführung der zugehörigen Anweisung der switch case-Block verlassen. Für den Fall, dass kein case zutrifft, kann man mit einem default: einen Block am Ende einfügen, der wie der else-Block bei if-Abfragen funktioniert und nur dann ausgeführt wird, wenn vorher kein passender Fall gefunden wurde. Der default:-Block ist aber nicht zwingend erforderlich (Listing 7.15).

Listing 7.15 Switch Case-Beispiel

```
//Switch Case-Beispiel

int Wert = 3;
switch (Wert) {
    case 1:
        Response.Write("Der Wert ist 1");
        break;
    case 2:
        Response.Write("Der Wert ist 2");
        break;
    case 3:
        Response.Write("Der Wert ist 3");
        break;
    default:
        Response.Write("Der Wert größer 3 oder kleiner 1");
        break;
}
```

while-Schleife

Die while-Schleife (deutsch: während) prüft eine Bedingung und führt einen Code-Block so lange aus, bis diese Bedingung nicht mehr erfüllt wird. Sollte die Bedingung beim ersten Mal false ergeben, wird die Schleife gar nicht ausgeführt (Listing 7.16).

Listing 7.16 While-Syntax

```
//While-Syntax

while (Bedingung)
{
    Anweisung
}
```

Die Schleife in Listing 7.16 wird mit dem Schlüsselwort while begonnen, worauf eine Bedingung in Klammern folgt. Diese Bedingungen können genauso formuliert werden wie vorher bereits bei der if-else-Anweisung. Sollte die Bedingung beim erstmaligen Erreichen der Zeile mit dem Schlüsselwort while true ergeben, wird der Code im Anweisungsblock (die Zeilen zwischen den geschweiften Klammern des Blocks) einmal ausgeführt. Danach wird die Bedingung wieder geprüft, und wenn diese erneut true ergibt, wird die Anweisung wieder ausgeführt usw. Es muss also im Anweisungsblock etwas passieren, damit die Bedingung irgendwann false ergibt, da ansonsten eine Endlosschleife entsteht. Das bedeutet, dass der Anweisungsblock immer wieder ausgeführt wird, da die Bedingung nie false zurückgibt und das Programm somit keinen Anlass hat, aus der Schleife zu springen und mit dem nachstehenden Code fortzufahren.

Listing 7.17 While-Beispiel

```
//While-Beispiel

int i = 0;
while (i < 5) {
    Response.Write("i hat den Wert:" + i + " ");
    i = i + 1;
}
```

Im Beispiel aus Listing 7.17 wird zuerst eine Variable i vom Typ *Integer* deklariert und ihr der Wert 0 zugewiesen. Danach folgt eine while-Schleife, die so lange ausgeführt wird, solange i kleiner als 5 ist. Wenn die Bedingung wahr ist, wird eine Zeile ausgegeben, die den aktuellen Wert der Variable i ausgibt. In der nächsten Zeile wird i um 1 erhöht, da ansonsten die Bedingung niemals false ergibt und das Programm abstürzen würde bzw. eine Fehlermeldung erschiene.

Die Ausgabe sieht so aus: i hat den Wert:0 i hat den Wert:1 i hat den Wert:2 i hat den Wert:3 i hat den Wert:4

In der Zeile der Ausgabe wird der Funktion Response.Write() eine Zeichenkette („i hat den Wert:") übergeben, darauf folgen ein +-Operator und die Variable i. Diese steht nicht in Anführungszeichen, dadurch wird der Wert der Variable ausgegeben. Danach folgt nochmals eine +-Operator und ein Leerzeichen in Anführungszeichen.

Do-Schleife

Eine weitere Schleifenart ist die do-Schleife (Listing 7.18). Hierbei wird der Anweisungsblock zuerst einmal ausgeführt und danach mit einem while geprüft, ob eine Bedingung zutrifft. Wenn dies der Fall ist, wird der Anweisungsblock wieder ausgeführt und erneut eine Prüfung der Bedingung durchgeführt. Dies geschieht so lange, bis die Bedingung true ergibt. Im Gegensatz zu den vorhergehenden Schleifen, die man „kopfgesteuerte" Schleifen nennt, ist diese „fußgesteuert".

Listing 7.18 Do-Syntax

```
//Do While-Syntax

do {
   // Anweisung
}while(Bedingung)
```

For-Schleife

Die for-Schleife führt den Anweisungsblock so oft aus, bis die Bedingung nicht mehr zutrifft (Listing 7.19). Der Unterschied zu den vorherigen Schleifen besteht darin, dass wir eine Zähler-Variable verwenden, die in bestimmten Schritten hoch- oder runtergezählt wird. Dieser Schritt wird im Anweisungskopf angegeben und dann automatisch nach jeder Ausführung des Anweisungsblocks ausgeführt.

Listing 7.19 For-Syntax

```
//For-Syntax

for ([Datentyp] Zähler = Startwert; Endwert Bedingung; Schritt) {
    Anweisung
}
```

Im Schleifenkopf wird eine Variable Zähler erstellt, die einen Startwert bekommt (Listing 7.20). Die Schleife wird so oft ausgeführt, bis die Variable Zähler den Endwert erreicht hat, der im zweiten Teil des Kopfes definiert wurde. Bei jeder Ausführung wird die Variable Zähler durch die Anweisung Schritt abgeändert. Dies geschieht automatisch nach jeder Ausführung des Anweisungsblocks. Listing 7.20 zeigt ein Beispiel.

Listing 7.20 For-Beispiel

```
//For-Beispiel

for (int index = 1; index <= 9; index += 3) {
    Response.Write(index + " ");
}
```

Eine Ausführung von Listing 7.20 würde folgende Ausgabe ergeben: 1 4 7

Der Zähler index wird mit dem Startwert 1 definiert. Die Schleife wird so lange durchlaufen, wie index kleiner oder gleich 9 ist. Nach jedem Durchlauf wird index um 3 erhöht. Im Anweisungsblock werden index und ein Leerzeichen ausgegeben.

Foreach-Schleife

Ähnlich zur for-Schleife funktioniert die foreach-Schleife. Hierbei braucht man aber keinen Zähler, da die foreach-Schleife verwendet wird, um Arrays und Listen zu durchlaufen. Arrays sind eine Sammlung von Variablen des gleichen Typs. Die foreach-Schleife durchläuft einfach die komplette Auflistung, Element für Element.

Listing 7.21 Foreach-Syntax

```
//Foreach-Syntax

foreach (Datentyp Element in Elementen)
{
    /* Pro Durchlauf kann auf die Variable
    Element zugegriffen werden, die immer das
    aktuelle Element der Auflistung enthält */
    Anweisung
}
```

■ 7.6 Fehlerbehandlung

Beim Programmieren passiert es ab und zu, dass man den einen oder anderen Fehler in seinem Code unterbringt, zum einem Fehler in der Logik, zum anderen Rechtschreibfehler und schließlich die Fehler zur Laufzeit. Ein Fehler in der Logik wäre beispielsweise, dass man beim Klick nach rechts das Objekt nach links verschiebt, obwohl es nach rechts sollte. Solche Fehler finden Sie durch Testen und können sie beheben. Rechtschreibfehler bzw. Syntaxfehler werden Ihnen durch den Code-Editor angezeigt und können dadurch sehr schnell erkannt und behoben werden. Fehler zur Laufzeit sind Fehler, die erst im Laufe des Programms auftreten. Solch ein Fehler kann ausgelöst werden, wenn Sie auf eine Datei zugreifen wollen, die nicht existiert oder durch 0 dividiert usw. Da solche Fehler die Programmausführung beenden, müssen wir uns darum kümmern, dass sichergestellt wird, dass diese Fehler abgefangen werden. Um diese Fehler, auch Ausnahmen genannt, zu behandeln, können wir mit dem `try catch`-Befehl arbeiten.

Listing 7.22 Try Catch-Syntax

```
//Try catch-Syntax

try
{
    Anweisung(en), die unter Umständen eine Ausnahme auslöst
}
catch (Exception ex)
{
    Anweisung, die im Falle einer Ausnahme
    im Try-Block ausgeführt wird
}
```

Innerhalb des `Catch`-Blocks können Sie auf die Variable ex zugreifen und Informationen der Ausnahme auslesen. `ex.Message` gibt Ihnen beispielsweise die Fehlermeldung aus. Weitere Möglichkeiten und Varianten des `try catch`-Befehls finden Sie unter *http://msdn.microsoft.com/de-de/library/0yd65esw.aspx.*

8

Ein Schnelleinstieg in die Objektorientierung

Die Objektorientierung ist eine Herangehensweise in der Programmierung, mit der man komplexe Programme übersichtlicher halten kann. Hierbei wird versucht, Abschnitte, Funktionen, Daten usw. in einem Objekt zu kapseln. Das klingt im ersten Schritt etwas unverständlich, aber anhand eines Beispiels wird Ihnen der Sinn deutlich. Dieses Kapitel soll nur einen kleinen Einblick in die Objektorientierung geben, da es für dieses Thema an sich umfangreiche Bücher gibt und dies den Umfang des vorliegenden Buches deutlich übersteigen würde. Am Ende des Kapitels finden Sie eine Beispielklasse mit allen angesprochenen Themen.

■ 8.1 Begriffsübersicht

Objekte

Nehmen wir an, wir bräuchten eine Software, mit der wir die Fahrzeuge in einem Fahrzeugverleih verwalten wollen. Hierbei wären die einzelnen Fahrzeuge die Objekte. Objekte sind immer Instanzen von Klassen. In den Klassen werden alle Eigenschaften und Funktionalitäten der Objekte definiert. Ein Fahrzeug hat beispielsweise als Eigenschaften Farbe, Länge, Preis usw.

Vererbung

Da aber manche Eigenschaften nur für bestimmte Fahrzeuge gelten, brauchen wir verschiedene Objekte. Denn ein Fahrrad ist genauso ein Fahrzeug wie ein Motorboot, ein Auto oder ein Flugzeug, allerdings mit unterschiedlichen Eigenschaften. Die Objektorientierung setzt hier auf die Vererbung von Klassen, das bedeutet, dass es eine Basisklasse gibt, die die Funktionalitäten und Eigenschaften definiert, die alle von ihr erbenden Klassen auch verwenden. Die Klassen, die von dieser Basisklasse erben (man nennt diese Klassen „abgeleitete Klassen"), können dann noch zusätzliche Eigenschaften und Funktionalitäten mit sich bringen.

- Fahrzeug (Basisklasse)
  - Eigenschaften

- – Farbe

- – Gewicht

- – Preis

- – Vermietet von

- – Vermietet bis

- ▪ Methoden

  - – Vermieten (Fahrzeug verschwindet aus der Liste verfügbarer Fahrzeuge)

  - – Zurückgeben (Fahrzeug erscheint wieder in der Liste)

- ▪ Landfahrzeuge erbt von Fahrzeug alle Eigenschaften und Methoden

  - ▪ Eigenschaften

    - – Anzahl Räder

- ▪ Kfz erbt von Landfahrzeuge und somit auch von Fahrzeug

  - ▪ Eigenschaften

    - – Benötigter Kraftstoff

    - – PS

- ▪ Fahrrad erbt von Landfahrzeuge und damit auch von Fahrzeug, nicht aber von Kfz

  - ▪ Eigenschaften

    - – Rücktrittbremse

    - – ....

Man könnte jetzt noch Boot- und Flugzeug-Klassen bauen, die von Fahrzeug erben und diese noch in Motor- und Segelflugzeuge/-boote unterteilen. Es sind hier so gut wie keine Grenzen gesetzt, wie genau Sie dies klassifizieren wollen, allerdings sollte es natürlich auch noch im Bereich des Sinnvollen liegen. Der Vorteil der Vererbung ist vor allem, dass man nicht in jeder Klasse immer wieder die gleichen Methoden und Eigenschaften definieren muss.

Eigenschaften

Die Eigenschaften von Objekten werden in den Klassen als Variablen definiert. Wenn wir also eine Eigenschaft wie *Anzahl der Räder* definieren wollen, wird der Klasse eine Integer-Variable vergeben, die genau diesen Wert aufnimmt. Hierbei muss man darauf achten, dass der richtige Gültigkeitsbereich angegeben wird, da die Eigenschaften sonst möglicherweise nur über Methoden der Klasse verändert werden können. Wenn Sie beispielsweise wollen, dass man die Werte direkt zuweisen kann, erstellen Sie eine `Public`-Variable, auf die direkt zugegriffen werden kann. Fall Sie aber die Daten möglicherweise vorher noch überprüfen wollen, können Sie sogenannte Properties verwenden. Hierbei wird nicht auf die Variable direkt zugegriffen, da diese als `Private` definiert wird, sondern über `Get` & `Set`-Methoden.

Methoden

Methoden sind Funktionen, die in der Klasse definiert werden und die Funktionalitäten des Objektes darstellen. Bei einer allgemeinen Fahrzeugklasse wären das z. B. Methoden wie bewegen(), anhalten(), anschalten(), ausschalten(), lenken() usw. Eine spezielle Methode ist die Konstruktor-Methode, die automatisch bei der Instanziierung der Klasse ausgeführt wird. Das Gegenteil des Konstruktors ist der Destruktor, der beim „Zerstören" des Objektes ausgeführt wird.

Instanz

Eine Instanz ist das erzeugte Objekt einer Klasse, mit dem gearbeitet wird. Dem Objekt können Daten zugewiesen und Methoden an ihm ausgeführt werden.

Namespace

Namespaces (Namensräume) werden verwendet, um mehrere Klassen zusammenzufassen. Beispielsweise kann man einem Namespace den Namen eines Projektes geben und alle Klassen des Projektes in diesem Namespace bündeln. Dadurch können neue Klassen erstellt werden mit den gleichen Namen wie die in dem Namespace mit dem Projektnamen.

■ 8.2 Code-Beispiele

Anhand der vorangehend erklärten Begriffe werden wir uns jetzt ein paar Code-Beispiele dazu ansehen. Die Erklärung der Zeile finden Sie immer in den Kommentaren des Quelltextes (Listing 8.1 und Listing 8.2).

Listing 8.1 Klasse und Vererbung in VB

```
Imports Microsoft.VisualBasic

' Der Name des Namespaces für unsere Klassen
Namespace MeinNamespace

    'Klassen werden mit dem Schlüsselwort Class eingeleitet
    Public Class Fahrzeug

        'Diese Variablen sind später die Eigenschaften des Objekts.
        'Auf diese Eigenschaften können Sie innerhalb der Klasse
        'und abgeleiteten Klassen zugreifen und Werte zuweisen.
        Public Farbe As String
        Public Gewicht As Integer
        Public Preis As Integer
        Public VermietetVom As Date
        Public VermietetBis As Date

        Public Sub New()
            'Das ist der Konstruktor, und er wird beim Erstellen
            'des Objekts ausgeführt.
        End Sub

        Public Sub New(ByVal eineVariable As String)
            'Das ist der Konstruktor, und er wird beim Erstellen
            'des Objekts ausgeführt, wenn beim Erstellen ein
            'String als Parameter übergeben wird. Der obere
```

```vb
            'Konstruktor wird in diesem Fall nicht ausgeführt.
            'Innerhalb dieser Methode können Sie auf die Variable
            ' "eineVariable" zugreifen, außerhalb dieser Methode
            'nicht.
        End Sub

        Public Sub Vermieten()
            'Hier die Aktionen ausführen, die beim Vermieten
            'ausgelöst werden sollen, z. B. Datenbankaktionen
        End Sub

        Public Sub Zurueckgeben()
            'Hier die Aktionen ausführen, die beim Zurückgeben
            'ausgelöst werden sollen, z. B. Datenbankaktionen
        End Sub

    End Class

    ' Diese Klasse erbt durch den Inherits-Befehl von der
    ' Klasse Fahrzeug die Methoden und Eigenschaften
    Public Class Landfahrzeug
        Inherits Fahrzeug

        'Der Klasse wird eine weitere Eigenschaft hinzugefügt,
        'welche sie jetzt zusätzlich zu den Eigenschaften der
        'Fahrzeug-Klasse besitzt.
        Public AnzahlReifen As Integer

    End Class

End Namespace
```

Listing 8.2 Klasse und Vererbung in C#

```csharp
using System;
using System.Collections.Generic;
using System.Linq;
using System.Web;

// Der Name des Namespaces für unsere Klassen
namespace MeinNamespace
{

    //Klassen werden mit dem Schlüsselwort class eingeleitet
    public class Fahrzeug
    {

        //Diese Variablen sind später die Eigenschaften des Objekts.
        //Auf diese Eigenschaften können Sie innerhalb der Klasse
        //und abgeleiteten Klassen zugreifen und Werte zuweisen.
        public string Farbe;
        public int Gewicht;
        public int Preis;
        public System.DateTime VermietetVom;
        public System.DateTime VermietetBis;

        public Fahrzeug()
        {
```

```
        //Das ist der Konstruktor, und er wird beim Erstellen
        //des Objekts ausgeführt.
    }

    public Fahrzeug(string eineVariable)
    {
        //Das ist der Konstruktor, und er wird beim Erstellen
        //des Objekts ausgeführt, wenn beim Erstellen ein
        //String als Parameter übergeben wird. Der obere
        //Konstruktor wird in diesem Fall nicht ausgeführt.
        //Innerhalb dieser Methode können Sie auf die Variable
        // "eineVariable" zugreifen, außerhalb dieser Methode
        // nicht.
    }

    public void Vermieten()
    {
        //Hier die Aktionen ausführen, die beim Vermieten
        //ausgelöst werden sollen, z. B. Datenbankaktionen
    }

    public void Zurueckgeben()
    {
        //Hier die Aktionen ausführen, die beim Zurückgeben
        //ausgelöst werden sollen, z. B. Datenbankaktionen
    }

}

// Diese Klasse erbt durch den Doppelpunkt von der
// Klasse Fahrzeug die Methoden und Eigenschaften
public class Landfahrzeug : Fahrzeug
{

    //Der Klasse wird eine weitere Eigenschaft hinzugefügt,
    //welche sie jetzt zusätzlich zu den Eigenschaften der
    //Fahrzeug-Klasse besitzt.

    public int AnzahlReifen;
}

}
```

Jetzt haben wir zwei Klassen, die eine heißt *Fahrzeug* und die zweite *Landfahrzeug* und erbt von Fahrzeug.

Zum Testen erstellen wir jetzt eine *Default.aspx*-Seite und erzeugen im Page_Load Event ein Objekt vom Typ *Fahrzeug* (Listing 8.3 und Listing 8.4).

Listing 8.3 Fahrzeug-Objekt erstellen in VB

```
Protected Sub Page_Load(sender As Object, e As EventArgs) Handles Me.Load
    Dim meinFahrzeug As New MeinNamespace.Fahrzeug
End Sub
```

Listing 8.4 Fahrzeug-Objekt erstellen in C#

```csharp
protected void Page_Load(object sender, EventArgs e)
{
    MeinNamespace.Fahrzeug meinFahrzeug = new MeinNamespace.Fahrzeug();
}
```

Hierdurch wird ein Objekt vom Typ *Fahrzeug* erstellt. Das Objekt hat den Namen meinFahrzeug, und wir können jetzt auf die Eigenschaften und Methoden des Objekts zugreifen.

Wenn Sie nun im Code-Editor den Namen der Variable eingeben und einen Punkt dahinter setzen, erhalten Sie alle zugreifbaren Eigenschaften und Methoden.

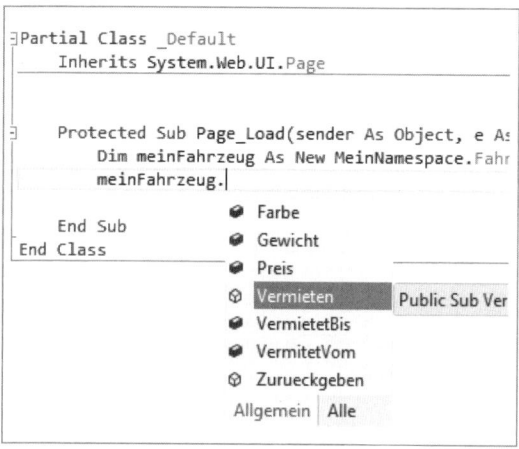

Bild 8.1
IntelliSense für die Fahrzeugklasse

In Bild 8.1 sehen Sie jetzt die Liste der verfügbaren Methoden und Eigenschaften für dieses Objekt. Im Bild sehen Sie ein VB-Beispiel, in C# sieht es allerdings genauso aus und wird auch durch den Punkt nach dem Namen des Objekts angezeigt.

Als Nächstes wollen wir eine Eigenschaft setzen und diese wieder auslesen (Listing 8.5 und Listing 8.6).

Listing 8.5 Zuweisen und Auslesen von Eigenschaften in VB

```vb
Dim meinFahrzeug As New MeinNamespace.Fahrzeug
'Die Eigenschaft zuweisen
meinFahrzeug.Farbe = "rot"
'Die Eigenschaft auslesen und mit Response.Write im Browser ausgeben
Response.Write(meinFahrzeug.Farbe)
```

Listing 8.6 Zuweisen und Auslesen von Eigenschaften in C#

```csharp
MeinNamespace.Fahrzeug meinFahrzeug = new MeinNamespace.Fahrzeug();
//Die Eigenschaft zuweisen
meinFahrzeug.Farbe = "rot";
/*Die Eigenschaft auslesen und mit Response.Write im Browser
ausgeben */
Response.Write(meinFahrzeug.Farbe);
```

Im Browser sieht das wie in Bild 8.2 aus.

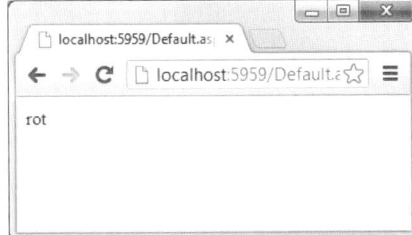

Bild 8.2
Ausgelesene Eigenschaft des Objekts

Als Nächstes erstellen wir ein Objekt vom Typ Landfahrzeug (Listing 8.7 und Listing 8.8).

Listing 8.7 Landfahrzeug erstellen in VB

```
Dim meinLandfahrzeug As New MeinNamespace.Landfahrzeug
```

Listing 8.8 Landfahrzeug erstellen in C#

```
MeinNamespace.Landfahrzeug meinLandfahrzeug = new MeinNamespace.Landfahrzeug();
```

Wenn wir jetzt die Anzahl der Räder des Objekts zuweisen wollen, sehen wir in der Liste auch alle anderen vererbten Methoden und Eigenschaften (Bild 8.3).

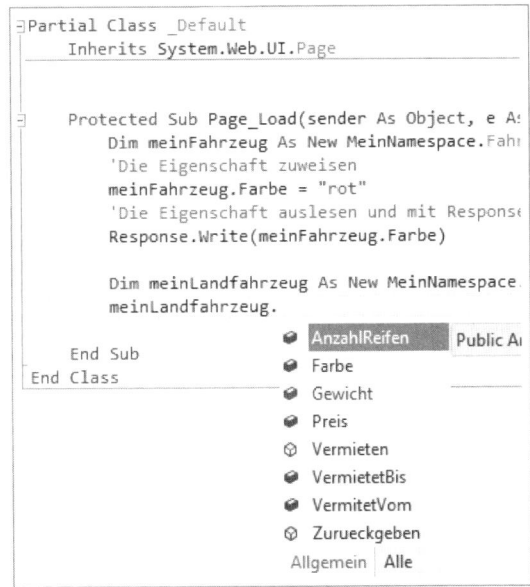

Bild 8.3
Vererbte Eigenschaften und Methoden

Wenn Sie nochmals in die Klassendefinition schauen, werden Sie sehen, dass wir nur die Eigenschaft *AnzahlReifen* in der Klasse definiert haben, der Rest ist vererbt von der Klasse Fahrzeug. Wir werden nun die Anzahl der Reifen und das Gewicht festlegen und ausgeben lassen (Listing 8.9 und Listing 8.10).

Listing 8.9 Eigenschaften Landfahrzeug in VB

```
Dim meinFahrzeug As New MeinNamespace.Fahrzeug
'Die Eigenschaft zuweisen
meinFahrzeug.Farbe = "rot"
'Die Eigenschaft auslesen und mit Response.Write im Browser ausgeben
Response.Write(meinFahrzeug.Farbe)

Response.Write("<br/>meinLandfahrzeug:<br/>")
Dim meinLandfahrzeug As New MeinNamespace.Landfahrzeug
'Eigenschaften zuweisen
meinLandfahrzeug.AnzahlReifen = 4
meinLandfahrzeug.Gewicht = 1000
'Eigenschaften auslesen und verkettet ausgeben
Response.Write("Anzahl Reifen: " & meinLandfahrzeug.AnzahlReifen & "<br/>" & "Gewicht:
" & meinLandfahrzeug.Gewicht)
```

Listing 8.10 Eigenschaften Landfahrzeug in C#

```
MeinNamespace.Fahrzeug meinFahrzeug = new MeinNamespace.Fahrzeug();
//Die Eigenschaft zuweisen
meinFahrzeug.Farbe = "rot";
//Die Eigenschaft auslesen und mit Response.Write im Browser
//ausgeben
Response.Write(meinFahrzeug.Farbe);

Response.Write("<br/>meinLandfahrzeug:<br/>");
MeinNamespace.Landfahrzeug meinLandfahrzeug = new MeinNamespace.Landfahrzeug();
//Eigenschaften zuweisen
meinLandfahrzeug.AnzahlReifen = 4;
meinLandfahrzeug.Gewicht = 1000;
//Eigenschaften auslesen und verkettet ausgeben
Response.Write("Anzahl Reifen: " + meinLandfahrzeug.AnzahlReifen + "<br/>" + "Gewicht:
" + meinLandfahrzeug.Gewicht);
```

Bild 8.4 zeigt das Ergebnis im Browser.

Bild 8.4
Landfahrzeug Eigenschaften im Browser

Als Letztes werden wir eine Methode eines Objekts aufrufen. Dafür passen wir die *Vermieten()*-Methode ein wenig an (Listing 8.11 und Listing 8.12).

Listing 8.11 Vermieten()-Methode in VB

```
Public Sub Vermieten()
    'Hier die Aktionen ausführen, die beim Vermieten
    'ausgelöst werden sollen, z. B. Datenbankaktionen
    'Das aktuelle Datum als VermietetVom zuweisen
```

```
        VermietetVom = Now
        'VermietetBis das aktuelle Datum + 7 Tage zuweisen
        VermietetBis = Now.AddDays(7)
End Sub
```

Listing 8.12 Vermieten()-Methode in C#

```
public void Vermieten()
{
    //Hier die Aktionen ausführen, die beim Vermieten
    //ausgelöst werden sollen, z. B. Datenbankaktionen
    //Das aktuelle Datum als VermietetVom zuweisen
    VermietetVom = DateTime.Now;
    //VermietetBis das aktuelle Datum + 7 Tage zuweisen
    VermietetBis = DateTime.Now.AddDays(7);
}
```

Als Nächstes fügen wir im Page_Load Event der *Default.aspx*-Seite den Methodenaufruf ein, lesen danach die zwei Variablen aus und zeigen sie im Browser an (Listing 8.13).

Listing 8.13 Methodenaufruf in VB

```
Protected Sub Page_Load(sender As Object, e As EventArgs) Handles Me.Load
    Dim meinFahrzeug As New MeinNamespace.Fahrzeug
    'Die Eigenschaft zuweisen
    meinFahrzeug.Farbe = "rot"
    'Die Eigenschaft auslesen und mit Response.Write im Browser
    'ausgeben
    Response.Write(meinFahrzeug.Farbe)

    Response.Write("<br/>meinLandfahrzeug:<br/>")
    Dim meinLandfahrzeug As New MeinNamespace.Landfahrzeug
    'Eigenschaften zuweisen
    meinLandfahrzeug.AnzahlReifen = 4
    meinLandfahrzeug.Gewicht = 1000
    'Eigenschaften auslesen und verkettet ausgeben
    Response.Write("Anzahl Reifen: " & meinLandfahrzeug.AnzahlReifen & "<br/>" &
"Gewicht: " & meinLandfahrzeug.Gewicht)
    meinLandfahrzeug.Vermieten()
    Response.Write("<br/>Fahrzeug vermietet vom:" & meinLandfahrzeug.VermietetVom)
    Response.Write("<br/>Fahrzeug vermietet bis:" & meinLandfahrzeug.VermietetBis)

End Sub
```

Listing 8.14 Methodenaufruf in C#

```
protected void Page_Load(object sender, EventArgs e)
{
    MeinNamespace.Fahrzeug meinFahrzeug = new MeinNamespace.Fahrzeug();
    //Die Eigenschaft zuweisen
    meinFahrzeug.Farbe = "rot";
    //Die Eigenschaft auslesen und mit Response.Write im Browser
    //ausgeben
    Response.Write(meinFahrzeug.Farbe);

    Response.Write("<br/>meinLandfahrzeug:<br/>");
    MeinNamespace.Landfahrzeug meinLandfahrzeug = new  MeinNamespace.Landfahrzeug();
```

```
    //Eigenschaften zuweisen
    meinLandfahrzeug.AnzahlReifen = 4;
    meinLandfahrzeug.Gewicht = 1000;
    //Eigenschaften auslesen und verkettet ausgeben
    Response.Write("Anzahl Reifen: " + meinLandfahrzeug.AnzahlReifen + "<br/>" +
"Gewicht: " + meinLandfahrzeug.Gewicht);
    meinLandfahrzeug.Vermieten();
    Response.Write("<br/>Fahrzeug vermietet vom:" + meinLandfahrzeug.VermietetVom);
    Response.Write("<br/>Fahrzeug vermietet bis:" + meinLandfahrzeug.VermietetBis);
}
```

Das Ergebnis im Browser zeigt Bild 8.5:

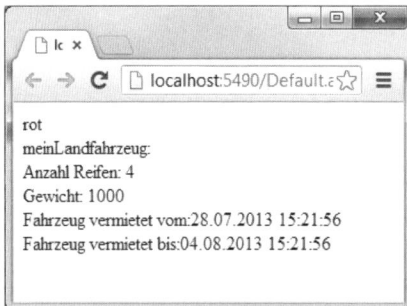

Bild 8.5
Methodenaufruf im Browser

Das war ein kleiner schneller Einblick in die Objektorientierung. Dieses Thema kann ganze Bücher füllen, aber für den Einstieg in die Webseitenentwicklung oder als kompletter Programmiereinsteiger können Sie mit dieser Basis auf jeden Fall starten und, sobald diese Grundlagen gefestigt sind, sich tiefer in das Thema einarbeiten.

Ein erstes „Hello World"- Projekt

Nach all der Theorie wollen wir uns nun an ein erstes Beispielprojekt heranwagen. In diesem Projekt werden wir eine kleine „Webseite" erstellen, die einen Button enthält, der bei einem Klick einen Text anzeigt.

9.1 Ein neues Projekt in Visual Studio anlegen

Öffnen Sie Visual Studio. Auf dem Startbildschirm von Visual Studio können Sie links auf NEUE WEBSITE klicken, oder Sie wählen über das Menü DATEI → NEUE WEBSITE aus (Bild 9.1).

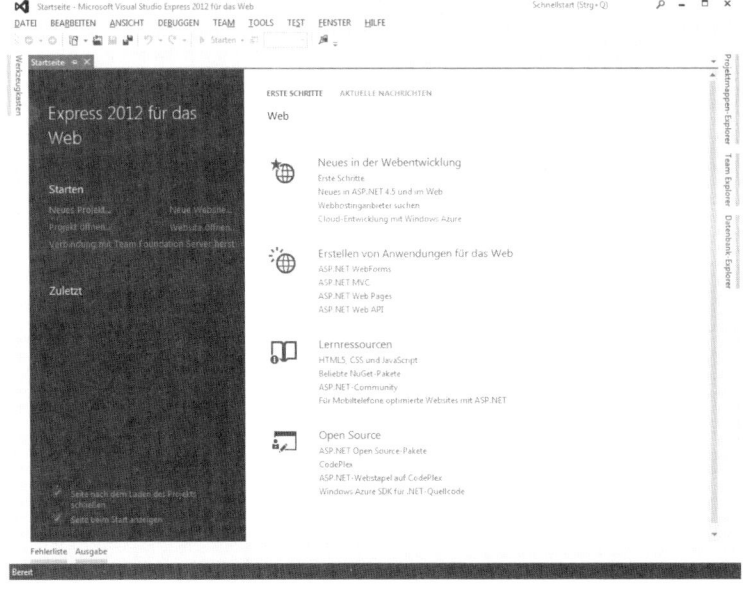

Bild 9.1
Visual Studio
Startbildschirm

Nun öffnet sich ein neues Fenster, in dem Sie die Sprache und Art des Projekts sowie den Pfad, in dem es gespeichert werden soll, auswählen können (Bild 9.2). Im Buch werden wir immer zuerst das VB.NET-Beispiel und danach das C#-Beispiel angehen. Sie müssen aber natürlich nicht beide durchgehen oder nachbauen. Falls Sie sich schon nach den beiden Einführungen für eine der beiden Sprachen entschieden haben, wählen Sie nun in der linken Spalte unter INSTALLIERT → VORLAGEN die gewünschte Sprache aus. In der mittleren Spalte wählen Sie *Leere ASP.NET-Website* aus. Unten können Sie den Pfad auswählen, in dem Sie den Quelltext ablegen wollen. Danach klicken Sie auf OK.

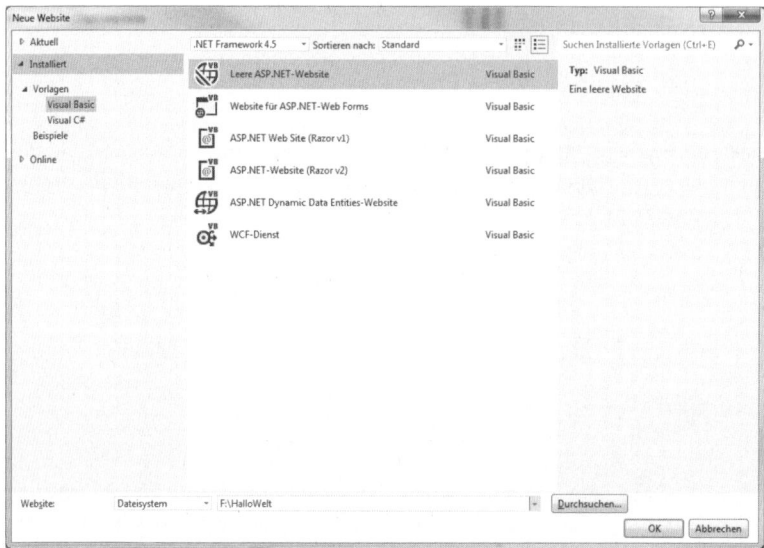

Bild 9.2
Neue Website
erstellen

Nun öffnet Visual Studio das neu erstelle Projekt. Rechts sehen Sie einen Reiter, der *Projektmappen-Explorer* heißt. Wenn Sie dort draufklicken, sehen Sie alle aktuellen Dateien des Projekts. Derzeit hat unser Projekt nur eine Datei, die *web.config*-Datei.

web.config-Datei

Die *web.config*-Datei ist die Hauptkonfigurationsdatei unseres Webprojekts. Es können in Unterordnern auch *web.config*-Dateien liegen, die dann bestimmte Konfigurationen für den Ordner und die Unterordner beinhalten. Die Datei ist ein XML-Dokument, und in ihr werden grundlegende Einstellungen zum Projekt oder auch bestimmte Module eingebunden und Datenbank-Verbindungsstrings abgelegt. Zur *web.config*-Datei werden im Laufe des Buches immer wieder ein paar Einträge hinzukommen, die dann auch in dem entsprechenden Schritt erklärt werden, z.B. wenn wir eine Datenbank anbinden.

■ 9.2 Eine Webform hinzufügen

Um nun in unserer Website etwas programmieren zu können, brauchen wir eine Webform. Webforms sind Seiten, die aus HTML-Code, Controls (Steuerelementen) und Server Code (Code-behind) bestehen. Hierbei wird auch der Benutzeroberflächencode, der im Browser angezeigt wird, getrennt vom Servercode abgelegt, was eine Website sehr übersichtlich für Programmierer macht.

Um eine neue Webform anzulegen, klicken Sie bitte im Menü auf WEBSITE und dort auf NEUES ELEMENT HINZUFÜGEN. Nun erscheint wieder ein ähnlicher Dialog wie in Bild 9.2. In diesem wählen Sie links die Sprache aus, in der Ihr Projekt erstellt wurde (im Normalfall ist hier schon die richtige vorausgewählt), in der Mitte wählen Sie *Webform* aus, und unten beim Namen tragen Sie *Default.aspx* ein. Rechts unten setzen Sie noch einen Haken bei *Code in gesonderter Datei ablegen* und klicken auf OK. Jetzt sollten Sie im Projektmappen-Explorer oberhalb der *web.config*-Datei eine neue Datei namens *Default.aspx* sehen. Links neben dem Dateinamen befindet sich ein Pfeil, mit dem sich die Datei ausklappen lässt. Nun erscheint unterhalb der *Default.aspx*-Datei eine weitere Datei *Default.aspx.vb*. In dieser *.aspx.vb*-Datei wird der Servercode abgespeichert, und in der *.aspx*-Datei werden der HTML-Code, die Steuerelemente und alles Weitere abgelegt, was im Browser erscheint bzw. einge-bunden wird, auch JavaScript und CSS. Durch einen Klick auf die Datei *Default.aspx* öffnet Visual Studio die Datei, wobei es drei Varianten gibt, diese anzuzeigen:

- *Quelle:* Hier sieht man nur den HTML-Quelltext der Datei.
- *Entwurf:* Hier sieht man eine Vorschau der HTML-Datei wie im Browser, allerdings mit einigen Hilfslinien und Hilfseinblendungen, um das Erstellen der Oberfläche zu erleich-tern.
- *Teilen:* Dies ist ein geteilter Modus, in dem oben Variante 1 und unten Variante 2 zu sehen ist.

Wechseln Sie nun in den Quelltext-Modus. Hier sehen Sie nun das Grundgerüst einer HTML-Seite. Allerdings ist in der ersten Zeile eine Neuerung zu sehen, die wir bisher nicht kannten. In dieser Zeile wird definiert, in welcher Sprache der Servercode der Code-behind-Dateien geschrieben wird und in welcher Datei dieser steht (Listing 9.1 und Listing 9.2).

Listing 9.1 Default.aspx VB.NET

```
<%@ Page Language="VB" CodeFile="Default.aspx.vb" Inherits="_Default" %>

<!DOCTYPE html>

<html xmlns="http://www.w3.org/1999/xhtml">
<head runat="server">
<meta http-equiv="Content-Type" content="text/html; charset=utf-8"/>
    <title></title>
</head>
<body>
    <form id="form1" runat="server">
    <div>
```

```
    </div>
    </form>
</body>
</html>
```

Listing 9.2 Default.aspx C#

```
<%@ Page Language="C#" CodeFile="Default.aspx.cs" Inherits="_Default" %>

<!DOCTYPE html>

<html xmlns="http://www.w3.org/1999/xhtml">
<head runat="server">
<meta http-equiv="Content-Type" content="text/html; charset=utf-8"/>
    <title></title>
</head>
<body>
    <form id="form1" runat="server">
    <div>

    </div>
    </form>
</body>
</html>
```

Diese erste Zeile wird als *Page Direktive* bezeichnet. Direktiven sind für den Compiler
Anweisungen, wie dieser Controls oder Seiten verarbeiten soll. In diesem Fall geben wir mit
dem Attribut `Language` an, in welcher Sprache die Seite geschrieben ist. Mit `CodeFile`
geben wir an, in welcher Datei der Code-behind-Code liegt, und mit `Inherits` geben wir die
Klasse an, in der der Code der Seite liegt. Diese Zeile wird in Visual Studio automatisch
generiert und muss in Projekten wie denen in diesem Buch eigentlich nicht manuell angepasst werden.

Als Nächstes werden wir unserer Webform einen Button hinzufügen. Dazu wechseln wir in
die Entwurfsansicht und klicken links am Bildschirmrand auf den Reiter *Werkzeugkasten*.
Hier sehen Sie eine Liste mit Steuerelementen, die Sie der Webform hinzufügen können.
Diese sind alle standardmäßig bei ASP.NET dabei, können aber noch durch Drittanbieter-
Module erweitert werden. Im ersten Schritt begnügen wir uns aber mit den Standardsteuer-
elementen. Um den Button nun hinzuzufügen, ziehen wir das Steuerelement *Button* per
Drag & Drop in den `div`-Container in unserem HTML-Quelltext. Wenn wir ihn dann dort
abgelegt haben, generiert Visual Studio automatisch den benötigten Quelltext, um den Button im Browser anzuzeigen (Listing 9.3).

Listing 9.3 Button-Code

```
<asp:Button ID="Button1" runat="server" Text="Button" />
```

Der hier hinzugefügte Button gehört zu den Websteuerelementen, diese Websteuerelemente
generieren beim Ausführen HTML- und JavaScript-Code. Es gibt komplexe und weniger
komplexe Websteuerelemente. Ein Button wie der gerade eingebaute wird nicht so viel Code
generieren wie beispielsweise ein *Calendar Control*. Websteuerelemente erkennen Sie
immer an dem Präfix `asp:` und dem Attribut `runat="server"`. Auf Elemente mit diesem
Attribut können Sie dann im Code-behind zugreifen. Aus unserem oberen Button wird im
HTML-Code des Browsers dann dieses HTML-Element (Listing 9.4).

Listing 9.4 Button-Code in HTML gerendert

```
<input type="submit" name="Button1" value="Button" id="Button1" />
```

Um unser „Hallo Welt"-Projekt noch weiter auszubauen, brauchen wir noch ein Element, in dem unsere Nachricht angezeigt wird. Dieses Element ist ein Label. Ziehen Sie jetzt ein Label vom Werkzeugkasten in Ihre Quellansicht unter den Button. Visual Studio generiert nun wieder den Code des hinzugefügten Elements (Listing 9.5).

Listing 9.5 Label-Code

```
<asp:Label ID="Label1" runat="server" Text="Label"></asp:Label>
```

Jetzt haben wir alles, was wir brauchen, um auf einen Button zu klicken, der uns daraufhin eine Nachricht anzeigt. Allerdings wollen wir noch eine Kleinigkeit ändern, um die Übersicht zu verbessern. Die beiden hinzugefügten Elemente haben eine Attribut-ID, diese ID lässt uns später im Programmcode auf das Element zugreifen. Wenn man irgendwann mal viele solcher Elemente auf einer Seite hat, wird es durch die Bezeichnungen Label1, Label2, Label3 usw. ziemlich schnell unübersichtlich, und man weiß nicht mehr, welcher Bezeichner für welches Element steht. Deshalb geben wir unseren Elementen nun aussagekräftigere Namen. Dafür klicken Sie im Quelleneditor auf den Code des Buttons und drücken die F4-Taste. Dadurch springt der Fokus von Visual Studio in das Eigenschaftsfenster des Elements. Hier sehen Sie nun alle Eigenschaften, die solch ein Button hat. Sie können hier unter anderem die Farbe der Schrift oder die Größe der Schrift der Button-Bezeichnung einstellen, oder auch, wie breit und hoch er sein soll oder ob er sichtbar sein soll oder deaktiviert und vieles Weitere. Auf diese Eigenschaften können Sie später auch im Codebehind zugreifen und sie auslesen oder verändern. Wir wollen jetzt nur die ID ändern und klicken dafür in die Zeile, in der ID steht, und rechts davon in die Spalte, in der Button1 steht. Als neue Bezeichnung tragen Sie bitte btnShowHello ein. Das btn steht hierbei als Abkürzung für Button, und mit ShowHello beschreiben wir kurz die Funktion des Buttons. Wenn Sie jetzt irgendwo anders im Visual Studio klicken, wird Visual Studio die ID des Buttons sofort im Code ändern. Als Nächstes ändern wir noch die ID des Labels auf lblHelloWorld, lbl steht in diesem Fall für Label. Als Letztes löschen wir noch den Text der Label-Eigenschaft *Text*. Das können Sie im Eigenschaftsfenster machen, indem Sie einfach den Text rauslöschen, oder Sie ändern es im Quellcode, indem Sie aus Text="Label" Text="" machen. Die letzte Eigenschaft, die wir ändern, ist die Visible-Eigenschaft. Setzen Sie diese bitte auf False. Diese Eigenschaft gibt an, ob das Element im Browser sichtbar ist.

Ihre *Default.aspx*-Seite sollte nun in VB.NET wie in Listing 9.6 aussehen.

Listing 9.6 Default.aspx mit Controls in VB

```
<%@ Page Language="VB" CodeFile="Default.aspx.vb" Inherits="_Default" %>

<!DOCTYPE html>

<html xmlns="http://www.w3.org/1999/xhtml">
<head runat="server">
<meta http-equiv="Content-Type" content="text/html; charset=utf-8"/>
    <title></title>
</head>
```

```
<body>
  <form id="form1" runat="server">
  <div>
     <asp:Button ID="btnShowHello" runat="server" Text="Button" />
     <asp:Label ID="lblHelloWorld" runat="server" Text=""
              Visible="False"></asp:Label>
  </div>
  </form>
</body>
</html>
```

In C# sieht das Ganze bis auf einen Unterschied des Language-Attributs in der Page Direktiven genau gleich aus (Listing 9.7).

Listing 9.7 Default.aspx mit Controls in C#

```
<%@ Page Language="C#" CodeFile="Default.aspx.cs" Inherits="_Default" %>

<!DOCTYPE html>

<html xmlns="http://www.w3.org/1999/xhtml">
<head runat="server">
<meta http-equiv="Content-Type" content="text/html; charset=utf-8"/>
  <title></title>
</head>
<body>
  <form id="form1" runat="server">
  <div>
     <asp:Button ID="btnShowHello" runat="server" Text="Button" />
     <asp:Label ID="lblHelloWorld" runat="server" Text=""
              Visible="False"></asp:Label>
  </div>
  </form>
</body>
</html>
```

Wenn Sie jetzt im Visual Studio unten links auf *Entwurf* klicken, sehen Sie eine Entwurfsansicht Ihrer Website. Hier können Sie genauso die Elemente anklicken und ihre Eigenschaften ändern. Wenn Sie auf den Button klicken, erscheinen solche weißen Quadrate, an denen Sie ziehen können, um die Größe zu verändern. Auch können Sie einfach die Anordnung der Elemente per Drag & Drop verändern.

■ 9.3 Website ausführen

Im nächsten Schritt lassen wir die Website im Browser öffnen. Dafür starten wir das Debugging. Als Debugging bezeichnet man den Vorgang, einen Programmcode auf Fehler abzusuchen und diese zu entfernen. Wenn Sie später einmal komplexere Programme oder Seiten schreiben, wird es gelegentlich passieren, dass etwas nicht funktioniert, wie es soll. In diesem Fall sagt Ihnen, wenn alles gut läuft, Ihr Debugger, an welcher Stelle etwas nicht in Ordnung ist. Eine andere Möglichkeit ist es, den Quellcode Schritt für Schritt und Zeile für Zeile während der Ausführung zu überwachen. Wenn man im Visual Studio den Debugger startet, wird versucht, das Projekt im Browser zu öffnen; wenn dies nicht funktioniert, wird Visual Studio im Normalfall in einer Fehlerliste aufzeigen, wo die Probleme liegen. Um ein Projekt zu debuggen, gibt es mehrere Möglichkeiten: Entweder klicken Sie oben in der Symbolleiste auf den grünen *Play*-Button oder im Menü *Debuggen* auf DEBUGGING STARTEN, oder Sie drücken einfach die F5-Taste. Wenn Sie das Debugging zum ersten Mal ausführen, wird Visual Studio Sie möglicherweise fragen, ob Sie den Debugging-Modus aktivieren wollen. Dies bestätigen Sie bitte, dadurch wird in Ihrer *web.config*-Datei das Debugging für dieses Projekt aktiviert.

Wenn Ihr Projekt keine Fehler enthält, sollten Sie nun im Browser eine weiße Seite mit einem Button sehen (Bild 9.3).

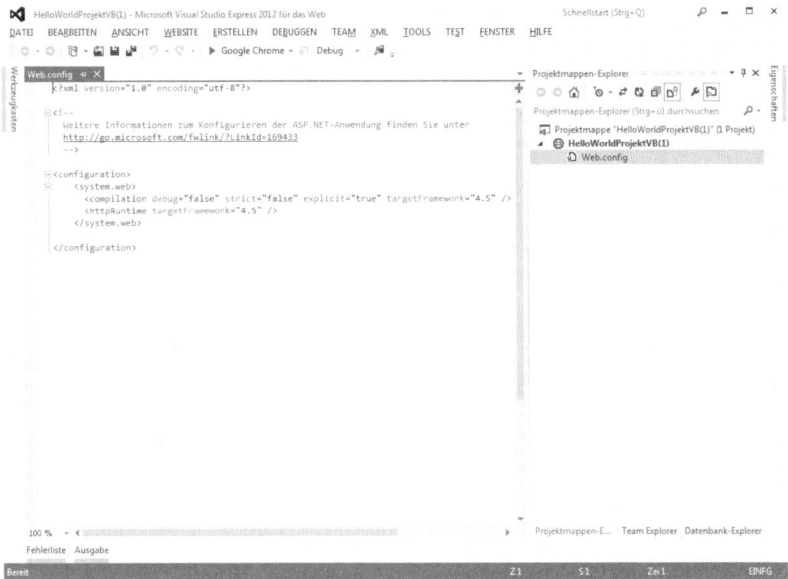

Bild 9.3 „Hello World"-Projekt im Browser

Leider kann diese Seite jetzt nicht wirklich viel, aber das wollen wir ändern.

Code-behind

Um unseren Button dazu zu bewegen, unsere „Hello World"-Nachricht anzuzeigen, müssen wir im Code-behind dazu die nötigen Anweisungen geben. Was soll passieren? Wenn man auf den Button klickt, soll das Label die Meldung „Hello World" ausgeben. Dafür müssen wir die Eigenschaft *Text* und die Eigenschaft *Visible* bei einem Klick auf den Button ändern.

Die einzelnen Elemente haben sogenannte Events (Ereignisse). Diese Events sind zum Beispiel beim Button das Click-Event, das ausgeführt wird, wenn man auf den Button klickt, oder bei das Load-Event bei Seiten, das beim Laden der Seite ausgeführt wird. In unserem Fall nutzen wir das Click-Event des Buttons, denn wir wollen ja, dass beim Klick auf den Button etwas passiert. Um in dieses Event nun Programmcode zu schreiben, doppelklicken Sie im Entwurfsmodus auf den Button, der etwas tun soll. Visual Studio erstellt dann automatisch in Ihrem Projekt den nötigen Code, um in das Event eingreifen zu können (Listing 9.8).

Listing 9.8 Click Event in VB.NET

```
Partial Class _Default
    Inherits System.Web.UI.Page

    Protected Sub btnShowHello_Click(sender As Object, e As EventArgs) Handles
btnShowHello.Click

    End Sub
End Class
```

In der ersten Zeile in Listing 9.8 wird eine Klasse erstellt, dessen Bezeichner wir auch in unserer Page Direktiven der *aspx*-Seite wiederfinden, hierdurch wird die Verknüpfung der *aspx*-Seite mit der Code-behind-Seite hergestellt. In der zweiten Zeile erbt unsere Klasse `_Default` von der Klasse `System.Web.UI.Page`, dadurch wird unsere Klasse zu einer ASP. NET-Page und erhält die Eigenschaften und Ereignisse usw. von dieser. In der dritten Zeile wird eine Prozedur erstellt, die ausgeführt wird, wenn auf den Button geklickt wird. Hier begegnen uns einige neue Dinge. Als Erstes ist dies das Schlüsselwort `Protected`. Dieses Schlüsselwort legt den Gültigkeitsbereich der Prozedur fest. Der Gültigkeitsbereich sagt aus, von wo in einem Projekt eine Variable, Klasse, Prozedur usw. aufgerufen werden kann. `Protected` bedeutet, dass diese Prozedur nur aus der eigenen Klasse oder aus Klassen, die von dieser Klasse erben, aufgerufen werden kann. Ein weiterer Gültigkeitsbereich wäre `Public`. Eine `Public` Sub kann von überall aus dem Projekt aufgerufen werden. Als Nächstes werden zwei Argumente übergeben, `sender As Object` und `e As EventArgs`. Die Variable `sender` referenziert das aufrufende Steuerelement. Die Variable e vom Typ `EventArgs` enthält mögliche zusätzliche Parameter, die beim Aufruf der Prozedur übergeben werden. Bei unserem Button ist die Variable leer, aber bei einem `ImageButton` würden hier die Koordinaten übergeben werden, an welcher Stelle wir auf das Bild geklickt hätten. Als Letztes kommt die `Handles`-Anweisung, hierbei wird die Prozedur an das `Click`-Event von btnShowHello gebunden. Zwischen dieser Zeile und der Zeile End Sub können wir nun den Code platzieren, der ausgeführt werden soll, wenn der Button geklickt wird.

Listing 9.9 Click Event in C#

```
using System;
using System.Collections.Generic;
using System.Linq;
using System.Web;
using System.Web.UI;
using System.Web.UI.WebControls;

public partial class _Default : System.Web.UI.Page
{
    protected void Page_Load(object sender, EventArgs e)
    {

    }
    protected void btnShowHello_Click(object sender, EventArgs e)
    {

    }
}
```

In Listing 9.9 sehen wir nun im Gegensatz zur *aspx*-Seite doch einige Unterschiede zum VB.NET-Code. In den ersten Zeilen befinden sich mehrere using-Anweisungen. Diese importieren verschiedene Namespaces, die benötigt werden, um die Seite funktionieren zu lassen. Die hier stehenden using-Anweisungen wurden alle automatisch eingefügt. Danach folgt die Erstellung der Klasse der Seite, das ist analog zu VB.NET, und es wird auch von System.Web.UI.Page geerbt. Innerhalb der Klasse wurde automatisch eine Funktion erstellt, die für das Load-Event der Seite zuständig ist. In diese Funktion schreiben wir für dieses Beispiel nichts hinein. Danach folgt die Funktion, die für das Click-Event des Buttons zuständig ist. Die Parameter und der Gültigkeitsbereich sind die Gleichen wie bei VB.NET. Doch im Gegensatz zu VB.Net fehlt die Handles-Anweisung, damit die Funktion an den Button gebunden wird. Diese Bindung findet bei C# an einer anderen Stelle statt. Dazu wechseln wir zurück in die *.aspx*-Datei. In der Quellenansicht sehen wir, dass dem Button ein neues Attribut hinzugefügt wurde: OnClick="btnShowHello_Click". Durch dieses Attribut wird der Ereignishandler dem Ereignis zugewiesen, also die Funktion, die die Aufgabe des Ereignisses ausführt. In diesem Fall ist es die Funktion btnShowHello_Click aus der *.aspx.cs*-Datei.

Jetzt fehlen noch die Anweisungen innerhalb der Funktionen.

Listing 9.10 Click-Event in VB.NET

```
Protected Sub btnShowHello_Click(sender As Object, e As EventArgs) Handles
btnShowHello.Click
    'Der Text-Eigenschaft des Labels
    'den Wert "Hello World" zuweisen
    Me.lblHelloWorld.Text = "Hello World"
    'Die Visible-Eigenschaft auf true
    'setzen, damit das Label sichtbar wird
    Me.lblHelloWorld.Visible = True
End Sub
```

In der ersten Zeile in Listing 9.10 weisen wir dem Label über die Text-Eigenschaft „Hello World" zu. Vor dem Namen des Labels steht das Schlüsselwort Me. Mit Me greift man auf die Elemente der aktuellen Klasse zu, in diesem Fall die Elemente der Page-Klasse, in der wir uns gerade befinden. Mit dem Punkt als Trenner kann man auf die Unterelemente oder die Eigenschaften eines Elements zugreifen. lblHelloWorld ist ein Element innerhalb von Me, und Text ist eine Eigenschaft von lblHelloWorld. Nach dem =-Zeichen folgt dann der neue Wert für die Eigenschaft. In der nächsten Zeile ändern wir noch die Eigenschaft Visible auf true.

Listing 9.11 Click Event C#

```
protected void btnShowHello_Click(object sender, EventArgs e)
{
    //Der Text-Eigenschaft des Labels
    //den Wert "Hello World" zuweisen
    this.lblHelloWorld.Text = "Hello World";
    //Die Visible-Eigenschaft auf true
    //setzen, damit das Label sichtbar wird
    this.lblHelloWorld.Visible = true;
}
```

In C# sieht der Code ähnlich aus wie in VB.NET, nur wird in C# anstatt Me das Schlüssel-wort this verwendet (Listing 9.11). Die Objekte und Eigenschaften heißen natürlich gleich wie im VB.NET-Beispiel.

Wenn Sie nun den Debug-Modus starten, sollte sich die Seite öffnen und bei einem Klick auf den Button das Label mit dem zugewiesenen „Hello World"-Text sichtbar werden (Bild 9.4).

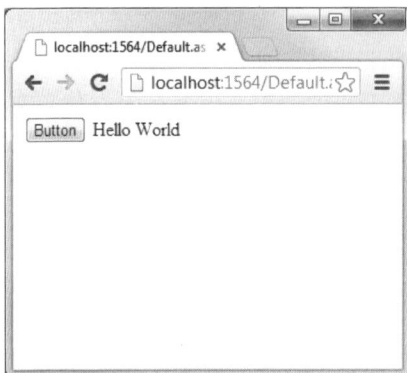

Bild 9.4
Hello World-Nachricht

 ÜBUNG: Versuchen Sie nun, die Eigenschaften der Steuerelemente zu verändern, die wir bis jetzt noch nicht verändert haben. Bauen Sie mehrere Buttons und Labels ein und versuchen Sie, verschiedene Eigenschaften im Code-behind zu verändern, je nachdem auf welchen Button man klickt.

10 Die wichtigsten Websteuerelemente im Überblick

Websteuerelemente (Webcontrols) sind bei ASP.NET Objekte, die man in eine Seite einbauen kann, die HTML-Code generieren bzw. rendern. Die Websteuerelemente, die es in ASP.NET gibt, sind keine Standard-HTML-Steuerelemente. Allerdings werden sie beim Ausführen in eben solche „umgewandelt". Aus einem <asp:Button /> wird ein HTML-<input />-Feld, oder aus einem <asp:Label /> wird ein <span />. Diese beiden Websteuerelemente ähneln stark dem endgültigen gerenderten HTML-Markup. Allerdings gib es auch aufwendigere Datensteuerelemente, die komplexe Tabellen inklusive Sortierung generieren, oder Calendar-Objekte mit Blätterfunktion. Hierbei wird auch das eventuell zugrunde liegende JavaScript mitgeliefert. Die wichtigste Eigenschaft der Websteuerelemente ist die, dass serverseitig auf sie zugegriffen werden kann, was bei normalen HTML-Elementen, die clientseitig sind, nicht der Fall ist. Allerdings kann jedes HTML-Steuerelement in ein serverseitiges HTML-Steuerelement umgewandelt werden, indem man diesem das Attribut runat="server" hinzufügt. Wenn Sie wirklich auf das Element zugreifen wollen, muss noch das Attribut ID hinzugefügt werden.

 HINWEIS: Jedes HTML-Element auf einer Seite kann durch das Attribut runat="server" in ein HTML-Serversteuerelement umgewandelt werden, damit man aus dem Code-behind darauf zugreifen kann.

In diesem Kapitel werden wir eine Auswahl der für uns wichtigsten Websteuerelemente anschauen. Ich werde ihre Funktionsweise und ihren Verwendungszweck kurz erklären. Eine ausführlichere Erklärung der Eigenschaften wird es dann im Laufe des Buches geben, wenn die Elemente innerhalb des Webseiten-Projektes des Buches verwendet werden.

■ 10.1 Button

Mit dem Websteuerelement Button (<asp:Button ... />, siehe Bild 10.1) erzeugen Sie eine Schaltfläche, die im HTML-Markup als <input type="submit"/> oder <input type="button" /> gerendert wird. Mit dem Click-Ereignis kann man einen Ereignisprozedur-Code ausführen, der durch den Klick auf die Schaltfläche ausgelöst wird. Mit den Attributen onCommand, CommandName und CommandArgument können alternative Ereignisprozeduren angesprochen werden. onCommand ist der Name der Prozedur, CommandName sowie CommandArgument übergeben Parameter an die Prozedur.

Bild 10.1
Standard-Button im Browser

■ 10.2 Checkbox

Das Websteuerelement Checkbox (<asp:CheckBox … />, siehe Bild 10.2) wird im HTML-Markup zu einem <label></label>, die die Beschriftung für die Checkbox enthält, sowie einem <input type="checkbox" />. Durch einen Klick auf die Checkbox oder das Label wird der Status der Checkbox geändert. Mit dem Attribut AutoPostBack="True" wird durch den Klick auf die Checkbox ein Postback an den Server ausgeführt. Ein Postback sendet die Seite per Post-Methode zurück an den Server, damit dieser die getätigten Eingaben verarbeiten kann, und sendet eine neue Version der Seite zurück. Hierbei wird die gesamte Seite neu geladen. Mit AutoPostBack="False" wird dieses Verhalten abgeschaltet. Durch den Klick auf die Checkbox wird das CheckedChanged-Ereignis ausgeführt. Der Wert der Checkbox kann mit der Eigenschaft Checkbox.Checked abgerufen und gesetzt werden.

Bild 10.2
Checkbox mit der Eigenschaft Checked = True

■ 10.3 HyperLink

Das Websteuerelement HyperLink (<asp:HyperLink … />, siehe Bild 10.3) wird im HTML-Markup zu einem normalen <a>-Tag, der einen HyperLink repräsentiert. Allerdings haben Sie bei der Websteuerelement-Version die Möglichkeit, die Attribute im Code-behind zu verändern.

HyperLink   **Bild 10.3**
Standard-HyperLink ohne Styling

10.4 Image

Das Webcontrol-Image (`<asp:Image … />`) erzeugt ein `<img>`-Tag, das ein Bild im HTML anzeigt. Wie beim Hyperlink kann das Websteuerelement nicht mehr als das normale HTML-Element, außer dass es aus dem Code-behind erreichbar ist.

10.5 Label

Das Websteuerelement Label (`<asp:Label ... />` bzw. `<asp:Label>…</asp:Label>`) erzeugt im HTML-Markup ein `<span>`- oder `<label>`-Tag.

10.6 Panel

Das Websteuerelement Panel (`<asp:Panel … />`) erzeugt einen `<div>`-Container und eignet sich hervorragend dazu, verschiedene Elemente innerhalb einer Seite zu gruppieren. Beispielsweise lassen sich alle Elemente innerhalb des Panels ausblenden, indem man die `Visible`-Eigenschaft des Panels auf `False` setzt.

10.7 Textbox

Das Websteuerelement TextBox (`<asp:TextBox>…</asp:TextBox>`, siehe Bild 10.4 und Bild 10.5) ermöglicht Benutzereingaben in einzeiligen oder mehrzeiligen Textfeldern. Hierbei können verschiedene HTML-Elemente gerendert werden, die abhängig von der eingestellten Eigenschaft `TextMode` sind. Wenn der `TextMode` auf `SingleLine` gesetzt wird, wird ein `<input type="text" />`-Element generiert, bei `TextMode="MultiLine"` ein `<textarea>`-Element und bei `TextMode="Password"` ein `<input type="password />`-Element. Es gibt noch weitere `TextMode`-Werte, die das Textfeld so maskieren, dass nur bestimmte Werte oder Werte in bestimmten Mustern eingegeben werden können. `TextBox` Controls unterstützen auch `AutoPostBack`, dieser wird beim Verlassen einer Textbox ausgeführt. Beim Ändern einer Textbox wird das Ereignis `TextChanged` ausgelöst.

Textbox

Bild 10.4
Einzeilige Textbox

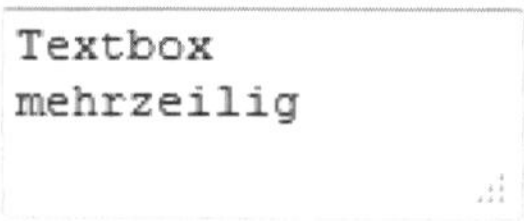

Textbox
mehrzeilig

Bild 10.5
Mehrzeilige Textbox

■ 10.8 DropDownList

Das Websteuerelement DropDownList (`<asp:DropDownList … />`, siehe Bild 10.6) erzeugt eine HTML-Select-Option `<select><option>…</option></select>`-Auswahlliste. Eine DropDownList kann manuell befüllt oder an eine Datenbank gebunden werden. Die einzelnen Einträge sind jeweils ein ListItem-Objekt, das unter anderem die Eigenschaften *Text*, *Value* und *Selected* hat. Die Text-Eigenschaft ist der Text, den der Benutzer im Browser sieht, die Value-Eigenschaft ist der Wert, der im Hintergrund zu diesem Text gehört, und die Select-Eigenschaft gibt an, ob das ListItem ausgewählt ist. In einer DropDownList kann immer nur ein Element auf einmal ausgewählt werden. Die DropDownList unterstützt auch `AutoPostBack`, dieser wird ausgeführt, wenn die Auswahl innerhalb der Liste geändert wird. Über das Ereignis `SelectedIndexChanged` kann man Code ausführen, wenn die Auswahl innerhalb der Liste geändert wurde.

Bild 10.6
DropDownList

■ 10.9 ListBox

Das Websteuerelement ListBox (Bild 10.7) funktioniert wie eine DropDownList bis auf den Unterschied, dass angegeben werden kann, wie viele Zeilen auf einmal angezeigt werden, und dass eine ListBox Mehrauswahl unterstützt. Die einzelnen Einträge sind auch ListItem-Objekte wie in der DropDownList, und es wird auch eine HTML-Select-Option `<select><option>…</option></select>`-Auswahlliste generiert. `AutoPostBack` und das `SelectedIndexChanged`-Ereignis sind in einer ListBox genauso zu verwenden wie in einer DropDownList.

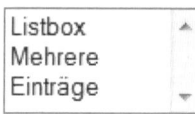

Bild 10.7
ListBox mit drei Einträgen

■ 10.10 Datensteuerelemente

Datensteuerelemente sind Websteuerelemente, mit denen sich Daten aus einer Datenbank oder XML-Datei in verschiedenen Formen darstellen und bearbeiten lassen. Es gibt beispielsweise das GridView Control, das es Ihnen ermöglicht, die Daten in einer Tabelle mit Sortierung und Filterung anzuzeigen und zu bearbeiten, oder das ListView Control, das Templates unterstützt, mit denen man verschiedene Listen-Styles erstellen kann, um seine Daten anzuzeigen. Solch ein ListView Control werden wir auch im Beispielprojekt des Buchs verwenden.

11 Datenbanken und SQL

■ 11.1 Datenbanken

Datenbanken sind Systeme, mit denen sich Daten strukturiert ablegen lassen. Microsoft hat hierfür das Produkt Microsoft SQL Server entwickelt. Dies ist ein relationales Datenbank Management System (RDBMS). Es gibt auf dem Markt noch weitere Systeme wie MySql, Oracle, PostgreSQL usw. Im .NET-Bereich wird meistens der SQL Server von Microsoft verwendet, im PHP-Bereich MySql.

11.1.1 Microsoft SQL Server installieren

In diesem Abschnitt erhalten Sie eine Kurzanleitung zum Installieren des Microsoft SQL Servers. SQL Server 2012 Express können Sie unter *http://www.microsoft.com/de-de/down-load/details.aspx?id=29062* herunterladen. Dort wählen Sie als Sprache Deutsch aus und laden die Datei *SQLEXPRADV_x86_DEU.exe* herunter (wenn Sie ein 32-Bit Windows installiert haben) oder die Datei *SQLEXPRADV_x64_DEU.exe* (wenn Sie ein 64-Bit Windows System installiert haben). Nach dem Download starten Sie die Installation über einen Doppelklick auf die *.exe*-Datei. Falls ein Dialog erscheint, der Administrationsrechte fordert, akzeptieren Sie dies.

Wenn die Installation gestartet ist, klicken Sie im SQL Server-Installationscenter rechts oben auf den Punkt *Neue eigenständige SQL Server-Installation oder Hinzufügen von Funktionen zu einer vorhandenen Installation* (Bild 11.1).

Im nächsten Schritt müssen Sie die Lizenzbedingungen akzeptieren und auf WEITER klicken. Danach meldet das Installationsprogramm eventuelle Produkt-Updates. Wählen Sie diese bitte aus und klicken Sie auf WEITER. Jetzt werden die eventuellen Updates heruntergeladen und die Setupdateien installiert. Dieser Vorgang kann ein paar Minuten dauern (Bild 11.2).

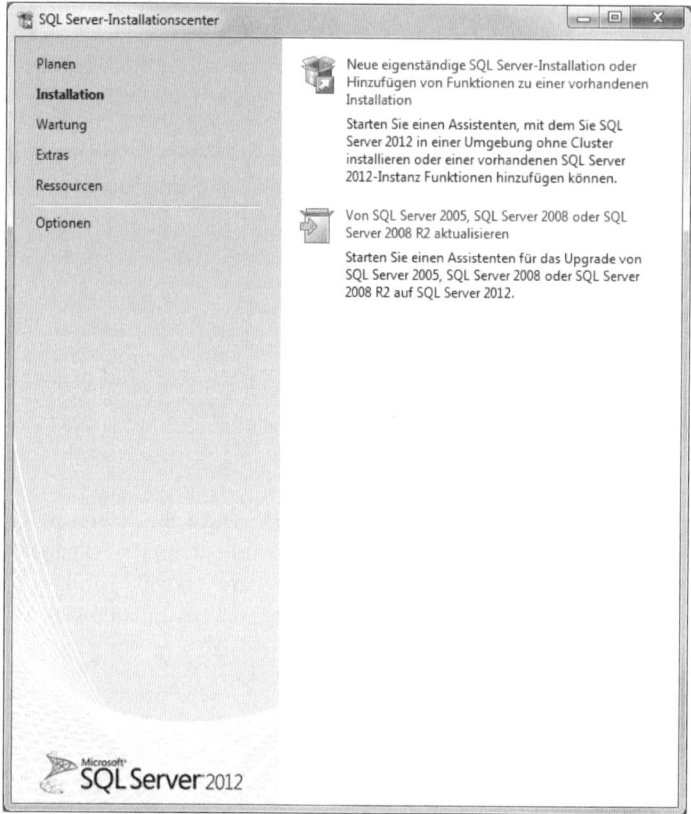

Bild 11.1
SQL Server-
Installationscenter

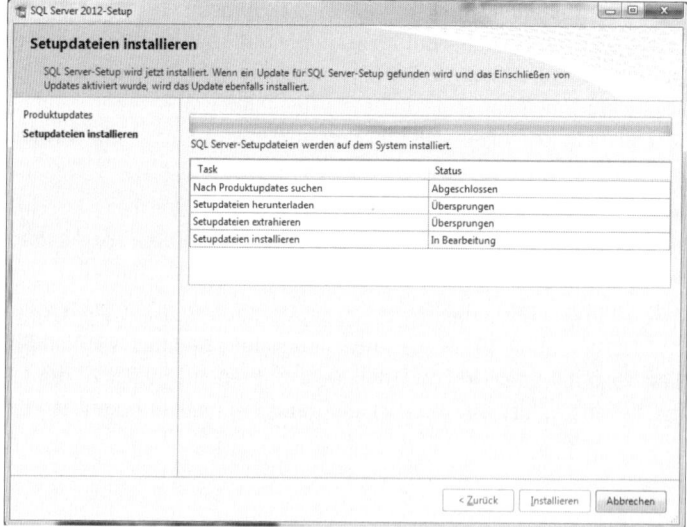

Bild 11.2
Setupdateien
installieren

Im nächsten Schritt können Sie die Funktionen des SQL Servers auswählen. Hier wählen Sie alle aus und klicken auf WEITER.

Jetzt müssen Sie einen Namen für Ihre SQL Server-Instanz angeben. Dies ist der Name, unter dem Ihr Server später erreichbar sein wird. Wählen Sie hier *Benannte Instanz* aus und tragen Sie den Namen SQLSERVEREXP2012 ein und klicken Sie auf WEITER.

Im nächsten Fenster behalten Sie alle Einstellungen bei und klicken auf WEITER. Danach erscheint ein Formular, in dem Sie die Administratoren Ihres Servers eintragen können. Wählen Sie hier beim Authentifizierungsmodus *Gemischter Modus* aus. Dadurch können Sie sich per Windows-Konto oder per SQL Server-Konto am Server anmelden. Wenn Sie den Modus gewechselt haben, müssen Sie noch ein Passwort für den Serveradministrator SA angeben. Merken Sie sich dieses Passwort. Klicken Sie nun auf WEITER.

Im folgenden Fenster wählen Sie *Installieren und konfigurieren* und klicken auf WEITER. Im nächsten Fenster können Sie selbst entscheiden, ob Sie Fehlerberichte an Microsoft schicken möchten oder nicht. Wenn Sie auf WEITER klicken, wird die Installation des SQL Servers gestartet. Dies kann einige Zeit in Anspruch nehmen (Bild 11.3).

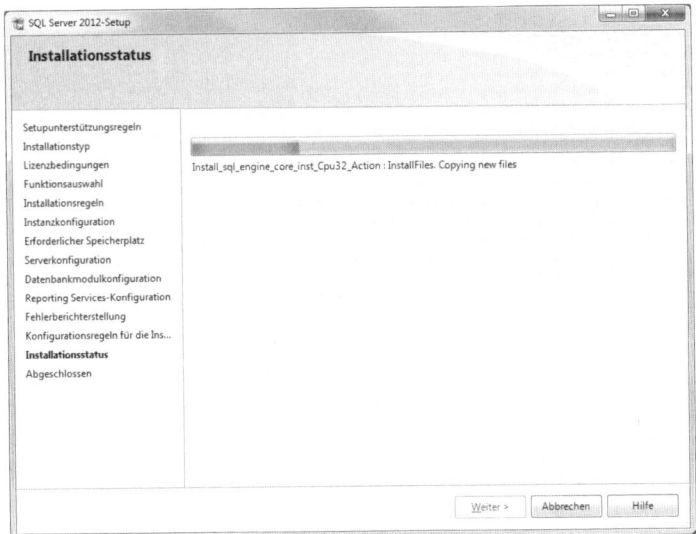

Bild 11.3
SQL Server-
Installationsfenster

Nach abgeschlossener Installation müssen Sie wahrscheinlich Ihren Computer neu starten. Falls das Installationsprogramm dies verlangt, führen Sie bitte einen Neustart aus.

11.1.2 Den SQL Server über Microsoft SQL Management Studio verwalten

Das SQL Server Management Studio ist eine Software, um SQL Server grafisch verwalten zu können. Eine zentrale Funktion ist der Objekt-Explorer, der es ermöglicht, Daten auf dem Server anzuzeigen und zu bearbeiten. Es können auch Datenbanken und Tabellen erstellt werden sowie Benutzer und Rollen verwaltet und SQL ausgeführt werden. Das SQL Management Studio wurde mit dem SQL Server installiert und müsste sich nun in Ihrem Programm-menü innerhalb des Ordners *Microsoft SQL Server 2012* befinden. Öffnen Sie das Programm, wenn Sie mit Abschnitt 11.2 fortfahren möchten, denn wir werden die SQL-Befehle im SQL Management Studio ausführen. Nach dem Start des Programms öffnet sich ein Anmelde-fenster. Hier können Sie entweder Ihre Daten eingeben, die Sie bei der Installation für den Benutzer SA eingegeben haben, oder Sie belassen die Auswahl bei *Windows-Authentifizie-rung* (Bild 11.4).

Bild 11.4
Mit Server verbinden

Nach der erfolgreichen Anmeldung sehen Sie eine Oberfläche, mit der sich nun auf dem SQL Server arbeiten lässt. Links im Objekt-Explorer sind beispielsweise Ihre Datenbanken aufgelistet. Oben im Menü sehen Sie den Button NEUE ABFRAGE, um eine neue SQL-Abfrage zu erstellen. Mit diesen beiden Werkzeugen arbeiten wir in Abschnitt 11.2.

■ 11.2 SQL

11.2.1 Was ist SQL?

SQL (Structured Query Language = strukturierte Abfragesprache) ist eine Datenbankspra-che, um relationale Datenbanken, die Tabellen und die Daten zu erstellen, zu bearbeiten und zu löschen. Die SQL-Befehle sind in drei Kategorien geteilt:

- **DDL (Data Definition Language):** Die Befehle der DDL werden verwendet, um Tabellen und andere Strukturen innerhalb der Datenbank zu definieren.
- **DML (Data Manipulation Language):** Die Befehle der DML werden verwendet, um Daten zu manipulieren, Daten einzutragen oder zu löschen.
- **DCL (Data Control Language):** Dies sind die Befehle zur Kontrolle der Berechtigungen innerhalb der Datenbank (wer darf schreiben, wer darf lesen usw.).

Dieses Buch kann nur Grundlagen für die Arbeit mit dem SQL Server liefern. Deshalb werden Sie viele Informationen zu tiefer gehenden SQL-Themen in diesem Kapitel nicht finden. Weiterführende Informationen finden Sie in der kostenlosen Microsoft MSDN Library. Der allgemeine Link zur SQL Server-Onlinedokumentation ist *http://msdn.microsoft.com/de-de/library/ ms130214.aspx.* Der Link zur Onlinedokumentation für SQL ist *http://msdn.microsoft.com/de-de/library/bb510741.aspx.*

11.2.2 DDL-Befehle

Datenbankspezifische Befehle und Abfragen zum Manipulieren einer Datenbank nennt man DDL-Befehle/Abfragen. Mit Ihnen können Objekte erstellt, bearbeitet und gelöscht werden.

Der Befehl zum Erstellen eines Objekts ist der CREATE-Befehl.

Öffnen Sie Ihr SQL Management Studio und verbinden Sie sich mit dem Server. Wenn Sie verbunden sind, klicken Sie oben im Menü auf den Button NEUE ABFRAGE. Es öffnet sich ein leeres Abfragefenster, in welches wir SQL-Abfragen bzw. Befehle eingeben können.

11.2.2.1 CREATE DATABASE

Als Erstes müssen wir eine Datenbank erstellen. Datenbanken lassen sich mit dem CREATE-Befehl erstellen, gefolgt von dem Schlüsselwort DATABASE und dem Datenbanknamen, den wir vergeben möchten (Listing 11.1).

Listing 11.1 CREATE DATABASE Syntax

```
CREATE DATABASE Datenbankname;
```

Das Semikolon nach den Befehlen ist im SQL Server nicht unbedingt notwendig, es schadet aber nicht, es sich anzugewöhnen, da andere SQL Server vielleicht darauf bestehen. Es ist auch übersichtlicher, wenn Sie mehrere Abfragen in einem Fenster ausführen wollen.

Um SQL besser kennenzulernen, wollen wir nun eine Datenbank mit dem Namen SQLTest erstellen (Listing 11.2). Um die Ausführung der Abfrage zu starten, klicken Sie oben auf den Button mit dem roten Ausführungszeichen AUSFÜHREN oder im Menu unter ABFRAGE → AUSFÜHREN oder einfach auf die F5-Taste.

Listing 11.2 Kapiteldatenbank erstellen

```
CREATE DATABASE SQLTest;
```

Wenn der Befehl erfolgreich oder auch nicht erfolgreich ausgeführt wurde, erscheint eine Meldung dazu im unteren Teil des Meldungsfensters (Bild 11.5).

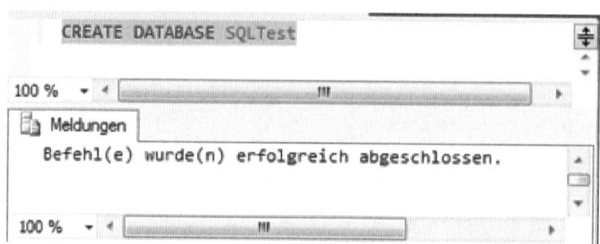

Bild 11.5
CREATE DATABASE Befehl

Bei erfolgreicher Datenbank-Erstellung sollten Sie nun links im Objekt-Explorer im Ordner *Datenbanken* eine neue Datenbank sehen, die den Namen *SQLTest* trägt. Falls nicht, versuchen Sie es mit einem Klick auf das AKTUALISIEREN-Symbol oben im Objekt-Explorer.

11.2.2.2 DROP DATABASE

Um eine Datenbank wieder zu löschen, wird der DROP DATABASE-Befehl verwendet (Listing 11.3). Hierbei werden alle Objekte innerhalb der Datenbank gelöscht. Führen Sie diesen Befehl also nur aus, wenn Sie absolut sicher sind, dass Sie diese Datenbank nicht mehr brauchen. Die Syntax des Befehls ist ähnlich wie die des CREATE DATABASE-Befehls.

Listing 11.3 DROP DATABASE Syntax

```
DROP DATABASE Datenbankname;
```

11.2.2.3 CREATE TABLE

Nachdem wir nun eine Datenbank haben, brauchen wir noch Tabellen. Um eine Tabelle zu erstellen, wird der CREATE TABLE-Befehl verwendet. Hier kommen aber noch einige Angaben mehr dazu als bei dem CREATE DATABASE-Befehl.

Um dem SQL-Skript zu sagen, in welcher Datenbank es die neue Tabelle erstellen soll, muss im Skript der USE-Befehl verwendet werden. Damit wählt man eine Datenbank für das Skript aus (Listing 11.4).

Listing 11.4 USE-Befehl

```
USE Datenbankname;
```

Der CREATE TABLE-Befehl an sich ist sehr umfangreich und kann hier nicht vollständig erklärt werden, da dies wirklich den Umfang des Buches sprengen würde. Wir werden hier nur die Grundlagen durchgehen, um damit im Umfang des Buches arbeiten zu können (Listing 11.5).

Listing 11.5 CREATE TABLE Syntax

```
CREATE TABLE Tabellenname (
    Spaltenname Datentyp [NULL|NOT NULL] [DEFAULT Standardwert],
    Spaltenname2 Datentyp [NULL|NOT NULL] [DEFAULT Standardwert],
)
```

Mit den Schlüsselwörtern CREATE TABLE wird der Befehl eingeleitet, danach folgt der Name, den wir der Tabelle geben wollen. Als Nächstes kommen in einfachen Klammern die Spalten, die unsere Tabelle enthalten soll. Dazu geben wir als Erstes den Spaltennamen an, gefolgt vom Datentyp, den die Spalte aufnehmen kann. Mit NULL geben wir an, dass die Spalte auch komplett leer sein/bleiben darf, wobei NOT NULL aussagt, dass diese Spalte zwingend einen Wert haben muss. Die Angabe NULL bzw. NOT NULL ist optional. Als Letztes kann man noch optional einen Standardwert vergeben, der in die Spalte eingetragen wird, wenn nicht explizit ein Wert angegeben wird. Dafür wird das Schlüsselwort DEFAULT, gefolgt vom Standardwert, geschrieben. Für weitere Spalten werden diese Angaben kommagetrennt angegeben.

Als Beispiel wollen wir nun eine Tabelle erstellen, die aus drei Spalten besteht (Listing 11.6). Die erste Spalte soll eine ganzzahlige ID repräsentieren, die sich automatisch bei jedem neuen Eintrag in die Tabelle um 1 erhöht. Die zweite Spalte soll eine Textspalte sein, die unendlich viel Text aufnehmen kann. (Die Länge wird aber durch das Betriebssystem begrenzt, z.B. 2 GB.) Die dritte Spalte ist eine Datumsspalte, die als Standardwert das aktuelle Datum und die Uhrzeit erhält.

Listing 11.6 Beispieltabelle

```
CREATE TABLE Beispieltabelle(
    ID int IDENTITY(1,1) NOT NULL,
    Textspalte nvarchar(max) NOT NULL,
    Datum smalldatetime NOT NULL DEFAULT getDate()
)
```

In der ersten Zeile rufen wir den CREATE TABLE-Befehl auf und geben den Tabellennamen an. In der zweiten Zeile erstellen wir eine Spalte mit dem Namen ID und dem Datentyp int (Integer-Ganzzahl), danach folgt die Eigenschaft IDENTITY(1,1). Durch die Identity-Eigenschaft wird der Spalte bei jedem Anlegen eines neuen Datensatzes ein automatischer Wert vergeben. Die Parameter 1,1 geben an, welches der Startwert ist und wie hoch der inkrementelle Wert ist. Der erste Parameter ist der Startwert, der zweite der inkrementelle Wert, der angibt, dass mit jedem neuen Datensatz der Wert um 1 hochgesetzt werden soll. Sie könnten hier auch IDENTITY(9,10) schreiben, um bei 9 zu beginnen und in 10er-Schritten zu springen. In der dritten Zeile wird eine Spalte mit dem Namen Textspalte und dem Datentyp nvarchar(max) angelegt. nvarchar ist ein Datentyp, der zum Abspeichern von Texten verwendet wird und der Wert max in Klammern gibt an, wie lang dieser Text sein darf. Wenn man in Klammern 10 schreibt, werden maximal 10 Zeichen in dem Feld gespeichert. In der vierten Zeile erstellen wir eine Spalte mit Namen Datum und dem Datentyp smalldatetime. Dieser Datentyp speichert ein Datum inklusive Uhrzeit. Als Standardwert geben wir die Funktion getDate() an. Diese Funktion ruft die aktuelle Uhrzeit ab und gibt diese zurück. Somit wird einem neuen Datensatz immer automatisch die aktuelle Uhrzeit zugewiesen. Alle unsere Spalten dürfen nicht leer sein, NOT NULL. Weitere Informationen zum CREATE TABLE-Befehl finden Sie unter *http://msdn.microsoft.com/de-de/library/ms174979.aspx*. Weitere Informationen über die verfügbaren Datentypen finden Sie unter *http://msdn.microsoft.com/de-de/library/ms187752.aspx*.

11.2.2.4 ALTER TABLE

Um Tabellen nachträglich zu modifizieren, wird der ALTER TABLE-Befehl verwendet (Listing 11.7). Dieser verfügt auch über eine große Anzahl von Möglichkeiten. Wir schauen uns von diesen Möglichkeiten das Hinzufügen, Modifizieren und Löschen von Spalten an.

Listing 11.7 ALTER TABLE Syntax

```
-- Neue Spalte anlegen
ALTER TABLE Tabellenname ADD NameDerNeuenSpalte Datentyp [Eigenschaften der Spalte]

-- Datentyp einer Spalte ändern
ALTER TABLE Tabellenname ALTER COLUMN Spaltenname neuerDatentyp

-- Eine Spalte löschen
ALTER TABLE Tabellenname DROP COLUMN Spaltenname
```

Um eine neue Spalte hinzuzufügen, leiten wir den Befehl mit ALTER TABLE ein und geben den Tabellennamen ein, den wir ändern wollen. Danach folgt das Schlüsselwort ADD („hinzufügen") und der Name der neuen Spalte und ihr Datentyp. Nach dem Datentyp können die Eigenschaften der Spalte genau wie in der CREATE TABLE-Anweisung eingetragen werden. Um den Datentyp einer Spalte zu ändern, wird anstatt des ADD der Befehl ALTER COLUMN geschrieben, gefolgt vom Spaltennamen der zu ändernden Spalte. Danach folgt der neue Datentyp. Um eine Spalte zu löschen, wird nach dem Tabellennamen der Befehl DROP COLUMN und der Name der zu löschenden Spalte angegeben. Was Sie in Listing 11.7 auch zum ersten Mal sehen, ist die Schreibweise für ein Kommentar im SQL-Skript. Ein Kommentar wird mit zwei Bindestrichen eingeleitet und gilt bis zum Ende der Zeile. Ausführlichere Infos und weitere Möglichkeit zum ALTER TABLE-Befehl finden Sie in der MSDN Library.

11.2.2.5 DROP TABLE

Um eine Tabelle wieder zu löschen, wird der DROP TABLE-Befehl verwendet (Listing 11.8). Hierbei werden alle Daten der Tabelle und die Tabelle selbst gelöscht. Führen Sie diesen Befehl also nur aus, wenn Sie absolut sicher sind, dass Sie diese Datenbank nicht mehr brauchen.

Listing 11.8 DROP TABLE Syntax

```
DROP TABLE Tabellenname;
```

Es muss nach dem Befehl nur der Name der Tabelle angegeben werden.

11.2.3 DML-Befehle

Datenspezifische Abfragen/Befehle nennt man DML(Data Manipulation Language)-Abfragen. Mit DML-Befehlen lassen sich Daten in Tabellen speichern, bearbeiten, löschen und ausgeben. Dies ist der Teil von SQL, mit dem Sie wohl am häufigsten arbeiten werden. Wir werden nun in der vorher erstellten Tabelle Daten einfügen, verändern, anzeigen und löschen.

11.2.3.1 INSERT INTO

Zuallererst müssen wir nun Daten in unsere Tabellen einfügen. Für diese Aufgabe gibt es den INSERT INTO-Befehl (Listing 11.9).

Listing 11.9 INSERT INTO Syntax

```
INSERT INTO Tabellenname(Spaltenname1,Spaltenname2,....,SpaltennameX)
VALUES(Wert1,Wert2,...,WertX);
```

Nach dem INSERT INTO gibt man den Namen der Tabelle an, in die man einen neuen Datensatz hinzufügen möchte. Danach folgen in Klammern und kommagetrennt die Spalten, in die man Werte speichern möchte. Hier können weniger Spalten stehen, als die Tabelle tatsächlich hat, da z. B. Spalten mit Standardwerten oder Spalten mit automatischen Werten durch das Datenbanksystem befüllt werden. Nach den Spalten folgt das VALUES-Schlüsselwort und, in Klammern und kommagetrennt, die Werte, die in den jeweiligen Spalten gespeichert werden sollen. Die Reihenfolge und die Werte der Spalten und Werte müssen übereinstimmen. Das bedeutet, dass der erste Wert der ersten Spalte, der zweite Wert der zweiten Spalte usw. zugeordnet wird, allerdings muss die Reihenfolge nicht der Reihenfolge entsprechen, wie die Spalten in der Tabelle angelegt wurden. Fügen Sie nun einen Datensatz in die Beispieltabelle ein (Listing 11.10).

Listing 11.10 Erste Zeile einfügen

```
INSERT INTO Beispieltabelle(Textspalte) VALUES('Die erste Zeile der Beispieltabelle');
```

Da die ID-Spalte eine Identityspalte mit Autoinkrement ist und die Datumsspalte einen Standardwert mit dem aktuellen Datum hat, brauchen wir, um einen neuen Datensatz in unserer Tabelle einzutragen, nur die Textspalte zu befüllen. Sollte die Tabelle Spalten haben, die keine NULL Werte akzeptieren und nicht automatisch befüllt werden, müssen diese Spalten in Ihrem INSERT INTO berücksichtigt werden.

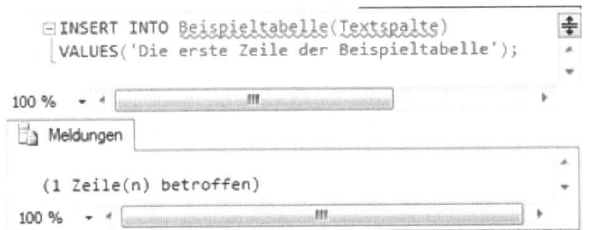

Bild 11.6
INSERT INTO

Wenn der Befehl erfolgreich ausgeführt wurde, erscheint im Meldungsfenster eine entsprechende Meldung (Bild 11.6).

Falls man in einer Spalte bei einem INSERT INTO nicht den Standardwert einfügen möchte, kann man die Spalte auch explizit angeben und innerhalb der VALUE-Klammer einen Wert angeben, der anstatt des Standardwertes gespeichert wird.

Fügen Sie nun weitere Datensätze in die Tabelle ein, damit wir mit den weiteren Befehlen fortfahren können. Sie können, um mehrere Zeilen einzufügen, mehrmals einen INSERT INTO-Befehl ausführen, oder Sie verwenden die kurze Schreibweise, bei der Sie pro neuem Datensatz eine weitere VALUES-Klammer angeben. Mit Listing 11.11 fügen Sie zwei neue Datensätze auf einmal in die Beispieltabelle ein.

Listing 11.11 Erweitertes INSERT INTO

```
INSERT INTO Beispieltabelle(Textspalte)
VALUES('Die zweite Zeile der Beispieltabelle'),
('Die dritte Zeile der Beispieltabelle');
```

Bei INSERT INTO-Befehlen müssen Sie beachten, dass Zeichenketten in einfachen Anführungszeichen stehen müssen.

11.2.3.2 SELECT

Um Daten aus einer Tabelle auszulesen, müssen wir mit SELECT-Abfragen arbeiten. Diese Abfragen können sehr einfach sein, aber auch sehr komplex mit Datenverknüpfungen zu anderen Tabellen und automatischen Berechnungen und vielem mehr. Wir beschränken uns in diesem Buch auf die Grundlagen. Wir werden Daten abrufen, diese filtern und sortieren.

Listing 11.12 SELECT-Syntax

```
SELECT Spalte1, Spalte2, ..., SpalteX
FROM Tabelle
```

In Listing 11.12 sehen Sie die Syntax einer sehr einfachen SELECT-Abfrage ohne Filterung und Sortierung. Nach dem SELECT folgt eine Liste der Spalten, die Sie aus der Tabelle abfragen wollen. Sollten Sie alle Spalten einer Tabelle auslesen wollen, können Sie jede einzelne Spalte in Ihre Abfrage eintragen oder anstatt der Liste ein * schreiben. Das Stern-Symbol entspricht der Auswahl aller Spalten einer Tabelle. Nach der Spaltenliste kommen das Schlüsselwort FROM und der Name der Tabelle. Um alle Datensätze der Beispieltabelle anzuzeigen, führen Sie die Abfrage aus Listing 11.13 im Abfragefenster aus.

Listing 11.13 Alle Datensätze der Beispieltabelle

```
SELECT * FROM Beispieltabelle;
```

Wenn der Befehl erfolgreich ausgeführt wurde, erscheint das Ergebnisfenster, das in etwa wie in Bild 11.7 aussehen sollte.

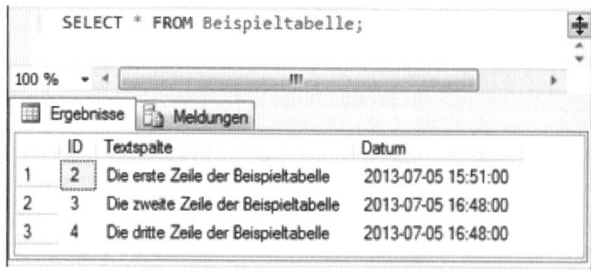

Bild 11.7
Datensätze der Beispieltabelle

Im Ergebnisfenster sehen Sie jetzt die vorher per INSERT INTO eingefügten Datensätze.

Filterung – WHERE-Klausel

Da man nicht immer alle Datensätze einer Tabelle braucht, kann man diese auch filtern. Um ein Abfrageergebnis zu filtern, muss eine WHERE-Klausel hinzugefügt werden. Diese WHERE-Klauseln funktionieren ähnlich wie IF-Abfragen, bei denen man per ist-gleich, größer-als, kleiner-gleich usw. vergleicht. Mit einer WHERE-Klausel kann man SELECT-Abfragen bauen, die in etwa so funktionieren: „Wähle alle Spalten von Beispieltabelle Wo ID > 2 ODER Textspalte ='Die erste Zeile der Beispieltabelle'". In echtem SQL sieht das dann wie in Listing 11.14 aus.

Listing 11.14 WHERE-Klausel

```
SELECT * FROM Beispieltabelle
WHERE ID > 2 OR Textspalte = 'Die erste Zeile der Beispieltabelle';
```

Sie können mehrere Bedingungen mit Kombinationen aus AND, OR und NOT verknüpfen. Die Operatoren, um Werte zu vergleichen, sind die gleichen, die Sie bereits aus den IF-Abfragen in VB.NET bzw. C# kennen. Für eine genauere Übersicht können Sie in der MSDN Library nachschauen: *http://msdn.microsoft.com/de-de/library/ms173545.aspx*

Sortierung – ORDER BY-Klausel

Mit der ORDER BY-Klausel geben Sie am Ende einer SELECT-Abfrage an, in welcher Reihenfolge die Daten sortiert werden sollen. Dafür gibt man den Spaltennamen an und bestimmt, ob die Spalte auf- oder absteigend sortiert werden soll. Wenn man mehrere Spalten angibt, wird in der Reihenfolge sortiert, wie die Spalten gelistet werden, also zuerst nach der ersten Spalte, danach die zweite usw. Wenn Sie nun die Daten aus der Beispieltabelle so sortieren möchten, dass der neueste Eintrag oben steht, müssen Sie Listing 11.13 wie in Listing 11.15 dargestellt anpassen.

Listing 11.15 ORDER BY-Klausel

```
SELECT * FROM Beispieltabelle ORDER BY Datum DESC;
```

Am Ende der Abfrage legen Sie die Sortierung mit der ORDER BY-Klausel fest. Für die Sortierreihenfolge gibt es zwei Möglichkeiten: ASC (ascending, dt. aufsteigend) und DESC (descending, dt. absteigend). ASC muss nicht explizit angegeben werden und wird als Standard verwendet. Da wir den neuesten Datensatz oben haben wollen, geben wir in der Klausel DESC an. Um weitere Sortierungen hinzuzufügen, müsste nach dem DESC ein Komma, gefolgt von einer weiteren Spalte und ggf. der Sortierreihenfolge, eingetragen werden. Falls Sie Abfragen mit WHERE-Klauseln haben und diese sortieren wollen, steht die ORDER BY-Klausel weiterhin am Ende der Abfrage nach der WHERE-Klausel (Listing 11.16).

Listing 11.16 ORDER BY & WHERE

```
SELECT * FROM Tabelle WHERE Filter ORDER BY Spalte1 DESC, Spalte2 ASC;
```

11.2.3.3 UPDATE

Mit dem UPDATE-Befehl können Daten innerhalb einer Tabelle verändert werden (Listing 11.17).

Listing 11.17 UPDATE Syntax

```
UPDATE Tabelle SET Spalte1 = NeuerWert, .... WHERE Bedingung
```

Nach dem Schlüsselwort UPDATE folgt der Tabellenname. Damit wird angegeben, in welcher Tabelle Daten aktualisiert werden. Danach kommen das Schlüsselwort SET und eine Liste von Spalten, die neue Werte bekommen. Soll mehr als eine Spalte aktualisiert werden, werden diese kommagetrennt aufgelistet. Nach dem Spaltennamen kommen immer ein = und der neue Wert der Spalte. Danach kommt eine WHERE-Bedingung, mit der wir angeben, welche Datensätze aktualisiert werden sollen, z. B. alle Datensätze, deren ID > 10 ist.

 HINWEIS: Bevor Sie eine UPDATE-Abfrage ausführen, müssen Sie immer erst kontrollieren, ob Sie eine WHERE-Bedingung angegeben haben. Sollten Sie keine WHERE-Bedingung angeben, wird jeder Datensatz der Tabelle vom UPDATE verändert.

Ändern Sie nun den Text und das Datum eines Datensatzes per UPDATE-Befehl (Listing 11.18).

Listing 11.18 UPDATE-Beispieltabelle

```
UPDATE Beispieltabelle
SET Textspalte = 'Neuer Text', Datum = getDate() WHERE ID = 3;
```

Dem Datensatz mit der ID 3 (Sie können eine andere ID aus Ihrer Beispieltabelle angeben) wird in der Spalte Textspalte der neue Wert Neuer Text zugewiesen. Der Spalte „Datum" fügen wir mit der getDate-Funktion das aktuelle Datum hinzu. Die getDate-Funktion kennen wir noch Listing 11.6, als wir die Tabelle erstellt haben. Sie können diese Funktion nicht nur als Standardwert für INSERT INTO-Befehle verwenden, sondern auch bei UPDATES den Rückgabewert der Funktion in eine Datumsspalte speichern. Sie können die Funktion auch verwenden, um in WHERE-Klauseln zu filtern. Wenn Sie sich jetzt mit einer SELECT-Abfrage Ihre Tabelle nochmals anzeigen lassen, sollte diese in etwa so wie in Bild 11.8 aussehen.

ID	Textspalte	Datum
2	Die erste Zeile der Beispieltabelle	2013-07-05 15:51:00
3	Neuer Text	2013-07-05 18:26:00
4	Die dritte Zeile der Beispieltabe...	2013-07-05 16:48:00

Bild 11.8
Beispieltabelle nach UPDATE-Befehl

11.2.3.4 DELETE

Um Datensätze zu löschen, wird der DELETE-Befehl verwendet (Listing 11.19). Bei diesem Befehl gibt man eine Tabelle an, aus dem ein oder mehrere Datensätze gelöscht werden sollen, und eine Bedingung per WHERE-Klausel.

Listing 11.19 DELETE Syntax

```
DELETE FROM Tabelle WHERE Bedingung;
```

Um den Datensatz mit der ID 4 in unserer Beispieltabelle zu löschen, müssen wir die in Listing 11.20 dargestellte Abfrage ausführen.

Listing 11.20 DELETE FROM Beispieltabelle

```
DELETE FROM Beispieltabelle WHERE ID = 4;
```

 HINWEIS: Wie bei der UPDATE-Anweisung müssen Sie stets darauf achten, bei DELETE-Anweisungen eine WHERE-Bedingung anzugeben, ansonsten löscht der Befehl alle Datensätze der Tabelle.

■ 11.3 Tabellen und Daten mit dem SQL Management Studio verwalten

Mit dem SQL Server Management Studio können Sie natürlich nicht nur SQL-Abfragen ausführen, sondern auch über einen Designer Datenbanken, Tabellen usw. erstellen. Wie Sie die Datenbank aus dem vorhergehenden Abschnitt komplett ohne SQL erstellen können, zeige ich Ihnen im Folgenden.

11.3.1 Datenbank erstellen

Klicken Sie mit der rechten Maustaste im Objekt-Explorer auf den Ordner *Datenbanken* und im erscheinenden Menü auf *Neue Datenbank ...* (Bild 11.9).

Bild 11.9
Neue Datenbank-Menü

Daraufhin öffnet sich ein Formular zum Erstellen einer neuen Datenbank. Hier tragen Sie oben im Feld *Datenbankname* einen Namen für Ihre neue Datenbank ein und klicken unten rechts auf OK (Bild 11.10).

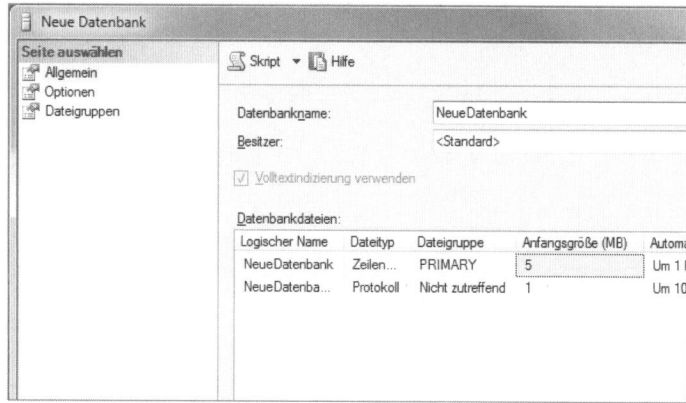

Bild 11.10
Neue Datenbank
erstellen

Im Objekt-Explorer sollte die neue Datenbank nun eingetragen sein. Falls nicht, klicken Sie oben auf den AKTUALISIEREN-Button.

11.3.2 Tabelle erstellen

Um nun die Beispieltabelle zu erstellen, öffnen Sie die Datenbank mit einem Klick auf das +-Symbol neben dem Namen der Datenbank. Darunter öffnet sich eine Liste mit weiteren Ordnern. Klicken Sie mit der rechten Maustaste auf den Ordner *Tabellen* und in dem Menü, das sich dadurch öffnet, auf *Neue Tabelle…* (Bild 11.11).

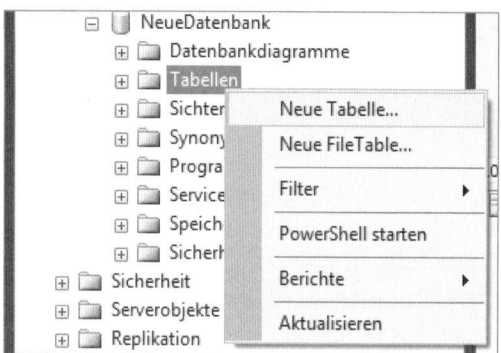

Bild 11.11
Neue Tabelle-Menü

Im Inhaltsbereich öffnet sich nun eine Eingabemaske zum Erstellen neuer Tabellen (Bild 11.12).

Da unsere ID-Spalte vom Typ *int* und eine Identity-Spalte sein soll, wählen wir bei Datentyp *int* aus und stellen unten in den Spalteneigenschaften zum Eintrag Identitätsspezifikation den Eintrag auf *Ja*. Wenn man den Eintrag aufklappt, kann man auch Startwert und Inkrement angeben.

Für die Textspalte geben wir den Namen *Textspalte* ein und wählen als Datentyp *nvarchar(max)*. Die Datumsspalte bekommt den Namen *Datum* und den Datentyp *smalldatetime*, den Haken bei *NULL-Werte zulassen* entfernen Sie bitte. Als Standardwert tragen wir die Funktion *getDate* ein (Bild 11.13).

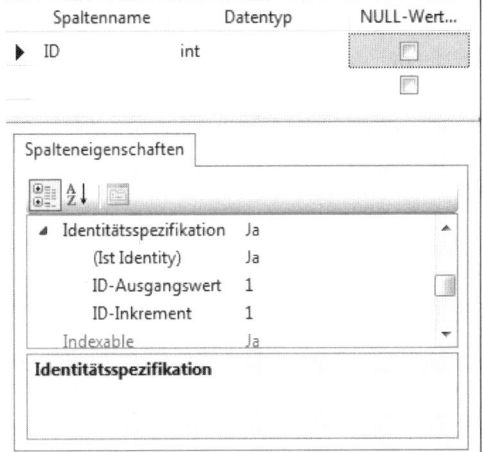

Bild 11.12
Neue Tabelle-Maske

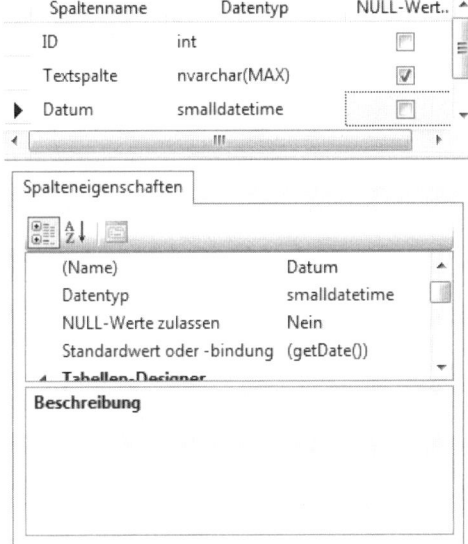

Bild 11.13
Neue Tabelle Standardwert

Klicken Sie oben auf den SPEICHERN-Button und geben Sie in dem erscheinenden Pop-up den Namen der neuen Tabelle ein. Im Objekt-Explorer ist jetzt im Ordner *Tabellen* Ihrer Datenbank die neu erstellte Tabelle verfügbar.

Tabelle bearbeiten

Wenn Sie die Tabelle anpassen wollen, um z. B. eine Spalte hinzuzufügen oder umzubenennen, klicken Sie mit der rechten Maustaste auf die Tabelle und dann auf den Menüpunkt *Entwerfen*. Es öffnet sich dadurch im Inhaltsbereich die Maske, die Sie eben schon beim Erstellen der Tabelle gesehen haben, und Sie können darin die Tabelle anpassen.

Tabelle löschen

Um eine Tabelle zu löschen, klicken Sie mit der rechten Maustaste auf diese und wählen den Menüpunkt *Löschen* aus.

11.3.3 Daten hinzufügen und verändern

Um Daten einzutragen oder zu verändern, müssen Sie mit einem Rechtsklick auf die Tabelle das Kontextmenü öffnen und dort den Menüpunkt *Oberste 200 Zeilen bearbeiten* anklicken. Es öffnet sich eine Ansicht, in die Sie neue Datensätze eingeben oder vorhandene bearbeiten können. Hierbei müssen Sie in die jeweilige Spalte klicken und einen Wert eintragen. In dem Moment, in dem Sie in eine neue Zeile oder oben im Menü auf das Symbol mit dem roten Ausrufezeichen klicken, wird der Datensatz gespeichert (Bild 11.14).

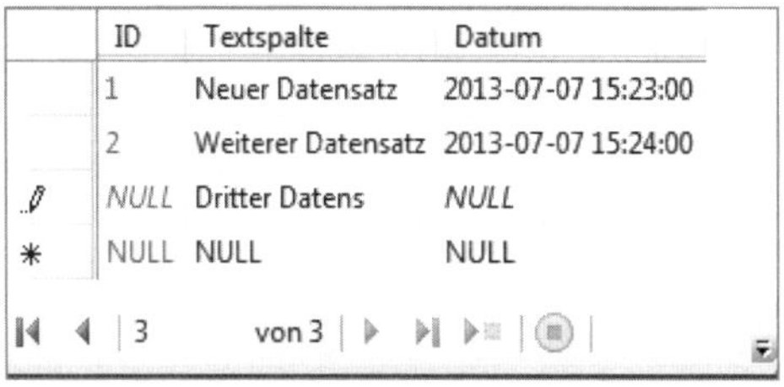

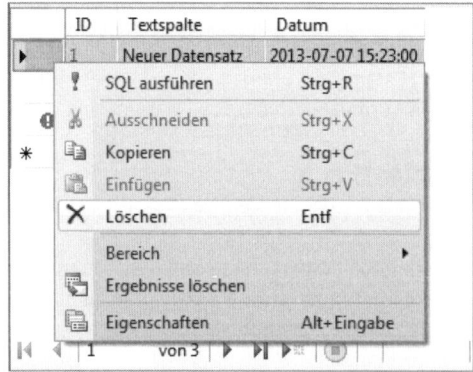

Bild 11.14
Datensätze eintragen und bearbeiten

Datensatz löschen

Um einen Datensatz zu löschen, wählen Sie ihn aus und klicken auf die ENTFERNEN-Taste oder mit der rechten Maustaste auf den Datensatz und im Kontextmenü auf LÖSCHEN (Bild 11.15).

Bild 11.15
Datensatz löschen

 PRAXISTIPP: Um mehr als nur die obersten 200 Datensätze anzeigen zu können, müssen Sie eine Einstellung ändern. Diese finden Sie unter EXTRAS → OPTIONEN → OBJEKT-EXPLORER VON SQL Server. Tragen Sie unter *Wert für Befehl 'Oberste <n> Zeilen bearbeiten'* den Wert 0 ein. Dadurch werden alle Zeilen zum Bearbeiten angezeigt.

12

Die Verwendung von eingebetteten Codes

Im Gegensatz zur Code-behind-Methode gibt es auch die Möglichkeit, Layout und Programmcode in einer Datei zu vermischen, so wie es beispielsweise im Vorgänger-ASP gemacht wurde oder im Standard-PHP. Hierbei wird der Code, der eigentlich in der Code-behind-Datei steht, in <script>-Tags der *aspx*-Seite platziert. Ein Beispiel dafür sehen Sie in Bild 12.1.

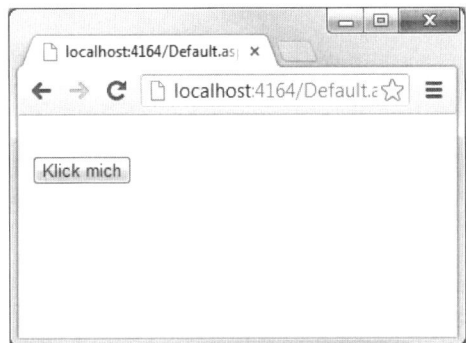

Bild 12.1
Seite beim Start

Durch Klick auf den Button soll der Text des Labels verändert werden.

Listing 12.1 Label-Text in VB per embedded Code verändern

```
<%@ Page Language="VB" %>

<!DOCTYPE html>

<script runat="server">
    Protected Sub Button1_Click(sender As Object, e As EventArgs)
        Me.Label1.Text = "Hallo Welt!"
    End Sub
</script>

<html xmlns="http://www.w3.org/1999/xhtml">
<head runat="server">
<meta http-equiv="Content-Type" content="text/html; charset=utf-8"/>
    <title></title>
</head>
```

```
<body>
    <form id="form1" runat="server">
    <div>
        <asp:Label ID="Label1" runat="server" Text=""></asp:Label>
        <br />
        <asp:Button ID="Button1" runat="server"
                OnClick="Button1_Click" Text="Klick mich" />
    </div>
    </form>
</body>
</html>
```

Listing 12.2 Label Text in C# per embedded Code verändern

```
<%@ Page Language="C#" %>

<!DOCTYPE html>

<script runat="server">

    protected void Button1_Click(object sender, EventArgs e)
    {
        this.Label1.Text = "Hallo Welt";
    }
</script>

<html xmlns="http://www.w3.org/1999/xhtml">
<head id="Head1" runat="server">
<meta http-equiv="Content-Type" content="text/html; charset=utf-8"/>
    <title></title>
</head>
<body>
    <form id="form1" runat="server">
    <div>
        <asp:Label ID="Label1" runat="server" Text=""></asp:Label>
        <br />
        <asp:Button ID="Button1" runat="server"
                OnClick="Button1_Click" Text="Klick mich" />
    </div>
    </form>
</body>
</html>
```

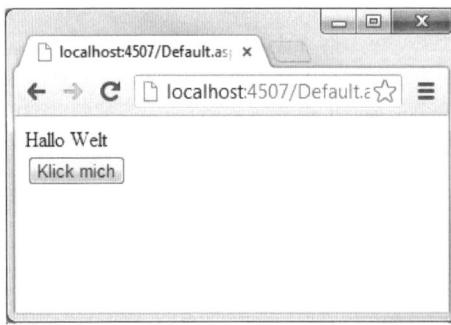

Bild 12.2
Ergebnis im Browser

In Listing 12.1 und Listing 12.2 sehen wir Folgendes: Wir definieren die Funktion, die ausgeführt werden soll, bei einem Klick auf den Button innerhalb des `<script runat="server">`-
Tags. Die Schreibweise der Funktionen innerhalb des Tags ist dieselbe wie auch beim Code-
behind-Modell. Im Button geben wir mit `OnClick="Button1_Click"`, an welche Funktion
aufgerufen werden soll.

■ 12.1 Kommentare <%-- --%>

Im vorangegangenen Beispiel haben wir eine Funktion definiert und diese aufgerufen. Das
ist aber noch nicht alles. Mit der Kurzschreibweise `<% … %>` für serverseitigen Code können
noch viel mehr Dinge getan werden. Der erste Anwendungsfall sind Kommentare. Wenn Sie
einen Teil Ihrer *aspx*-Seite auskommentieren wollen, setzen Sie diesen in diese Kommentar-
blöcke: `<%-- --%>`. Ein eingefügter Kommentar in Listing 12.2 würde wie in Listing 12.3
aussehen.

Listing 12.3 Kommentar

```
<div>
    <%--Der Text dieses Labels soll geändert werden.--%>
    <asp:Label ID="Label1" runat="server" Text=""></asp:Label>
    <br />
    <asp:Button ID="Button1" runat="server" OnClick="Button1_Click"
        Text="Klick mich" />
</div>
```

Kommentare werden in den Ausgaben nicht berücksichtigt. Gewöhnen Sie sich an, so viel
wie möglich zu kommentieren. Wenn Sie lange nicht an einem Code gearbeitet haben, wissen Sie vielleicht später gar nicht mehr, wieso Sie etwas auf eine Art gemacht haben.

■ 12.2 Eingebettete Codeblocks <% %>

Mit dem Codeblock `<% %>` ist es möglich, an beliebigen Stellen im Layout Codeblöcke auszuführen, egal ob Sie eine Ausgabe, eine Schleife ausführen oder eine Funktion aufrufen wollen. Der `<% %>`-Block ist dafür bestens geeignet. Wir werden Listing 12.2 nun um zwei solche
Blöcke erweitern. Im ersten Block werden wir eine einfache Ausgabe per `Response.Write`
einbauen. Im zweiten Block bauen wir eine `for`-Schleife ein und geben die Zahlen 1 bis 5
aus.

Listing 12.4 Ausgabe und Schleife in VB

```
<div>
    <%--Der Text dieses Labels soll geändert werden.--%>
    <asp:Label ID="Label1" runat="server" Text=""></asp:Label>
    <br />
```

```
    <asp:Button ID="Button1" runat="server" OnClick="Button1_Click"
         Text="Klick mich" />
    <br />
    <%--Direkte Ausgabe an dieser Stelle des Codes erzeugen--%>
    <% Response.Write("Diese Zeile wurde per embedded Code ausgegeben")%>
    <br />
    <%-- Eine For-Schleife, die mit jedem Durchlauf die aktuelle Zahl und einen
Zeilenumbruch ausgibt --%>
    <% For i As Integer = 1 To 5%>
        <% Response.Write("<br>" & i.ToString())%>
    <% Next%>
</div>
```

Listing 12.5 Ausgabe und Schleife in C#

```
<div>
    <%--Der Text dieses Labels soll geändert werden.--%>
    <asp:Label ID="Label1" runat="server" Text=""></asp:Label>
    <br />
    <asp:Button ID="Button1" runat="server" OnClick="Button1_Click" Text="Klick mich" />
    <br />
    <%--Direkte Ausgabe an dieser Stelle des Codes erzeugen--%>
    <% Response.Write("Diese Zeile wurde per embedded Code ausgegeben"); %>
    <br />
    <%-- Eine For-Schleife, die mit jedem Durchlauf die aktuelle Zahl und einen
Zeilenumbruch ausgibt --%>
    <% for(int i = 1; i <= 5; i++) {
        Response.Write("<br>" + i.ToString());
    }
    %>
</div>
```

Der Funktion `Response.Write` wird ein String übergeben, den diese Funktion an der Stelle ausgibt, in diesem Fall eine Zeile unterhalb des Buttons. Danach folgt der Block mit der for-Schleife. In Listing 12.4 (VB-Version) können Sie sehen, dass jede Zeile der Schleife einzeln in die Server-Tags gepackt wurde. Sie können es aber auch wie in Listing 12.5 (C#-Version) machen und die gesamte Schleife in einen Block packen. Die Schleifen sind einfache for-Schleifen, die von 1 bis 5 zählen und in jedem Durchlauf ein `<br/>` und den aktuellen Zählerwert ausgeben. Die Methode `ToString`, die an der Variablen i ausgeführt wird, konvertiert die Ausgabe in einen String. Im Browser sieht das Ergebnis wie in Bild 12.3 aus.

Bild 12.3
Ausgabe und Schleife im Browser

12.3 Direktausgabe <%= %>

Für den Fall, dass man nur Werte oder Variablen ausgeben will, gibt es noch eine Variante, die genau das tut: der <%= %>-Block. Er eignet sich auch hervorragend, um z. B. Attributwerte innerhalb eines Tags auszugeben.

Listing 12.6 Direktausgabe in VB

```
<%-- Variable erstellen --%>
<% Dim test As String = "Testausgabe"%>

<%-- Variable per Kurzschreibweise ausgeben --%>
<%= test%>
<br />

<%-- Direkte Ausgabe eine Textes --%>
<%= "Noch ein Test"%>
<br />

<%-- Als Attributwert --%>
<input type="text" value="<%= test%>" />
```

Listing 12.7 Direktausgabe in C#

```
<%-- Variable erstellen --%>
<% string test = "Testausgabe";%>

<%-- Variable per Kurzschreibweise ausgeben --%>
<%= test%>
<br />

<%-- Direkte Ausgabe eines Textes --%>
<%= "Noch ein Test"%>
<br />

<%-- Als Attributwert --%>
<input type="text" value="<%= test%>" />
```

Bild 12.4 zeigt die Ausgabe im Browser.

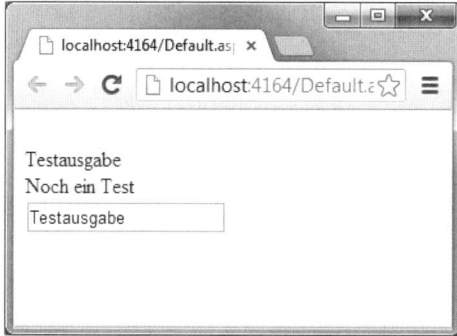

Bild 12.4
Direktausgabe im Browser

Wie Sie in Bild 12.4 sehen können, wurde Text innerhalb des Textfeldes „Testausgabe" durch eine Direktausgabe als Attributswert erzeugt.

Eine Sonderform des `<%= %>`-Blocks ist der `<%: %>`-Block. Hierbei wird die Ausgabe automatisch HTML-encodiert. Dies kann sinnvoll sein, wenn Sie User-Eingaben in einer Datenbank speichern und diese später wieder ausgeben. Sollte der Benutzer z. B. Javascript-Code eingetragen haben, würde dieser mit dem `<%= %>` genauso ausgegeben und ausgeführt werden. Damit dies nicht passiert, können wir die Ausgabe encodieren. Die eine Variante wäre es, die Ausgabe mit `Server.HtmlEncode()` zu encodieren. Allerdings bläht das den Code unnötig auf, wenn man die Kurzschreibweise verwenden kann. Listing 12.8 zeigt einen kleinen Test.

Listing 12.8 HTML-Encodierung

```
<%-- Ausgabe ohne Encodierung --%>
<%= "Benutzereingabe<script>alert('injection');</script> ohne Encodierung"%>
<br />

<%-- Ausgabe mit Encodierung per Funktion --%>
<%= Server.HtmlEncode("Benutzereingabe<script>alert('injection');</script> mit
Encodierung per Funktion")%>
<br />

<%-- Ausgabe per Encodierungsblock --%>
<%: "Benutzereingabe<script>alert('injection');</script> encodiert"%>
```

Die erste Ausgabe hat keine Encodierung eingestellt, dadurch wird das `<script>`-Tag genau so im Quelltext ausgegeben und vom Browser ausgeführt. Die beiden anderen Ausgaben sind encodiert und werden dementsprechend im Browser als Text ausgegeben.

Listing 12.9 Generierter HTML-Quellcode

```
Benutzereingabe<script>alert('injection');</script> ohne Encodierung
<br />

Benutzereingabe&lt;script&gt;alert(&#39;injection&#39;);&lt;/script&gt; mit
Encodierung per Funktion
<br />

Benutzereingabe&lt;script&gt;alert(&#39;injection&#39;);&lt;/script&gt; encodiert
```

Beim Laden der Seite im Browser wird uns als Erstes ein `Alert` begegnen, das den Text `injection` ausgibt. Danach erscheint die Seite, bei der wir in den beiden unteren Ausgaben das `<script>`-Tag als Text im Browser sehen, in der ersten Ausgabe aber nicht, da es als echter `<script>`-Tag vom Browser interpretiert wurde (Bild 12.5 und Bild 12.6).

 HINWEIS: Anhand dieses Beispiels konnten Sie sehen, wie gefährlich es sein kann, Benutzereingaben ohne Validierung und Überprüfung zu speichern und auszugeben. Im Beispielprojekt des Buches (Kapitel 15) werden wir uns noch genauer anschauen, welche Maßnahmen man ergreifen kann.

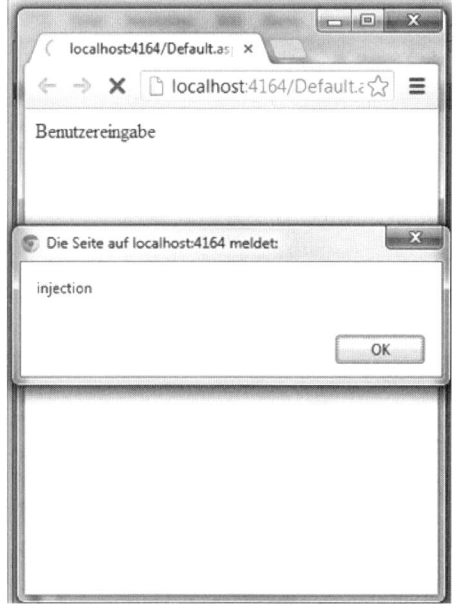

Bild 12.5
Nicht encodierter Tag löst alert() aus.

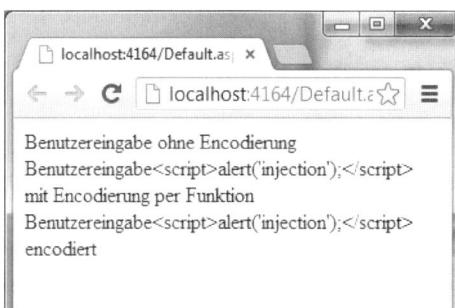

Bild 12.6
Alle drei Ausgaben im Browser

■ 12.4 Funktionsaufruf

Sowie die Prozedur für den Button-Klick definiert wurde, können Sie auch weitere Funktionen und Prozeduren definieren und aufrufen (Listing 12.10 und Listing 12.11).

Listing 12.10 Funktionsaufruf in VB

```
<%@ Page Language="VB" %>

<!DOCTYPE html>

<script runat="server">
    Public Sub testFunktion()
```

```
        Response.Write("Das ist ein Funktionsaufruf")
    End Sub
</script>

<html xmlns="http://www.w3.org/1999/xhtml">
<head runat="server">
<meta http-equiv="Content-Type" content="text/html; charset=utf-8"/>
    <title></title>
</head>
<body>
    <form id="form1" runat="server">
    <div>
        <% testFunktion()%>
    </div>
    </form>
</body>
</html>
```

Listing 12.11 Funktionsaufruf in C#

```
<%@ Page Language="C#" %>

<!DOCTYPE html>

<script runat="server">
    public void testFunktion()
    {
        Response.Write("Das ist ein Funktionsaufruf");
    }
</script>

<html xmlns="http://www.w3.org/1999/xhtml">
<head id="Head1" runat="server">
<meta http-equiv="Content-Type" content="text/html; charset=utf-8"/>
    <title></title>
</head>
<body>
    <form id="form1" runat="server">
     <div>
        <% testFunktion();%>
    </div>
    </form>
</body>
</html>
```

Bild 12.7 zeigt die Ausgabe im Browser.

Bild 12.7
Funktionsaufruf im Browser

■ 12.5 Expressions <%$ %>

Expressions werden verwendet, um Werte aus Ressourcen auszulesen, beispielsweise ConnectionStrings, definierte Einstellungen aus der *Web.config*-Datei oder Sprachwerte aus Sprachdateien. Nehmen wir einmal an, Sie möchten Ihren Firmennamen oder den Wert einer Fußzeile irgendwo ablegen. Da Sie keine Datenbank verwenden, eignet sich die *Web.config*-Datei dafür sehr gut. Hier können wir im Abschnitt <appSettings> innerhalb von <configuration> Key-Value-Paare eintragen. Key steht für den Bezeichner, und in Value steht der Wert der Einstellung (Listing 12.12 und Listing 12.13).

Listing 12.12 Einstellung in der Web.config eintragen

```
<?xml version="1.0"?>
<!--
  Weitere Informationen zum Konfigurieren der ASP.NET-Anwendung finden Sie unter
  http://go.microsoft.com/fwlink/?LinkId=169433
  -->
<configuration>
  <system.web>
    <compilation debug="true" strict="false" explicit="true"
        targetFramework="4.5"/>
    <httpRuntime targetFramework="4.5"/>

  </system.web>
  <appSettings>
    <add key="footer" value="2013 Meine Firma GmbH"/>
  </appSettings>
</configuration>
```

Listing 12.13 AppSettings-Einstellung auslesen und ausgeben

```
<%@ Page Language="VB" %>
<!DOCTYPE html>
<html xmlns="http://www.w3.org/1999/xhtml">
<head runat="server">
<meta http-equiv="Content-Type" content="text/html; charset=utf-8"/>
    <title></title>
</head>
<body>
    <form id="form1" runat="server">
    <div>
        <%--Aus der Web.config per Expression die Einstellung footer auslesen und
deren Wert in einem Label ausgeben--%>
        <asp:Label ID="Label1" Text="<%$ AppSettings :footer  %>" runat="server" />
    </div>
    </form>
</body>
</html>
```

Im Text-Attribut des Label-Elements sehen Sie, wie die Einstellung footer aus dem AppSettings-Bereich ausgelesen und dem Attribut zugewiesen wird: Text="<%$ AppSettings :footer %>"

Im Browser wird dann der Wert der Einstellung ausgegeben (Bild 12.8).

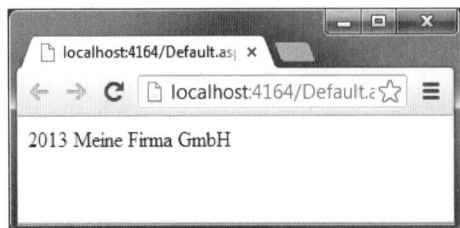

Bild 12.8
AppSettings auslesen

■ 12.6 Datenbindung <%# %>

Wenn Sie mit Datenbanken oder XML arbeiten und die Daten daraus in Datensteuerelementen wie Grid oder ListViews anzeigen wollen, geben Sie mit dem Datenbindungsblock an, welches Feld der Datenbankabfrage oder welches Element aus einem XML-Dokument an welcher Stelle angezeigt werden soll. Im Webseiten-Projekt im Verlaufe des Buches werden wir das machen und verwenden da unter anderem diesen Ausdruck in einem Listview: `<asp:Label ID="AbsenderLabel" runat="server" Text='<%# Eval("Absender") %>' />`.

Dadurch wird in einer ListView ein Label angezeigt, das als Text den Wert der Spalte „Absender" aus der Datenbankfrage ausgibt. Die Funktion `Eval()` sorgt hierbei für die Ausgabe, mit der Funktion `bind()` binden Sie die Spalte und können diese auch editieren. Für XML-Datenquellen verwenden Sie die Funktion `XPath()`.

13 PHP und ASP.NET im Vergleich

Die meistverwendete Sprache zum Erstellen von dynamischen Webseiten ist PHP (**P**HP **H**ypertext **P**repocessor). Die Sprache wurde ursprünglich 1995 von Rasmus Lerdorf entwickelt und wird mittlerweile von The PHP Group weiterentwickelt. Die Syntax von PHP lehnt sich stark an die Syntax von C/C++ und Java an. Ob man ASP.NET oder PHP verwendet, ist, wie so oft in der Programmierung, Geschmacks- und Gewöhnungssache. In diesem Kapitel lernen Sie kurz die Funktionsweise von PHP und ein paar der Vor- und Nachteile beider Techniken kennen.

■ 13.1 Gegenüberstellung einiger Funktionen

Funktionsweise von PHP

PHP ist eine serverseitige Skriptsprache, das bedeutet, dass der Quelltext des Skripts auf dem Server verarbeitet wird.

PHP-Skripte liegen auf einem Server, auf dem eine Webserver-Software wie beispielsweise *apache* installiert ist. Beim Aufruf einer Webseite stellt der Webbrowser eine Anfrage an den Webserver. Der Webserver erkennt anhand der Dateiendung (standardmäßig *.php*), dass eine PHP-Datei angefordert wurde, und lässt diese von dem PHP-Interpreter verarbeiten. Hierbei werden beispielsweise Daten aus einer Datenbank gelesen und in HTML-Code verpackt. Dieser HTML-Code wird nun an den anfragenden Client (Webbrowser) geliefert, welcher den Code anzeigt. Der Browser selbst kann also keinen PHP-Code interpretieren oder verarbeiten.

Vorteile von PHP gegenüber ASP.NET

- Ein großer Vorteil von PHP ist die sehr ausgeprägte Webserver- und Hosting-Verbreitung bei Webhosting-Firmen. Wenn eine Firma Webhosting anbietet, ist PHP so gut wie immer Teil der angebotenen Leistung. Dies ist bei .NET nicht immer der Fall.

- Die einfache Installation und Einrichtung durch Komplettpakete wie XAMPP. Hierbei wird ein lokaler Webserver, Datenbank Server, Mailserver und FTP Server mit nur einer Installation installiert, und man hat eine lauffähige Entwicklungsumgebung auf seinem Rechner.

- Die Einarbeitung für Programmieranfänger geht deutlich schneller.
- PHP bietet eine größere Auswahl und Webseiten, Foren und Bücher als ASP.NET, um offene Fragen zu klären oder Hilfe zu bekommen.
- PHP ist plattformunabhängig, es ist also egal, ob man Windows, Linux oder Mac verwendet.
- Theoretisch ist es komplett kostenlos nutzbar.
- Viele kostenlose Lösungen wie CMS, Shops, Foren usw. sind verfügbar.

Vorteile von ASP.NET gegenüber PHP

- Die Trennung von HTML und Skriptcode ist standardmäßig integriert.
- Es gibt einheitliche Datenbanktreiber für verschiedene Systeme.
- Die Möglichkeit zum Debuggen des Quellcodes bei Verwendung von Visual Studio ist besser.
- Die Entwicklungsumgebungen, die Microsoft für die .NET-Entwicklung anbietet, sind deutlich komfortabler als die vielen verschiedenen Editoren für PHP.
- Die MSDN-Bibliothek beinhaltet eine sehr umfangreiche Hilfe.
- Die strengere Programmierung mit Typisierung von Variablen erlaubt weniger Leichtsinnsfehler.
- Das Absichern von Webseiten gegenüber Angriffen benötigt weniger Einarbeitungszeit als bei PHP.
- Eine Vielzahl von Sprachen ist verwendbar.

Man muss bei einem Vergleich von PHP und ASP.NET auch beachten, dass ASP.NET keine Programmiersprache wie PHP ist, sondern ein Framework, das mit verschiedenen Sprachen verwendbar ist.

Tabelle 13.1 Gegenüberstellung einiger Funktionen im Überblick

	ASP.NET	PHP	Anmerkung
Datenbanken	Es ist möglich, verschiedene Datenbanksysteme mit einheitlichen Treibern zu verwenden, am besten eignet sich dennoch der Microsoft SQL SERVER, der auch kostenlos verfügbar ist.	Es ist möglich, verschiedene Datenbanksysteme zu verwenden, wobei die Treiber sich stark unterscheiden können. Am besten eignet sich MySql.	
Entwicklungsumgebung	Microsoft Visual Studio Es sind verschiedene Versionen erhältlich, die Express Version ist kostenlos. Es kann jeder Editor verwendet werden, wenn man die Kompilierung selbst vornimmt.	Verschiedene Editoren von verschiedenen Herstellern sind verfügbar. Von kostenlosen Editoren bis zu teuren Studios für die professionelle Entwicklung ist alles verfügbar.	

	ASP.NET	PHP	Anmerkung
Erweiterbarkeit und Drittanbieter-Plugins	Mit der NuGet-Funktion in Visual Studio sind viele zusätzliche Funktionen installierbar. Viele Drittanbieter-Plugins und Plugin-Sammlungen wie von Syncfusion oder Obout sind verfügbar, die neue Funktionen und Elemente bereitstellen.	Sehr viele zusätliche Plugins sind im Internet verfügbar.	PHP-Plugins sind oftmals nur mit bestimmten PHP-Versionen kompatibel oder werden generell nicht mehr upgedatet. Dennoch überwiegt die Anzahl der zusätzlichen aktuellen Plugins bei PHP die Anzahl von ASP.NET bei Weitem.
Sicherheit	Die Server-Technologie gilt im Allgemeinen als sehr sicher. Gefundene Lücken werden zeitnah durch Updates geschlossen.	Die verbreiteten Hosting-Systeme unter Linux gelten als sehr sicher.	PHP und ASP.NET können beide sehr sicher sein und beide sehr unsicher. Beide Systeme liefern alle Möglichkeiten, um Ihre Webseite abzusichern. Ob die Webseite letztendlich sicher ist, liegt an der Programmierung.
Geschwindigkeit	Theoretisch schneller als PHP	Theoretisch langsamer als ASP.NET	ASP.NET wird kompiliert, PHP interpretiert. Rein von der Technik her sollte ASP.NET schneller sein. Allerdings hängt die Geschwindigkeit von vielen Faktoren wie der Programmierung, Hardware usw. ab.
Kosten	ASP.NET läuft unter Windows, das bedeutet, man muss zumindest das Betriebssystem bezahlen. Das .NET Framework, Visual Studio Express und SQL Server Express sind kostenlos verfügbar.	PHP ist komplett kostenlos möglich, wenn man z. B. unter Linux arbeitet.	Die Hosting-Angebote für PHP sind meistens billiger als die ASP.NET-Pakete, da die Hoster für die Windows Server Lizenzgebühren zahlen müssen.
Verfügbare Projekte wie Shopsysteme oder CMS	Es gibt einige wie SharePoint oder das Orchard Project	Die größten und weitverbreitetsten Systeme laufen unter PHP: Wordpress, TYPO3, Joomla etc.	Die Systeme, die unter PHP laufen, sind meist viel älter und ausgereifter als die ASP.NET-Systeme. Das Orchard Project ist beispielsweise ein CMS-System, das in letzter Zeit aktiv

Tabelle 13.1 Gegenüberstellung einiger Funktionen im Überblick *(Fortsetzung)*

	ASP.NET	PHP	Anmerkung
			von Microsoft gefördert wird, um ein CMS-System mit .NET am Markt zu platzieren.
Sprach-kontinuität	Sehr hoch bei VB.NET und C#	Durch die freie Mit-arbeit von Menschen auf der ganzen Welt gibt es oftmals Un-regelmäßigkeiten bei Funktionsnamen oder Parameterreihenfol-gen, z. B. `substr()`, aber `str_replace()`.	

Wie Sie sehen, haben beide Systeme ihre Vor- und Nachteile. Abschließend lässt sich sagen, dass ich selbst für kleine, schnell zu erledigende Projekte, die auch in Zukunft nicht unbedingt größer oder komplexer werden, gerne auch PHP einsetze. Wenn ich von vornherein weiß, dass das Projekt größer wird, verwende ich in der Regel immer ASP.NET. Dies soll aber nicht bedeuten, dass es nicht auch umgekehrt gut funktionieren würde.

■ 13.2 Ein Beispielprojekt im Vergleich

In diesem Abschnitt werden wir ein kleines Beispielprojekt durchgehen, das einmal in PHP, einmal mit ASP.NET und Inline-Code sowie einmal mit ASP.NET und Code-behind-Technik programmiert wurde. Dies soll Ihnen ermöglichen, die unterschiedlichen Techniken vergleichen zu können und deren Vor- und Nachteile zu sehen. In dem Beispiel werden ein paar grundlegende Elemente verwendet wie Variablen definieren und ausgeben, `If`-Abfragen, ein Formular und eine Schleife.

13.2.1 Das Beispielprojekt in PHP

Listing 13.1 Das Beispielprojekt in PHP

```php
<?php
    // Bereich für Variablen und Funktionen
    $textVariable1 = 'testWert1';
    $anzahl = 5;

    // Funktion, die eine For-Schleife ausgibt
    function meineFunktion($zaehleBis) {
        for( $i = 1; $i <= $zaehleBis; $i++) {
```

```
                echo $i . "<br/>";
            }
        }
?>
<html>
    <head>
        <title>PHP Test</title>
    </head>
    <body>

        <h1>Das ist das PHP-Beispiel</h1>
        <p>Als erstes gebe ich einen Text mit einem Wert
        "<?php echo $textVariable1; ?>" aus einer Variable aus</p>

        <p>Jetzt gebe ich die gleiche Variable in einer
        Kurzschreibweise aus: <?=$textVariable1?></p>

        <p>
          Eine kleine Rechnung mit PHP: 5 + 4 = <?php echo 5 + 4; ?>
        </p>
        <?php
            // String definieren inklusive HTML-Tags
            $tagString = "<p>Dieser Tag wurde mit PHP erstellt und ausgegeben</p>";
            // Diesen String ausgeben:
            echo $tagString;
        ?>

        <p>Formular</p>
        <!-- Die PHP-Ausgabe sorgt dafür, dass das Formular an diese
        Seite geschickt wird -->
        <form method="POST" action="<?php echo $_SERVER['PHP_SELF']; ?>">
          Vorname: <input type="text" id="vorname" name="vorname" />
          <br/>
          Nachname: <input type="text" id="nachname"
                  name="nachname"/><br/>
            Bis wohin soll gezählt werden? <input type="text"
                    id="anzahl" name="anzahl" /><br/>
            <input type="submit" />
        </form>

        <p>Das Formular auswerten:</p>
        <?php
            // Abfragen, ob die POST-Felder aus dem Formular Daten
            // beinhalten.
            // Wenn dem so ist, werden Vor- und Nachname ausgegeben.
            if (!empty($_POST['vorname'])){
              echo "Der eingetragene Vorname:" . $_POST['vorname'] .
                    "<br/>";
            }
            if (!empty($_POST['nachname'])){
                echo "Der eingetragene Nachname:" .
                $_POST['nachname'] . "<br/>";
            }
            // Wenn das Feld anzahl gesetzt wurde und numerisch ist,
            // wird die
            // Anzahl in dem String ausgegeben und die Variable mit
            // dem Wert aus dem
            // Formular überschrieben.
```

```
                    if ( !empty($_POST['anzahl']) && is_numeric($_POST['anzahl']) ){
                        $anzahl = $_POST['anzahl'];
                        echo "Der folgende Funktionsaufruf z&auml;hlt bis:"
                            . (int)$anzahl . "<br/>";
                    }
                    else
                    {
                        // Falls das Formularfeld nicht ausgefüllt wurde
                        // oder nicht numerisch ist,
                        // wird dieser Satz ausgegeben:
                        echo "Die Anzahl muss eine Zahl sein, es wird der Standardwert 5
verwendet";
                    }
                ?>
                <p>Ein Funktion aufrufen die eine Ausgabe erzeugt</p>
                <?php
                    // Die Funktion zur Schleifen-Ausgabe aufrufen und die
                    // Variable Anzahl übergeben
                    meineFunktion($anzahl);
                ?>
            </body>
</html>
```

Beim Aufruf der Seite sieht diese im Browser wie in Bild 13.1 aus.

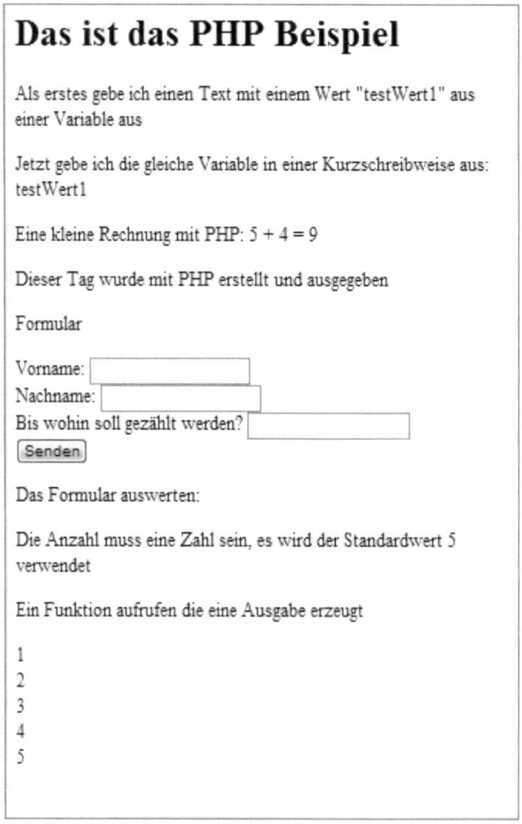

Bild 13.1
Ansicht im Browser

Standardmäßig zählt die Schleife bis 5, da wir noch keine Angaben gemacht haben. Wenn man die Formularfelder ausfüllt und absendet, sieht das Ergebnis z. B. wie in Bild 13.2 aus.

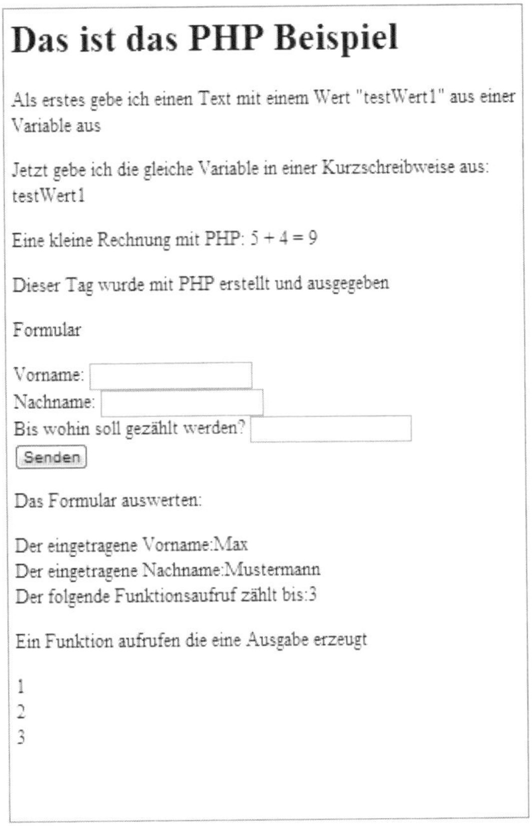

Das ist das PHP Beispiel

Als erstes gebe ich einen Text mit einem Wert "testWert1" aus einer Variable aus

Jetzt gebe ich die gleiche Variable in einer Kurzschreibweise aus: testWert1

Eine kleine Rechnung mit PHP: 5 + 4 = 9

Dieser Tag wurde mit PHP erstellt und ausgegeben

Formular

Vorname: [   ]
Nachname: [   ]
Bis wohin soll gezählt werden? [   ]
[Senden]

Das Formular auswerten:

Der eingetragene Vorname:Max
Der eingetragene Nachname:Mustermann
Der folgende Funktionsaufruf zählt bis:3

Ein Funktion aufrufen die eine Ausgabe erzeugt

1
2
3

Bild 13.2
Ergebnis nach Absenden des Formulars

13.2.2 Das Beispielprojekt in ASP.NET

Dasselbe Formular mit derselben Funktionalität sieht in VB.NET mit Inline-Code wie in Listing 13.2 aus.

Listing 13.2 Beispiel in VB.NET mit Inline-Code

```
<%@ Page Language="VB" %>

<!DOCTYPE html>

<script runat="server">
    ' Bereich für Variablen und Funktionen
    Dim textVariable1 As String = "testWert1"
    Dim anzahl As Integer = 5

    ' Funktion, die eine For-Schleife ausgibt
    Sub meineFunktion(ByVal zaehleBis As Integer)
```

```
        Dim i As Integer
        For i = 1 To zaehleBis
            Response.Write(i.ToString & "<br/>")
        Next
    End Sub
</script>

<html xmlns="http://www.w3.org/1999/xhtml">
<head runat="server">
<meta http-equiv="Content-Type" content="text/html; charset=utf-8"/>
    <title>VB.NET Inline Code</title>
</head>
<body>
    <form id="form1" runat="server">
    <h1>Das ist das PHP Beispiel</h1>
        <p>
          Als erstes gebe ich einen Text mit einem Wert
          "<% response.Write(textVariable1) %>" aus einer Variable aus
        </p>
        <p>Jetzt gebe ich die gleiche Variable in einer Kurzschreibweise aus:
<%=textVariable1%></p>
        <p>Eine kleine Rechnung mit PHP: 5 + 4 = <% Response.Write(5 + 4)%></p>
        <%
            ' String definieren inklusive HTML-Tags
            Dim tagString As String = "<p>Dieser Tag wurde mit VB erstellt und
ausgegeben</p>"
            ' Diesen String ausgeben:
            Response.Write(tagString)
        %>
        <p>Formular</p>
        Vorname: <asp:TextBox ID="vorname"
            runat="server"></asp:TextBox><br />
        Nachname: <asp:TextBox ID="nachname"
            runat="server"></asp:TextBox><br/>
        Bis wohin soll gezählt werden? <asp:TextBox ID="txtAnzahl"
            runat="server"></asp:TextBox><br/>
        <asp:Button ID="Button1" runat="server" Text="Absenden" />
        <p>Das Formular auswerten:</p>
        <%
            ' Abfragen, ob die Felder aus dem Formular Daten
            ' beinhalten.
            ' Wenn dem so ist, werden Vor- und Nachname ausgegeben.
            If Me.vorname.Text <> "" Then
                Response.Write("Der eingetragene Vorname: " &
                                Me.vorname.Text & "<br/>")
            End If
            If Me.nachname.Text <> "" Then
                Response.Write("Der eingetragene Nachname: " &
                                Me.nachname.Text & "<br/>")
            End If
            ' Wenn das Feld anzahl gesetzt wurde und numerisch ist,
            ' wird die
            ' Anzahl in dem String ausgegeben und die Variable mit
            ' dem Wert aus dem
            ' Formular überschrieben.
            If Me.txtAnzahl.Text <> "" And IsNumeric(Me.txtAnzahl.Text) Then
                anzahl = CInt(Me.txtAnzahl.Text)
                Response.Write("Der folgende Funktionsaufruf zählt
```

```
                    bis: " & anzahl & "<br/>")
             Else
                ' Falls das Formularfeld nicht ausgefüllt wurde oder
                'nicht numerisch ist, wird dieser Satz ausgegeben:
                Response.Write("Die Anzahl muss eine Zahl sein, es wird der
Standardwert 5 verwendet")
             End If
        %>
        <p>Eine Funktion aufrufen die eine Ausgabe erzeugt</p>
        <%
            ' Die Funktion zur Schleifen-Ausgabe aufrufen und die
            ' Variable Anzahl übergeben
            meineFunktion(anzahl)
        %>
    </form>
</body>
</html>
```

Wie Sie sehen können, ist der Unterschied zum PHP-Code bei der Inline-Code-Variante ziemlich gering. Außer den Unterschieden in der Syntax und in den Funktionsnamen ist der Ablauf ziemlich gleich wie im PHP-Beispiel. Für Umsteiger von PHP ist die Inline-Code-Variante also ein einfacher Weg für den Umstieg.

Die C#-Version (Listing 13.3) ist für Umsteiger von der Syntax her sogar noch einfacher, allerdings brauchen wir für die IsNumeric-Funktion einen kleinen Umweg, da es diese Funktion in C# so nicht gibt.

Listing 13.3 Beispiel in C# mit Inline-Code

```
<%@ Page Language="C#" %>

<script runat="server">
    // Bereich für Variablen und Funktionen
    string textVariable1 = "testWert1";
    int anzahl = 5;

    // Funktion, die eine For-Schleife ausgibt
    public void meineFunktion(int zaehleBis) {
        for (int i = 1; i <= zaehleBis; i++) {
            Response.Write(i.ToString() + "<br/>");
        }
    }
</script>

<html xmlns="http://www.w3.org/1999/xhtml">
<head id="Head1" runat="server">
<meta http-equiv="Content-Type" content="text/html; charset=utf-8"/>
    <title>C# Inline Code</title>
</head>
<body>
    <form id="form1" runat="server">
    <h1>Das ist das C# Beispiel</h1>
        <p>Als erstes gebe ich einen Text mit einem Wert "<% Response.
Write(textVariable1); %>" aus einer Variable aus</p>
        <p>Jetzt gebe ich die gleiche Variable in einer Kurzschreibweise aus:
<%=textVariable1%></p>
        <p>Eine kleine Rechnung mit C#: 5 + 4 = <% Response.Write(5 + 4);%></p>
```

```
        <%
            // String definieren inklusive HTML-Tags
            string tagString = "<p>Dieser Tag wurde mit C# erstellt und ausgegeben</
p>";

            // Diesen String ausgeben:
            Response.Write(tagString);
        %>
        <p>Formular</p>
        Vorname: <asp:TextBox ID="vorname"
            runat="server"></asp:TextBox><br />
        Nachname: <asp:TextBox ID="nachname"
            runat="server"></asp:TextBox><br/>
        Bis wohin soll gezählt werden? <asp:TextBox ID="txtAnzahl" runat="server"></
asp:TextBox><br/>
        <asp:Button ID="Button1" runat="server" Text="Absenden" />
        <p>Das Formular auswerten:</p>
        <%
            // Abfragen, ob die Felder aus dem Formular Daten beinhalten.
            // Wenn dem so ist, werden Vor- und Nachname ausgegeben.
            if (this.vorname.Text != "") {
                Response.Write("Der eingetragene Vorname: " + this.vorname.Text +
"<br/>");
            }
            if (this.nachname.Text != "") {
                Response.Write("Der eingetragene Nachname: " + this.nachname.Text +
"<br/>");
            }
            // Wenn das Feld anzahl gesetzt wurde und numerisch ist, wird die
            // Anzahl in dem String ausgegeben und die Variable mit dem Wert aus dem
            // Formular überschrieben.
            // Mit der TryParse-Methode weisen wir die umgewandelte Zahl direkt der
Variable
            // tmpAnzahl zu, falls diese in ein In umgewandelt werden kann. Wenn es
nicht möglich ist,
            // wird der Variablen 0 zugewiesen. Diese Vorgehensweise wird hier benutzt
da, es in C#
            // nicht direkt die IsNumeric-Funktion gibt.
            int tmpAnzahl = 0;
            if (this.txtAnzahl.Text != "" && Int32.TryParse(this.txtAnzahl.Text, out
tmpAnzahl))
            {
                if (tmpAnzahl > 0)
                {
                    anzahl = tmpAnzahl;
                    Response.Write("Der folgende Funktionsaufruf zählt bis: " +
tmpAnzahl.ToString() + "<br/>");
                }
            }
            else
            {
                // Falls das Formularfeld nicht ausgefüllt wurde oder nicht numerisch
ist,
                // wird dieser Satz ausgegeben:
                Response.Write("Die Anzahl muss eine Zahl sein, es wird der
Standardwert 5 verwendet");
            }
        %>
```

```
        <p>Eine Funktion aufrufen die eine Ausgabe erzeugt</p>
        <%
            // Die Funktion zur Schleifen-Ausgabe aufrufen und die Variable Anzahl
übergeben
            meineFunktion(anzahl);
        %>
    </form>
</body>
</html>
```

An den Inline-Code-Beispielen können Sie sehen, dass man mit VB.NET und C# von Aufbau und Funktionsweise her ziemlich ähnlichen Code wie den PHP-Code produzieren kann, der dieselbe Funktionalität bietet. Diese Vorgehensweise lohnt sich aber maximal für frische Umsteiger.

Wenn Sie richtig in .NET einsteigen wollen, sollten Sie auf jeden Fall die Code-behind-Technik verwenden. Das vorherige Beispiel würde mit Code-behind wie in Listing 13.4 dargestellt aussehen.

Listing 13.4 Beispiel ASPX-Seite in VB.NET mit Code-behind

```
<%@ Page Language="VB" AutoEventWireup="false" CodeFile="Default.aspx.vb" Inherits="_
Default" Title="VB.NET Code-behind" %>

<!DOCTYPE html>

<html xmlns="http://www.w3.org/1999/xhtml">
<head id="Head1" runat="server">
  <meta http-equiv="Content-Type" content="text/html; charset=utf-8" />
  <title>VB.NET Inline Code</title>
</head>
<body>
  <form id="form1" runat="server">
      <h1>Das ist das VB.NET Code-behind-Beispiel.</h1>
      <p>Als erstes gebe ich einen Text mit einem Wert "<asp:Literal ID="ltlVariable"
runat="server"></asp:Literal>" aus einer Variable aus</p>
      <p>
          Eine kleine Rechnung mit VB: 5 + 4 =
          <asp:Literal ID="ltlRechnung" runat="server"></asp:Literal>
      </p>
      <asp:Literal ID="ltlHTML" runat="server"></asp:Literal>
      <p>Formular</p>
      Vorname:
      <asp:TextBox ID="vorname" runat="server"></asp:TextBox><br />
      Nachname:
      <asp:TextBox ID="nachname" runat="server"></asp:TextBox><br />
      Bis wohin soll gezählt werden?
      <asp:TextBox ID="txtAnzahl" runat="server"></asp:TextBox>
      <br />
      <asp:Button ID="Button1" runat="server" Text="Absenden" />
      <p>Das Formular auswerten:</p>
      <asp:Literal ID="ltlVorname" runat="server"></asp:Literal>
      <br />
      <asp:Literal ID="ltlNachname" runat="server"></asp:Literal>
      <br />
      <asp:Literal ID="ltlInfo" runat="server"></asp:Literal><br />
      <p>Eine Funktion aufrufen die eine Ausgabe erzeugt</p>
```

```
        <asp:Label ID="lblSchleife" runat="server" Text="">
        </asp:Label>
    </form>
</body>
</html>
```

In der *.aspx*-Datei wurden alle Stellen, an denen in der Inline-Code-Variante eine Ausgabe mit Response.Write() stattfand, durch ein Literal- oder ein Label-Element ersetzt. Die Texte, die diese Elemente anzeigen sollen, werden im Code-behind zugewiesen. Durch diese Aufteilung ist die Seite deutlich aufgeräumter und übersichtlicher (Listing 13.4).

Listing 13.5 VB.NET mit Code-behind

```
Partial Class _Default
    Inherits System.Web.UI.Page
    ' Bereich für Variablen und Funktionen
    Dim textVariable1 As String = "testWert1"
    Dim anzahl As Integer = 5


    Protected Sub Page_Load(sender As Object, e As EventArgs) Handles Me.Load

        Me.ltlVariable.Text = textVariable1
        Me.ltlRechnung.Text = 5 + 4
        ' String definieren inklusive HTML-Tags
        Dim tagString As String = "<p>Dieser Tag wurde mit VB erstellt und
ausgegeben</p>"
        ' Diesen String ausgeben:
        Me.ltlHTML.Text = tagString

        ' Die Funktion zur Schleifen-Ausgabe aufrufen und die
        ' Variable Anzahl übergeben
        meineFunktion(anzahl)
    End Sub


    Protected Sub Button1_Click(sender As Object, e As EventArgs) Handles Button1.Click
        ' Die Funktion zur Schleifen-Ausgabe aufrufen und die
        ' Variable Anzahl übergeben
        meineFunktion(anzahl)
    End Sub


    ' Funktion, die eine For-Schleife ausgibt
    Sub meineFunktion(ByVal zaehleBis As Integer)
        ' Abfragen, ob die Felder aus dem Formular Daten beinhalten.
        ' Wenn dem so ist, werden Vor- und Nachname ausgegeben.
        If Me.vorname.Text <> "" Then
            Me.ltlVorname.Text = "Der eingetragene Vorname: " & Me.vorname.Text
        End If
        If Me.nachname.Text <> "" Then
            Me.ltlNachname.Text = "Der eingetragene Nachname: " & Me.nachname.Text
        End If
        ' Wenn das Feld anzahl gesetzt wurde und numerisch ist, wird die
        ' Anzahl in dem String ausgegeben und die Variable mit dem Wert aus dem
        ' Formular überschrieben.
        If Me.txtAnzahl.Text <> "" And IsNumeric(Me.txtAnzahl.Text) Then
            anzahl = CInt(Me.txtAnzahl.Text)
```

```
                Me.ltlInfo.Text = "Der folgende Funktionsaufruf zählt bis: " & anzahl
        Else
                ' Falls das Formularfeld nicht ausgefüllt wurde oder
                ' nicht numerisch ist,
                ' wird dieser Satz ausgegeben:
                Me.ltlInfo.Text = "Die Anzahl muss eine Zahl sein, es wird der
Standardwert 5 verwendet"
        End If

        Me.lblSchleife.Text = ""
        Dim i As Integer
        For i = 1 To zaehleBis
                Me.lblSchleife.Text = Me.lblSchleife.Text & i.ToString & "<br/>"
        Next
    End Sub
End Class
```

Der Code, der im Inline-Code direkt ausgeführt wurde, liegt jetzt in der Page_Load-Methode und wird beim Laden der Seite ausgeführt (Listing 13.5). Beim Klick auf den Button wird die Funktion meineFunktion und durch den Postback auch die Page_Load-Methode ausgeführt.

Listing 13.6 Beispiel ASPX-Seite in C# mit Code-behind

```
<%@ Page Language="C#" AutoEventWireup="true" CodeFile="Default.aspx.cs"
Inherits="_Default" %>

<!DOCTYPE html>

<html xmlns="http://www.w3.org/1999/xhtml">
<head id="Head1" runat="server">
    <meta http-equiv="Content-Type" content="text/html; charset=utf-8" />
    <title>C# Code-behind</title>
</head>
<body>
    <form id="form1" runat="server">
        <h1>Das ist das C# Code-behind Beispiel</h1>
        <p>Als erstes gebe ich einen Text mit einem Wert "<asp:Literal
ID="ltlVariable" runat="server"></asp:Literal>" aus einer Variable aus</p>
        <p>
            Eine kleine Rechnung mit C#: 5 + 4 =
            <asp:Literal ID="ltlRechnung" runat="server"></asp:Literal>
        </p>
        <asp:Literal ID="ltlHTML" runat="server"></asp:Literal>
        <p>Formular</p>
        Vorname:
        <asp:TextBox ID="vorname" runat="server"></asp:TextBox>
        <br />
        Nachname:
        <asp:TextBox ID="nachname" runat="server"></asp:TextBox>
        <br />
        Bis wohin soll gezählt werden?
        <asp:TextBox ID="txtAnzahl" runat="server"></asp:TextBox>
        <br />
        <asp:Button ID="Button1" runat="server" Text="Absenden"
                OnClick="Button1_Click" />
        <p>Das Formular auswerten:</p>
        <asp:Literal ID="ltlVorname"
```

```
                    runat="server"></asp:Literal><br />
        <asp:Literal ID="ltlNachname"
                    runat="server"></asp:Literal><br />
        <asp:Literal ID="ltlInfo" runat="server"></asp:Literal>
        <br />
        <p>Eine Funktion aufrufen die eine Ausgabe erzeugt</p>
        <asp:Label ID="lblSchleife" runat="server" Text="">
        </asp:Label>
    </form>
</body>
</html>
```

Wie im Beispiel zu VB.NET mit Code-behind wurden in Listing 13.6 an allen Stellen, an
denen es Ausgaben gab, Literale und Labels verwendet, welche durch die Code-behind-Datei
befüllt werden.

Listing 13.7 C# mit Code-behind

```
using System;
using System.Collections.Generic;
using System.Linq;
using System.Web;
using System.Web.UI;
using System.Web.UI.WebControls;

public partial class _Default : System.Web.UI.Page
{
    // Bereich für Variablen und Funktionen
    string textVariable1 = "testWert1";
    int anzahl = 5;

    protected void Page_Load(object sender, EventArgs e)
    {
        this.ltlVariable.Text = textVariable1;
        this.ltlRechnung.Text = (5 + 4).ToString();
        // String definieren inklusive HTML-Tags
        string tagString = "<p>Dieser Tag wurde mit C# erstellt und ausgegeben</p>";
        // Diesen String ausgeben:
        this.ltlHTML.Text = tagString;

        // Die Funktion zur Schleifen-Ausgabe aufrufen und die
        // Variable Anzahl übergeben
        meineFunktion(anzahl);
    }
    protected void Button1_Click(object sender, EventArgs e)
    {
        // Die Funktion zur Schleifen-Ausgabe aufrufen und die
        // Variable Anzahl übergeben
        meineFunktion(anzahl);
    }

    // Funktion, die eine For-Schleife ausgibt
    public void meineFunktion(int zaehleBis)
    {
        // Abfragen, ob die Felder aus dem Formular Daten
        // beinhalten.
        // Wenn dem so ist, werden Vor- und Nachname ausgegeben.
```

```csharp
        if (this.vorname.Text != "")
        {
            this.ltlVorname.Text = "Der eingetragene Vorname: " + this.vorname.Text;
        }
        if (this.nachname.Text != "")
        {
            this.ltlNachname.Text = "Der eingetragene Nachname: " +
this.nachname.Text;
        }
        // Wenn das Feld anzahl gesetzt wurde und numerisch ist,
        // wird die Anzahl in dem String ausgegeben und die Variable
        //  mit dem  Wert aus demFormular überschrieben.
        // Mit der TryParse-Methode weisen wir die umgewandelte Zahl
        // direkt der Variable tmpAnzahl zu, falls diese in ein Int
        // umgewandelt werden kann. Wenn es nicht möglich ist,
        // wird der Variablen 0 zugewiesen. Diese Vorgehensweise
        // wird hier benutzt, da es in C# nicht direkt die
        // IsNumeric-Funktion gibt.
        int tmpAnzahl = 0;
        if (this.txtAnzahl.Text != "" && Int32.TryParse(this.txtAnzahl.Text, out
tmpAnzahl))
        {
            if (tmpAnzahl > 0)
            {
                anzahl = tmpAnzahl;
                this.ltlInfo.Text = "Der folgende Funktionsaufruf zählt bis: " +
tmpAnzahl.ToString();
            }
        }
        else
        {
            // Falls das Formularfeld nicht ausgefüllt wurde oder
            // nicht numerisch ist wird dieser Satz ausgegeben:
            this.ltlInfo.Text = "Die Anzahl muss eine Zahl sein, es wird der
Standardwert 5 verwendet";
        }

        this.lblSchleife.Text = "";
        for (int i = 1; i <= zaehleBis; i++)
        {
            this.lblSchleife.Text += i.ToString() + "<br/>";
        }
    }
}
```

14 Debugging

Das Debugging (dt. Entwanzen) ist eine Methode zum Auffinden von Bugs und Fehlern in der Softwareentwicklung. Das hierfür verwendete Werkzeug nennt sich Debugger und ist in Visual Studio integriert. Ein Debugger ermöglicht es, Haltepunkte (engl. *break points*) im Quellcode zu setzen. Die Ausführung des Programms wird an diesen Haltepunkten gestoppt, wenn das Programm die Stelle des Codes erreicht. Dies ermöglicht es, den weiteren Code Zeile für Zeile auszuführen, um zu überwachen, was in jeder Codezeile passiert. Visual Studio beinhaltet zusätzlich ein *Überwachen*-Fenster, in dem man Befehle, Variablen und Objekte eintragen kann, die überwacht werden sollen. Hier können Sie alle Eigenschaften und Werte der überwachten Elemente einsehen und auch verändern, um beispielsweise Rückgabewerte zu simulieren.

■ 14.1 Die Überwachung initialisieren

Öffnen Sie das „Hello World"-Projekt aus Kapitel 9. In diesem Projekt wollen wir den Debugger verwenden.

Das Projekt beinhaltet eine *Default.aspx*, eine *Default.aspx.vb* bzw. *Default.aspx.cs* und eine *Web.config*-Datei. Wenn man das Projekt startet und auf den Button klickt, erscheint die Meldung „Hello World". Die Meldung an sich wird einem Label zugewiesen, das die Eigenschaft Visible = False hat. Hier wollen wir nun den Debugger zum Einsatz bringen und per Haltepunkt die Ausführung anhalten und das Label untersuchen. Setzen Sie dazu einen Haltepunkt an der Stelle, an der dem Label der Text zugewiesen wird. Den Haltepunkt setzen Sie, indem Sie links neben der Codezeile auf den grauen Balken klicken oder indem Sie in der Codezeile mit der rechten Maustaste klicken und im aufpoppenden Menü auf *Haltepunkt* gehen und dort HALTEPUNKT EINFÜGEN auswählen. Wenn Sie einen Haltepunkt gesetzt haben, sieht Ihr Editor in etwa so wie in Bild 14.1 oder Bild 14.2 aus.

Wenn Sie nun das Projekt starten, wird die Ausführung der Seite an dieser Stelle gestoppt. Die Seite wird ganz normal aufgerufen und angezeigt, und in dem Moment, in dem Sie auf den Button klicken und der Code die Stelle mit dem Haltepunkt erreicht, wird Visual Studio wieder in den Vordergrund gerufen und zeigt Ihnen die Zeile an. Direkt nach dem Klick sehen wir die Zeile, in der der Haltepunkt gesetzt wird. In diesem Moment wurde der Befehl

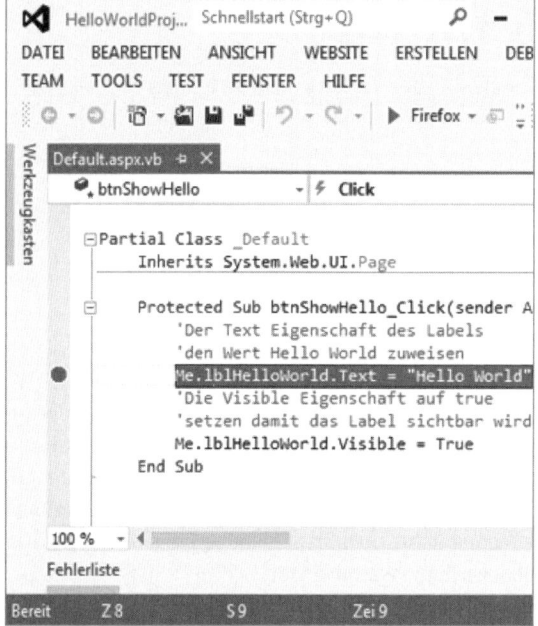

Bild 14.1
Haltepunkt mit VB.NET-Code

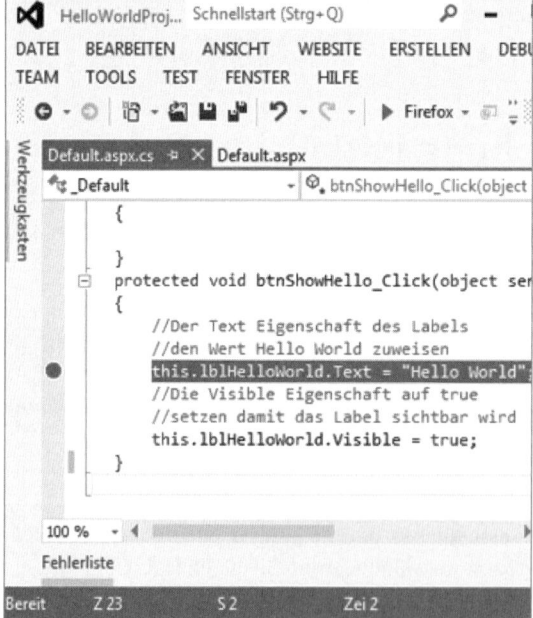

Bild 14.2
Haltepunkt in C#

der Zeile noch nicht ausgeführt, der den Text des Label-Elements verändert. Dies können Sie sehen, indem Sie mit der Maus über die Text-Eigenschaft von Me.lblHelloWorld bzw. this.lblHelloWorld gehen. Dadurch öffnet sich ein kleines Pop-up, das den Wert der Eigenschaft anzeigt. In diesem Fall ist es noch ein Leerstring, der mit zwei Anführungszeichen dargestellt wird. Da wir diesen Wert weiter überwachen wollen, fügen wir ihn zu unserem Überwachungsfenster hinzu. Hierzu markieren Sie `Me.lblHelloWorld.Text` bzw. `this.lblHelloWorld.Text` und führen Sie darauf einen Rechtsklick aus; es erscheint ein Kontextmenü, in dem Sie auf ÜBERWACHUNG HINZUFÜGEN klicken. Jetzt haben Sie dieses Element mit der `Text`-Eigenschaft im *Überwachen*-Fenster und können bei schrittweisem Vorangehen in Ihrem Code immer den Wert des Labels im Auge behalten (Bild 14.3 und Bild 14.4).

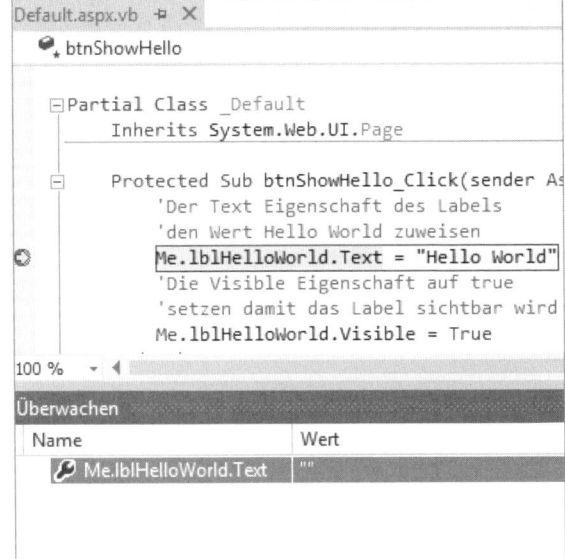

Bild 14.3
Haltepunkt mit Überwachen-Fenster in VB.NET

Bild 14.4
Haltepunkt mit Überwachen-Fenster in C#

Wenn Sie diese Zeile ausführen und dann zur nächsten Zeile gehen wollen, müssen Sie die F11-Taste drücken. Der Code wird nun ausgeführt und in der nächsten Codezeile angehalten. Kommentarzeilen werden dabei übersprungen.

Wie Sie in Bild 14.5 und Bild 14.6 sehen, wurde die Zeile ausgeführt und im *Überwachen*-Fenster die hinzugefügte Überwachung direkt aktualisiert. Der gelbe Pfeil zeigt Ihnen, an welcher Stelle Sie sich im Code befinden, die roten Punkte (falls Sie mehrere Haltepunkte gesetzt haben) zeigen Ihnen die Haltepunkte im Quelltext an. Sie können jetzt mit F11 in Einzelschritten bis zum Ende vorwärts gehen oder einfach F5 drücken. Dadurch wird das

Bild 14.5
Nächster Schritt in VB.NET

Bild 14.6
Nächster Schritt in C#

schrittweise Debugging abgebrochen, der Code wird normal ausgeführt und die Webseite im Browser angezeigt.

 PRAXISTIPP: Um eine Überwachung hinzuzufügen, können Sie auch den markierten Bereich per Drag & Drop in das *Überwachen*-Fenster ziehen anstatt über das Kontextmenü zu gehen. Eine weitere Methode ist es, im *Überwachen*-Fenster selbst das Element einzutippen. Sie können auch Überwachungen ändern und z. B. eine andere Eigenschaft eintragen oder auch den kompletten Element- bzw. Objektnamen abändern. Aus `lblHelloWorld.Text` können Sie beispielsweise `lblHelloWorld.Visible` machen, und es wird Ihnen direkt der Wert dazu angezeigt. Im *Überwachen*-Fenster steht Ihnen IntelliSense zur Verfügung, das Ihnen Vorschläge anzeigt.

■ 14.2 Das Überwachen-Fenster

Im *Überwachen*-Fenster selbst können Sie, wie der Name schon sagt, Objekte und Elemente überwachen. Weitere Funktionen bestehen unter anderem darin, zu rechnen oder Daten abzuändern. Um eine Rechnung auszuführen, fügen Sie einfach per Rechtsklick im Fenster eine neue Überwachung hinzu und tragen Ihre Rechnung ein. Eine andere Funktion ist es, Werte zu verändern, die dann im weiteren Verlauf des Programms so verändert werden (außer Sie werden im Laufe des Programms nochmals verändert).

Starten Sie nochmals das Projekt mit F5 und klicken Sie auf den Button im Browser. Sobald das Debugging startet, führen Sie einen Einzelschritt mit F11 aus. Wenn dem Label nun der Wert „Hello World" zugewiesen wurde, fügen Sie eine neue Überwachung hinzu und tragen eine Rechnung ein und bestätigen mit der Enter-Taste. Sie sollten sofort das Ergebnis in der Wert-Spalte sehen. Als Nächstes ändern Sie den Wert der `Text`-Eigenschaft des Labels auf einen anderen Text wie z. B. „Neuer Text". Um den Wert zu ändern, doppelklicken Sie auf den Wert in der Wert-Spalte und tragen einen neuen ein. Mit der Enter-Taste oder einem Klick an eine andere Stelle bestätigen Sie die Änderung.

Wie Sie in Bild 14.7 und Bild 14.8 sehen können, wird Ihnen das Ergebnis der Rechnung sofort angezeigt und in der dritten Spalte auch der Datentyp des Wertes. Wenn Sie nun das schrittweise Debugging mit F5 beenden, sollte Ihnen im Browser nicht „Hello World" als Label-Text, sondern „Neuer Text" angezeigt werden, da wir den Wert nach dem Setzen im Code verändert haben (Bild 14.9).

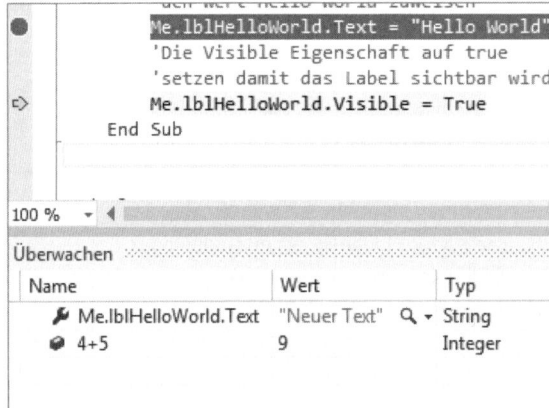

Bild 14.7
Wert ändern und Rechnung in
VB.NET

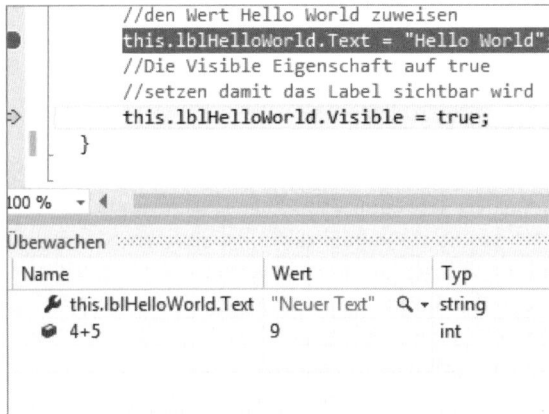

Bild 14.8
Wert ändern und Rechnung in C#

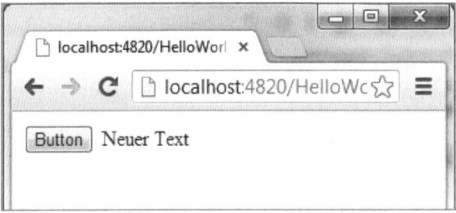

Bild 14.9
Geänderter Wert im Browser

Wir wollen uns nun einen „typischen" Fall anschauen, bei dem man Debugging benötigt.
Passen Sie dazu den Code im „Hello World"-Projekt wie in Listing 14.1 und Listing 14.2
dargestellt an.

Listing 14.1 Debug-Beispiel in VB.NET

```vbnet
Protected Sub btnShowHello_Click(sender As Object, e As EventArgs) Handles
btnShowHello.Click
    'Der Text-Eigenschaft des Labels
    'den Wert "Hello World" zuweisen
```

```
    Me.lblHelloWorld.Text = "Hello World"
    'Die Visible-Eigenschaft auf true
    'setzen, damit das Label sichtbar wird
    Me.lblHelloWorld.Visible = True

    If Me.lblHelloWorld.Visible = False Then
        ' Wenn das Label sichtbar ist, soll
        ' noch ein ! hinzugefügt werden.
        Me.lblHelloWorld.Text &= "!"
    End If
End Sub
```

Listing 14.2 Debug-Beispiel in C#

```csharp
protected void btnShowHello_Click(object sender, EventArgs e)
{
    //Der Text-Eigenschaft des Labels
    //den Wert "Hello World" zuweisen
    this.lblHelloWorld.Text = "Hello World";
    //Die Visible-Eigenschaft auf true
    //setzen, damit das Label sichtbar wird
    this.lblHelloWorld.Visible = true;

    if(this.lblHelloWorld.Visible == false) {
        // Wenn das Label sichtbar ist, soll
        // noch ein ! hinzugefügt werden.
        this.lblHelloWorld.Text += "!";
    }
}
```

Mit diesem Beispiel wollen wir einen Logikfehler simulieren, der Ihnen das ein oder andere Mal passieren wird. Wenn Sie den Code aufmerksam gelesen haben, wird Ihnen der Fehler schon aufgefallen sein. Das Ausrufezeichen wird niemals angehängt, da die Visible-Eigenschaft des Labels immer vor der If-Abfrage auf true gesetzt wird. Gehen wir jetzt aber davon aus, dass Sie schon den ganzen Tag am Programmieren und möglicherweise etwas übermüdet sind, dann kann Ihnen so ein Leichtsinnsfehler den letzten Nerv rauben. Sie starten Ihr Projekt, und das Ausrufezeichen erscheint nicht, Sie lesen den Code abermals durch und kommen nicht auf den Fehler. Also was tun? Genau! Einen Haltepunkt in der Zeile der If-Abfrage setzen. Wenn Sie dann das Projekt starten und per Einzelschritt debuggen, müssten Sie in die Abfrage hineinspringen, zu der Zeile, in der das Ausrufezeichen angefügt wird, wenn die Bedingung der Abfrage zutrifft. Falls nicht, springt der Debugger direkt zur End If-Zeile bzw. der geschweiften Klammer, die die Abfrage abschließt. Probieren Sie es nun einmal aus. Der zweite Fall wird eintreten, da die Bedingung nicht zutrifft, und der Debugger springt ans Ende der Abfrage. In diesem Fall wüssten Sie also sofort, dass Sie an der Bedingung etwas ändern müssen, und können bei einem erneuten Durchlauf die Visible-Eigenschaft überprüfen und den Fehler finden. Passen Sie den Code nun so an, dass das Ausrufezeichen im Browser mit angezeigt wird und der Debugger in die If-Abfrage hineinspringt (Bild 14.10 und Bild 14.11).

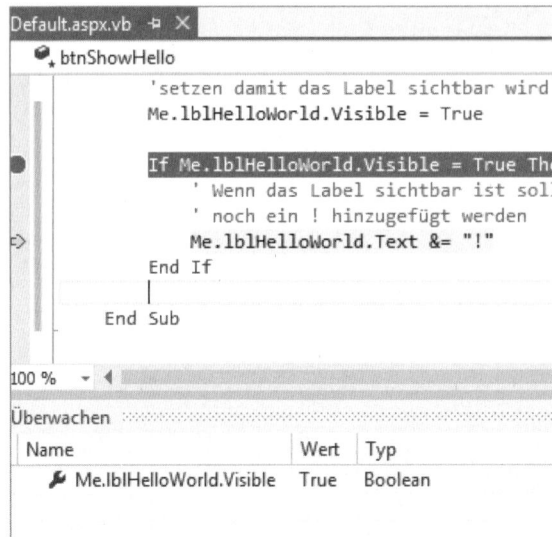

Bild 14.10
Angepasster Code in VB.NET

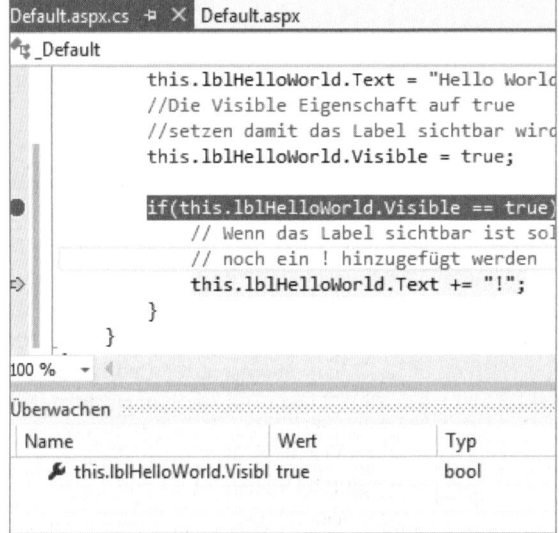

Bild 14.11
Angepasster Code in C#

Listing 14.3 Angepasster Code in VB.NET

```
Protected Sub btnShowHello_Click(sender As Object, e As EventArgs) Handles
btnShowHello.Click
    'Der Text-Eigenschaft des Labels
    'den Wert "Hello World" zuweisen
    Me.lblHelloWorld.Text = "Hello World"
    'Die Visible-Eigenschaft auf true
    'setzen, damit das Label sichtbar wird
    Me.lblHelloWorld.Visible = True
```

```
    If Me.lblHelloWorld.Visible = True Then
        ' Wenn das Label sichtbar ist, soll
        ' noch ein ! hinzugefügt werden.
        Me.lblHelloWorld.Text &= "!"
    End If
End Sub
```

Listing 14.4 Angepasster Code in C#

```csharp
protected void btnShowHello_Click(object sender, EventArgs e)
{
    //Der Text-Eigenschaft des Labels
    //den Wert "Hello World" zuweisen
    this.lblHelloWorld.Text = "Hello World";
    //Die Visible-Eigenschaft auf true
    //setzen, damit das Label sichtbar wird.
    this.lblHelloWorld.Visible = true;

    if(this.lblHelloWorld.Visible == true) {
        // Wenn das Label sichtbar ist, soll
        // noch ein ! hinzugefügt werden.
        this.lblHelloWorld.Text += "!";
    }
}
```

Im „echten Leben" hätten Sie jetzt einen dieser „Aha-Effekte" gehabt, der des Öfteren beim Programmieren auftritt. Wenn Sie das Projekt nun nochmals ausführen, sollte im Browser „Hello World!" zu sehen sein.

ÜBUNG: Probieren Sie den Debugger noch ein wenig aus. Ändern Sie beispielsweise die Beschriftung des Buttons über das *Überwachen*-Fenster oder bauen Sie weitere Bedingungen ein, indem Sie beispielsweise Variablen-Abfragen einfügen, und ändern Sie diese im *Überwachen*-Fenster.

PRAXISTIPP: Visual Studio meldet Ihnen syntaktische Fehler sofort im Editor. Fehler wie die Division durch 0 oder einen Zugriff auf eine nicht vorhandene Datei etc. werden Ihnen ebenfalls durch Visual Studio angezeigt. Logische Fehler hingegen werden meistens nur durch Debuggen gefunden. Nutzen Sie den Debugger auch, um bei Abfragen alle Möglichkeiten durchzugehen, damit später keine Fehler im „Live-Modus" auftreten. Der Debugger ist ein nützliches umfangreiches Werkzeug, das Sie auf jeden Fall nutzen sollten. Er bietet auch weit mehr Funktionen und Möglichkeiten, als in diesem Buch erwähnt. Falls Sie später einmal umfangreichere Projekte angehen wollen, sollten Sie sich auch mit seinen weiteren Funktionen vertraut machen.

15

Beispielprojekt: Die Entwicklung einer Webseite mit ASP.NET

In diesem Kapitel werden wir eine Webseite erstellen, die folgende Funktionen beinhaltet:

- eine Master Page, die das Grundgerüst der Webseite bildet
- ein Menü, um auf die verschiedenen Seiten zu navigieren
- statische Seiten wie ein Impressum
- Formulare, die auf verschiedene Weise validiert und verarbeitet werden, ein Kontaktformular, das Ihnen eine E-Mail sendet, und ein Formular, um Gästebucheinträge zu schreiben
- ein Gästebuch, das die gespeicherten Einträge aus einer Datenbank ausliest und in einem Listenelement anzeigt
- eine Auflistung von Bildern aus einem Ordner auf dem Webserver

Neues Projekt erstellen

Erstellen Sie in Ihrem Visual Studio eine neue Webseite (wie im Kapitel 9 beschrieben). Welche Sprache Sie verwenden, können Sie selbst entscheiden, da das Projekt in beiden Sprachen programmiert wird. Die Namen der beiden Webseiten in diesem Kapitel sind „WebseiteVB" und „WebseiteCS". Sobald Sie das Projekt erstellt haben, können wir loslegen.

15.1 Masterseiten

Masterseiten (Master Pages) erlauben es, ein Layout für mehrere (oder alle) Seiten Ihrer Webseite zu definieren und zu verwenden. Dadurch muss man nicht für jede Seite, die dasselbe Layout haben soll, immer den gleichen Code schreiben. Ein Anwendungsfall wäre beispielsweise, dass auf jeder Unterseite Ihrer Webseite oben links das Logo, darunter das Menü und am Ende der Seite eine Footerzeile angezeigt werden sollen. Hierfür würde man eine Masterseite erstellen, die genau diesen Aufbau hat. Die Unterseiten würden, wenn ihnen diese Masterseite zugewiesen wurde, genau diesen Aufbau anzeigen, und nur der Inhaltsbereich würde in den Unterseiten definiert werden. Des Weiteren können auch

Skriptblöcke in der Masterseite eingebaut werden, die dadurch auf jeder Seite angezeigt werden. Es können auch mehrere Blöcke angegeben werden, die durch Inhalte ersetzt werden. Solche Bereiche werden Platzhalter genannt und mit ContentPlaceHolder-Elementen erstellt. Für unser Projekt benötigen wir eine Masterseite, die wir über das Menü WEBSITE → NEUES ELEMENT HINZUFÜGEN unserem Projekt hinzufügen. In dem Dialog, der sich öffnet, wählen Sie *Masterseite* aus und klicken auf den HINZUFÜGEN-Button unten rechts. Visual Studio erstellt nun eine Masterseite mit dem Namen *MasterPage.master*. Masterseiten haben genau wie normale Webforms eine Code-behind-Datei, in der Funktionen und Events ausgeführt werden können. Der Code der Masterseite sieht im Standard wie in Listing 15.1 aus.

Listing 15.1 Masterseite VB Standard

```
<%@ Master Language="VB" CodeFile="MasterPage.master.vb" Inherits="MasterPage" %>

<!DOCTYPE html>

<html xmlns="http://www.w3.org/1999/xhtml">
<head runat="server">
<meta http-equiv="Content-Type" content="text/html; charset=utf-8"/>
    <title></title>
    <asp:ContentPlaceHolder id="head" runat="server">
    </asp:ContentPlaceHolder>
</head>
<body>
    <form id="form1" runat="server">
    <div>
        <asp:ContentPlaceHolder id="ContentPlaceHolder1" runat="server">

        </asp:ContentPlaceHolder>
    </div>
    </form>
</body>
</html>
```

In C# ändert sich daran bis auf die Sprache im Language-Attribut der Master Direktive nicht viel. Das AutoEventWireup-Attribut steht auf true (Listing 15.2).

Listing 15.2 Masterseite C# Unterschied

```
<%@ Master Language="C#" AutoEventWireup="true" CodeFile="MasterPage.master.cs"
Inherits="MasterPage" %>
```

AutoEventWireup gibt an, ob Ereignisse mit entsprechenden Methoden verbunden werden sollen, wie z. B. Page_Load, das beim Laden der Seite ausgeführt wird.

Wenn Sie sich das Markup der Masterseite nun anschauen, sehe Sie eine ganz normale Seite, die zwei Steuerelemente vom Typ ContentPlaceholder enthält. Alles, was Sie vor oder nach diesen Elementen in den Quelltext eintragen, wird auf jeder Seite angezeigt, die diese Masterseite verwendet. Die Seiten an sich kümmern sich dann nur um den Inhalt, der anstatt der ContentPlaceHolder-Elemente ausgegeben wird. Sie können der Masterseite genau wie im „Hello World"-Projekt Steuerelemente hinzufügen und den Code, der bei Ereignissen ausgeführt wird, bearbeiten. Wir wollen der Masterseite ein Bild oben links einfügen sowie einen Namen der Webseite und im Footer das aktuelle Jahr. Diese drei

Elemente sollen auf allen Unterseiten dieselben sein, deshalb platzieren wir Sie in der Masterseite.

Ein Bild hinzufügen

Um ein Bild hinzuzufügen, platzieren wir ein Steuerelement vom Typ *Image* auf unserer Seite und geben dem Element die ID Logo (Listing 15.3).

Listing 15.3 Image-Steuerelement

```
<!DOCTYPE html>

<html xmlns="http://www.w3.org/1999/xhtml">
<head runat="server">
<meta http-equiv="Content-Type" content="text/html; charset=utf-8"/>
    <title></title>
    <asp:ContentPlaceHolder id="head" runat="server">
    </asp:ContentPlaceHolder>
</head>
<body>
    <form id="form1" runat="server">
        <asp:Image ID="Logo" runat="server" />
        <div>
            <asp:ContentPlaceHolder id="ContentPlaceHolder1" runat="server">

            </asp:ContentPlaceHolder>
        </div>
    </form>
</body>
</html>
```

Damit hier auch ein Bild angezeigt wird, müssen wir in unserem Projekt das Bild hinterlegen. Dazu klicken wir mit der rechten Maustaste auf unser Projekt im Projektmappen-Explorer und wählen Hinzufügen → Neuer Ordner und nennen diesen *bilder*. In diesem Ordner legen wir das Logo der Webseite ab. Dazu klicken Sie mit der rechten Maustaste auf den Ordner und im Menü auf Hinzufügen → vorhandenes Element.... Es öffnet sich ein Auswahlfenster, in dem Sie das Bild auswählen, dass Sie als Logo verwenden wollen. Sollten Sie den Quellcode zu diesem Buch schon heruntergeladen haben, wählen Sie die Datei *logo.jpg* aus. Diese Datei liegt im Ordner *Ressourcen*, den Sie auf der Webseite zum Buch herunterladen können. Sobald Sie die Datei hinzugefügt haben, erscheint diese auch im Projektmappen-Explorer (Bild 15.1).

Jetzt können wir unserem Image-Steuerelement mitteilen, dass es diese Datei anzeigen soll. Dafür ändern Sie die Eigenschaft ImageUrl des Elementes auf *~/bilder/logo.jpg*. Die Tilde gibt an, dass die Pfadangabe vom Wurzelverzeichnis des Projektes ausgeht. Wenn Sie nun in die Entwurfsansicht wechseln, sollten Sie das Logo sehen (Bild 15.2).

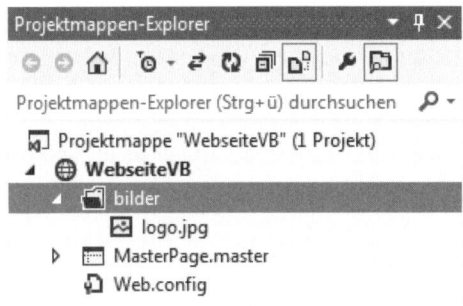

Bild 15.1
Bilder-Ordner mit Logo-Datei

Bild 15.2
Logo in der Entwurfsansicht

Jetzt brauchen wir noch die Footerzeile. Dazu legen wir ein neues Div-Element an und fügen das aktuelle Jahr per Inline-Code ein (Listing 15.4).

Listing 15.4 Aktuelles Datum per Inline-Code

```
<div id="footer">
    <%: DateTime.Now.Year %>
</div>
```

Hierbei wird auf die DateTime-Struktur zugegriffen, durch die Eigenschaft Now gibt diese das aktuelle Datum und die Uhrzeit aus. Wenn wir hier nur das Jahr sehen möchten, geben wir dies noch per Year-Eigenschaft an.

Da wir noch keine Seiten angelegt haben, belassen wir unsere Masterseite nun so und erstellen statische Seiten. Wenn diese erstellt wurden, gehen wir zurück zur Masterseite und werden in diese ein Menü einbauen. Ihre Masterseite sollte jetzt wie in Listing 15.5 aussehen.

Listing 15.5 Masterseite mit Logo und Jahr

```
<!DOCTYPE html>

<html xmlns="http://www.w3.org/1999/xhtml">
<head runat="server">
<meta http-equiv="Content-Type" content="text/html; charset=utf-8"/>
    <title></title>
    <asp:ContentPlaceHolder id="head" runat="server">
    </asp:ContentPlaceHolder>
</head>
<body>
    <form id="form1" runat="server">
        <asp:Image ID="Logo" runat="server" ImageUrl="~/bilder/logo.jpg" />
        <div>
            <asp:ContentPlaceHolder id="ContentPlaceHolder1" runat="server">

            </asp:ContentPlaceHolder>
        </div>
        <div id="footer">
            <%: DateTime.Now.Year%>
        </div>
    </form>
</body>
</html>
```

Denken Sie daran, dass in der ersten Zeile noch die Master Direktive aus Listing 15.1 bzw. Listing 15.2 steht (je nachdem welche Sprache Sie verwenden).

15.2 Statische Seiten

In diesem Abschnitt werden Sie statische Seiten zu Ihrer Webseite hinzufügen, statisch deshalb, weil auf ihnen keine dynamischen Inhalte geladen oder Formulare abgeschickt werden, sie dienen rein zum Anzeigen von Informationen.

Um eine Seite hinzuzufügen, klicken Sie im Projektmappen-Explorer auf Ihr Projekt und wählen Sie oben im Menü Website → Neues Element hinzufügen. Im Auswahlfenster, das sich daraufhin öffnet, wählen Sie *Web Form* aus. Als Namen geben Sie *Impressum.aspx* an, und unten rechts setzen Sie den Haken bei *Gestaltungsvorlage auswählen*. Dadurch werden Sie nach dem Klick auf den Hinzufügen-Button aufgefordert, eine Masterseite für diese neue Seite auszuwählen (Bild 15.3).

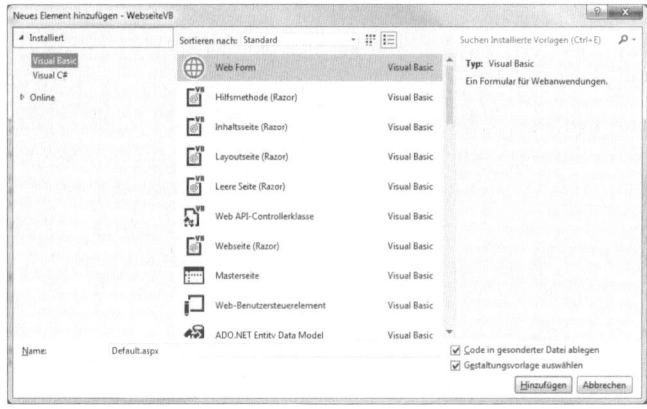

Bild 15.3
Web Form hinzufügen

Nach dem Klick öffnet sich ein weiteres Formular, in dem Sie die Masterseite auswählen, damit diese das Layout des Impressums vorgeben kann (Bild 15.4).

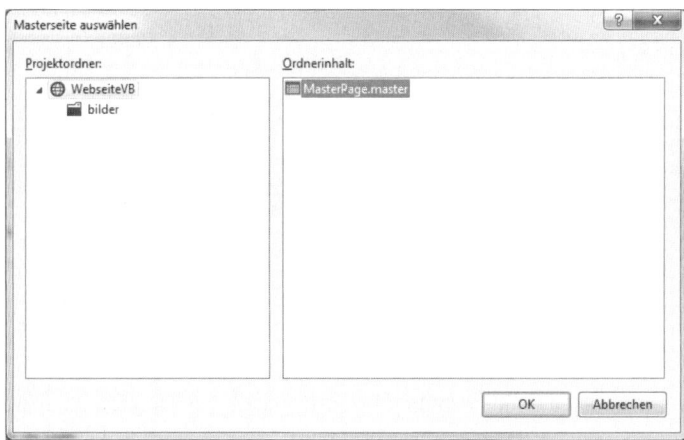

Bild 15.4
Masterseite
auswählen

Im Projektmappen-Explorer können Sie jetzt die neu erstellte Seite *Impressum.aspx* sehen. Wenn Sie diese nun in der Entwurfsansicht öffnen, sehen Sie zwei `<asp:Content />`-Tags. Beide haben eine `ContentPlaceHolder`-ID, die einer der IDs in der Masterseite entspricht. Je nachdem was Sie in diesen `Content`-Elementen platzieren, wird es im entsprechenden Bereich der Seite ausgegeben. Der `ContentPlaceHolder` head ermöglicht Ihnen, spezielle Daten im `<head>`-Tag dieser Seite auszugeben, wie eine Meta-Beschreibung oder Skripts, die nur für diese Unterseite gelten sollen. `ContentPlaceHolder1` entspricht unserem Inhaltsbereich. Hier platzieren wir Inhalte, die im Browser für den Anwender sichtbar sein sollen und zwischen Logo und Footerzeile liegen.

In der Page Direktiven in der ersten Zeile sehen wir ein neues Attribut: `MasterPageFile`. Mit diesem wird der Seite mitgeteilt, welche Masterseite sie verwenden soll. Sie können den Wert auch ändern, falls Sie mehrere Masterseiten haben und das Layout der Seite umgestalten wollen. Dabei müssen Sie aber darauf achten, dass Sie auch die `ContentPlaceHolder` der Seite ansprechen und ggf. die IDs anpassen.

Listing 15.6 Impressumsseite in VB.NET

```
<%@ Page Title="" Language="VB" MasterPageFile="~/MasterPage.master"
AutoEventWireup="false" CodeFile="Impressum.aspx.vb" Inherits="bilder_Impressum" %>

<asp:Content ID="Content1" ContentPlaceHolderID="head" Runat="Server">
</asp:Content>
<asp:Content ID="Content2" ContentPlaceHolderID="ContentPlaceHolder1" Runat="Server">
</asp:Content>
```

Listing 15.7 Impressumsseite in C#

```
<%@ Page Title="" Language="C#" MasterPageFile="~/MasterPage.master"
AutoEventWireup="true" CodeFile="Impressum.aspx.cs" Inherits="Impressum" %>

<asp:Content ID="Content1" ContentPlaceHolderID="head" Runat="Server">
</asp:Content>
<asp:Content ID="Content2" ContentPlaceHolderID="ContentPlaceHolder1" Runat="Server">
</asp:Content>
```

Wenn Sie das Projekt jetzt mit der F5-Taste starten, werden Sie gefragt, ob Sie Debugging zulassen wollen. Bestätigen Sie dies, und die Seite öffnet sich im Browser. Hier sollten Sie jetzt das Logo und die Jahreszahl sehen (Bild 15.5).

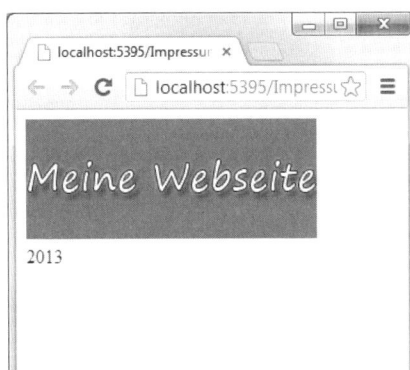

Bild 15.5
Impressumsseite mit Masterseite

Um einmal zu demonstrieren, wie man Skripts im head-Platzhalter einträgt, werden wir jetzt ein JavaScript alert im head einbauen (Listing 15.8).

Listing 15.8 JavaScript im Head-Bereich

```
<asp:Content ID="Content1" ContentPlaceHolderID="head" Runat="Server">
    <script>
        alert("Test");
    </script>
</asp:Content>
```

Wenn Sie nun die Seite mit F5 ausführen, sollte direkt beim Start der Seite eine Meldung „aufpoppen", die *Test* ausgibt. Wenn Sie im Browser den Quelltext der Seite anschauen, sollten Sie jetzt auch innerhalb des <head>-Tags den JavaScript-Code sehen.

Nehmen Sie den Text wieder aus dem Platzhalter heraus, da wir ihn hier nicht brauchen. Fügen Sie im Inhaltsplatzhalter nun ein paar Impressumsdaten ein (Listing 15.9).

Listing 15.9 Impressumsdaten

```
<asp:Content ID="Content2" ContentPlaceHolderID="ContentPlaceHolder1" Runat="Server">
    <h1>Impressum</h1>
    <p>
        Max Mustermann<br />
        Musterstraße 11<br />
        12345 Musterstadt
    </p>
</asp:Content>
```

Starten Sie die Seite nun, das Ergebnis sollte in etwa wie in Bild 15.6 aussehen.

Bild 15.6
Impressumsseite mit Daten

Damit haben Sie eine erste Seite erstellt.

 ÜBUNG: Erstellen Sie nun eine weitere Seite, die *Lebenslauf.aspx* heißt und die Masterseite verwendet. Bauen Sie diese nach dem in Bild 15.7 gezeigten Muster auf.

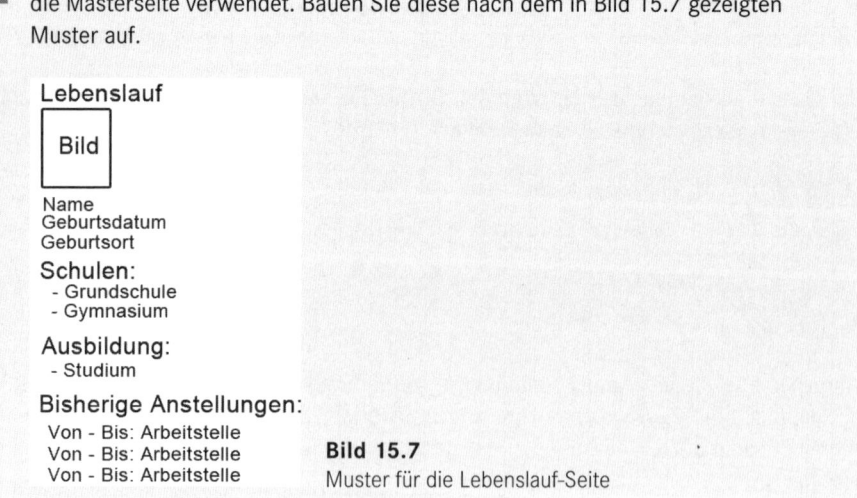

Bild 15.7
Muster für die Lebenslauf-Seite

Lebenslauf soll in einem H1-Tag stehen. Das Bild fügen Sie per Image-Steuerelement ein. *Name*, *Geburtsdatum* und *Geburtsort* sind einfache Texte innerhalb eines p-Tags. *Schulen*, *Ausbildung* und *Bisherige Anstellungen* sind H2-Elemente. Die jeweiligen Aufzählungen sind UL-Elemente. Ein Bild für den Lebenslauf mit dem Namen *lebenslauf.jpg* finden Sie in den Downloads zum Buch im *Ressourcen*-Ordner.

Der Code hierzu sollte in etwa wie in Listing 15.10 aussehen.

Listing 15.10 Lebenslauf Markup

```
<h1>Lebenslauf</h1>
<asp:Image ID="Image1" runat="server" ImageUrl="~/bilder/lebenslauf.jpg" />
<p>
    Name: Maxi Mustermann<br />
    Geburtstag: 1.1.1978<br />
    Geburtsort: Musterstadt
</p>
<h2>Schulen:</h2>
<ul>
    <li>1984 - 1988: Grundschule Musterstadt</li>
    <li>1988 - 1996: Gymnasium Musterstadt</li>
</ul>
<h2>Ausbildung</h2>
<ul>
    <li>1996 - 1999: Musterausbildung</li>
    <li>1999 - 2001: Musterstudium</li>
</ul>
<h2>Bisherige Anstellungen</h2>
<ul>
    <li>2001 - 2005: Verkäuferin</li>
    <li>2006 - 2010: Verkaufsleiterin</li>
    <li>2011 - jetzt: Filialleiterin</li>
</ul>
```

Im Browser sieht der Lebenslauf dann wie in Bild 15.8 aus.

Bild 15.8
Lebenslauf

Da die zwei Seiten sehr mäßig aussehen, werden wir im nächsten Abschnitt CSS zu unserer Seite hinzufügen, um die Seite etwas zu stylen.

■ 15.3 CSS hinzufügen

Um die Webseite ein wenig zu stylen, brauchen wir ein CSS-Stylesheet, das wir in die Masterseite einbinden, dadurch wird das Stylesheet auf allen Seiten verwendet.

Führen Sie im Projektmappen-Explorer einen Rechtsklick auf den Projektnamen aus, im sich öffnenden Menü auf HINZUFÜGEN und im *Hinzufügen*-Menü auf STYLESHEET (Bild 15.9).

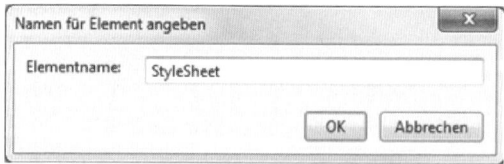

Bild 15.9
Stylesheet hinzufügen

Lassen Sie den Namen *StyleSheet* so stehen und klicken Sie auf OK. Die Dateiendung wird von Visual Studio automatisch hinzugefügt. Im Projektmappen-Explorer sollte sich nun die Datei *StyleSheet.css* befinden. Öffnen Sie jetzt die Masterseite und ziehen Sie die *StyleSheet. css*-Datei in den Quelltext der Masterseite. Legen Sie die Datei vor dem head-ContentPlaceholder ab. Visual Studio generiert automatisch einen <link>-Tag, der das Stylesheet einbindet. Das funktioniert auch mit Bildern und <img>-Tags oder Dateien und <a>-Tags. Der generierte Code der Stylesheet-Einbindung sieht wie in Listing 15.11 aus.

Listing 15.11 Stylesheet einbinden

```
<link href="StyleSheet.css" rel="stylesheet" />
```

Fügen Sie den Code aus Listing 15.12 in Ihr Stylesheet ein.

Listing 15.12 StyleSheet.css

```
/* Standardwerte in den verschiedenen
   Browsern zurücksetzen */
* {
    padding: 0;
    margin: 0;
}

body {
    font-family:Verdana,Arial,sans-serif;
    padding:10px;
    font-size:14px;
    background-color:#f5f5f5;
}

h1 {
    font-size:18px;
    margin-bottom:10px;
    color:#172C41;
}

h2 {
    font-size: 16px;
    margin-bottom:7px;
    margin-top:5px;
    color:#2B3641;
}

ul {
    padding-left: 25px;
    margin-bottom:5px;
}

#footer {
    margin-top:10px;
    font-weight: bold;
}
```

Es steht Ihnen natürlich frei, ein komplett eigenes Styling zu verwenden, allerdings sehen die Abbildungen im weiteren Verlauf des Buches dann unter Umständen komplett anders aus als bei Ihnen.

Wenn Sie nun die Seite ausführen, sehen Sie, dass der Lebenslauf etwas gestyled wurde. Im Laufe des Projekts wird die Stylesheet-Datei noch einige Male angepasst werden, wenn wir neue Elemente in das Projekt einbauen.

■ 15.4 Menüs

Damit wir nicht die einzelnen Seitenlinks eintippen müssen, um auf eine Seite zu navigieren, bauen wir ein Menü ein. Dafür verwenden wir das Menu-Steuerelement von ASP.NET. Dieses finden Sie im Werkzeugkasten im Reiter *Navigation*. Ziehen Sie es in die Masterseite und platzieren Sie es unterhalb des Logos. Klicken Sie in den hinzugefügten <asp:Menu>-Tag und suchen Sie im Eigenschaftenfenster den Eintrag *Items*. Hier können Sie die Menüpunkte des Menüs hinzufügen. Klicken Sie auf den kleinen Button rechts mit den drei Punkten, um Menüeinträge hinzuzufügen. Es öffnet sich ein *Menüelement-Editor*. Links im Bereich *Elemente* werden die vorhandenen Menüeinträge angezeigt, rechts die Eigenschaften des ausgewählten Menüeintrags. Mit einem Klick auf den Button STAMMELEMENT HINZUFÜGEN oben links erstellen Sie einen neuen Eintrag (Bild 15.10). Fertigen Sie nun einen Menüeintrag für die Lebenslauf-Seite.

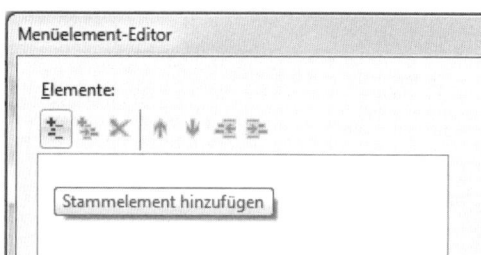

Bild 15.10
Menüelement hinzufügen

Nach einem Klick auf den Button tragen Sie im rechten Fenster die Eigenschaften des Menüeintrags ein. Den Eigenschaften Text und Value weisen Sie bitte den Wert Lebenslauf zu, der Eigenschaft NavigateUrl den Wert ~/Lebenslauf.aspx. Diese Eigenschaft gibt an, welche Seite mit diesem Menüeintrag verlinkt werden soll. Fügen Sie nun einen weiteren Eintrag für die Impressumsseite ein und passen Sie die Eigenschaften entsprechend an. Mit einem Klick auf OK fügt Visual Studio die Menüeinträge dem Menu-Steuerelement hinzu. In diesem Fall sieht der generierte Code wie in Listing 15.13 aus.

Listing 15.13 Menu-Steuerelement

```
<asp:Menu ID="Menu1" runat="server">
    <Items>
        <asp:MenuItem NavigateUrl="~/Lebenslauf.aspx"
            Text="Lebenslauf" Value="Lebenslauf"></asp:MenuItem>
        <asp:MenuItem NavigateUrl="~/Impressum.aspx"
            Text="Impressum" Value="Impressum"></asp:MenuItem>
    </Items>
</asp:Menu>
```

Ändern Sie die Orientation-Eigenschaft des Menu-Elements auf Horizontal und bauen Sie um das Menu-Steuerelement ein div-Tag mit der ID menu-container (Listing 15.14).

Listing 15.14 Menu-Code

```
<div id="menu-container">
    <asp:Menu ID="Menu1" runat="server" Orientation="Horizontal">
```

```
    <Items>
        <asp:MenuItem NavigateUrl="~/Lebenslauf.aspx"
            Text="Lebenslauf" Value="Lebenslauf"></asp:MenuItem>
        <asp:MenuItem NavigateUrl="~/Impressum.aspx"
            Text="Impressum" Value="Impressum"></asp:MenuItem>
    </Items>
    </asp:Menu>
</div>
```

Öffnen Sie im Visual Studio die Lebenslauf-Seite und drücken Sie die F5-Taste. Unterhalb des Logos sollte sich jetzt das Menü befinden, mit dem Sie zwischen den zwei Seiten wechseln können (Bild 15.11).

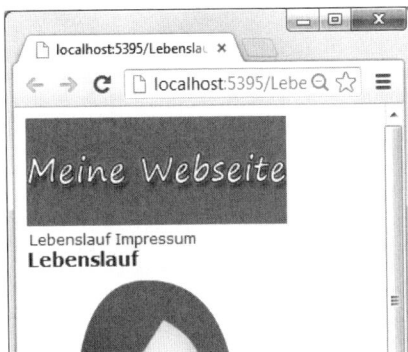

Bild 15.11
Lebenslauf mit Menü

Visual Studio erlaubt es bei einigen Steuerelementen, eine Formatierung auszuwählen, und liefert dafür ein kleine Anzahl an Designvorlagen. Beim Menu-Element besteht diese Möglichkeit auch, und wir werden eine dieser Formatierungen verwenden. Wechseln Sie dazu in die Entwurfsansicht der Masterseite und klicken Sie das Menü an. Am rechten Rand des Menüs erscheint nun ein kleiner Pfeil. Klicken Sie diesen an und wählen Sie in dem öffnenden Pop-up den Punkt *Autom. Formatierung* (Bild 15.12).

Bild 15.12
Automatische Formatierung

Es öffnet sich ein Fenster, in dem Sie zwischen den verschiedenen Formatierungen wählen oder die Formatierung entfernen können. Wählen Sie das Schema *Klassisch* aus. Im Entwurfsdesigner sehen Sie sofort die Veränderung. Wenn Sie in die Quellansicht wechseln, sehen Sie, dass das Menu-Element um einige Eigenschaften erweitert wurde. Ändern Sie die Eigenschaft Font-Size auf 15px. Wechseln Sie wieder auf die Lebenslauf-Seite und starten Sie das Projekt. Das Menü sollte jetzt das neue Design haben (Bild 15.13).

Bild 15.13
Neues Menü-Layout

 PRAXISTIPP: Die automatische Formatierung ist eine gute Möglichkeit, ein Element schnell mit einem nicht so sterilen Design zu versehen. Allerdings verlagern Sie damit einen Teil Ihres CSS aus der Stylesheet-Datei in Ihren HTML-Quelltext. Dadurch geht Ihnen ein Teil der Flexibilität verloren.

Der komplette Code des Menüblocks sieht jetzt wie in Listing 15.15 aus.

Listing 15.15 Menü mit Layout

```
<div id="menu-container">
    <asp:Menu ID="Menu1" runat="server" Orientation="Horizontal" BackColor="#B5C7DE"
DynamicHorizontalOffset="2" Font-Names="Verdana" Font-Size="15px" ForeColor="#284E98"
StaticSubMenuIndent="10px">
        <DynamicHoverStyle BackColor="#284E98" ForeColor="White" />
        <DynamicMenuItemStyle HorizontalPadding="5px"
            VerticalPadding="2px" />
        <DynamicMenuStyle BackColor="#B5C7DE" />
        <DynamicSelectedStyle BackColor="#507CD1" />
        <Items>
            <asp:MenuItem NavigateUrl="~/Lebenslauf.aspx"
                Text="Lebenslauf" Value="Lebenslauf"></asp:MenuItem>
            <asp:MenuItem NavigateUrl="~/Impressum.aspx"
                Text="Impressum" Value="Impressum"></asp:MenuItem>
        </Items>
        <StaticHoverStyle BackColor="#284E98" ForeColor="White" />
        <StaticMenuItemStyle HorizontalPadding="5px"
            VerticalPadding="2px" />
        <StaticSelectedStyle BackColor="#507CD1" />
    </asp:Menu>
</div>
```

15.5 Formulare

Dieser Teil ist der wichtigste Abschnitt des Buches. Hier werden wir Formulare auf der Webseite einbauen, um Daten zu speichern und per E-Mail zu versenden. Dazu werden wir auch Validierungen einbauen, damit in die Formulare nur Daten eingetragen werden, die auch erlaubt bzw. gewünscht sind.

Damit Besucher unserer Webseite uns kontaktieren können, bauen wir ein Kontaktformular direkt auf unsere Startseite ein. Startseiten heißen auf Windows-Servern standardmäßig *Default.html* oder *Default.aspx*. Erstellen Sie eine neue Seite, die die Masterseite verwendet und *Default.aspx* heißt. Wenn Sie dies durchgeführt haben und die F5-Taste drücken, sollten Sie im Browser eine Seite sehen, die nur die Elemente der Masterseite enthält. Dabei fällt uns natürlich sofort auf, dass das Menü jetzt angepasst werden muss, um die Startseite zu verlinken. Wechseln Sie dazu in die Masterseite und dort in die Quellansicht. Im Menu-Element gibt es einen Bereich, der sich Items nennt. In diesem Bereich stehen die einzelnen Menüeinträge. Fügen Sie hier als erstes Element einen Eintrag für die Startseite ein, wobei die Text- und Value-Eigenschaften Home zugewiesen bekommen (Listing 15.16).

Listing 15.16 Menü mit Home-Eintrag

```
<Items>
    <asp:MenuItem NavigateUrl="~/Default.aspx" Text="Home"
        Value="Home"></asp:MenuItem>
    <asp:MenuItem NavigateUrl="~/Lebenslauf.aspx" Text="Lebenslauf"
        Value="Lebenslauf"></asp:MenuItem>
    <asp:MenuItem NavigateUrl="~/Impressum.aspx" Text="Impressum"
        Value="Impressum"></asp:MenuItem>
</Items>
```

Starten Sie das Projekt, um das Ergebnis zu überprüfen. Wenn alles passt, wechseln Sie in die *Default.aspx*-Seite. Diese füllen wir als Erstes mit ein wenig Inhalt.

ÜBUNG: Bauen Sie auf der Startseite folgende Elemente ein: Eine h1-Überschrift mit dem Text „Herzlich Willkommen", darunter ein p-Element mit dem Text „Willkommen auf meiner Homepage, hier finden Sie meinen Lebenslauf und weitere Informationen". Darunter soll ein weiteres p-Element mit weiterem beliebigem Text folgen. Verlinken Sie im ersten p-Element das Wort Lebenslauf mit der Lebenslauf-Seite. Passen Sie zusätzlich noch die *StyleSheet.css*-Datei an. Geben Sie h1-Elementen einen oberen Abstand von 15 Pixeln und p-Elementen einen unteren Abstand von 10 Pixeln.

Listing 15.17 Musterlösung Default.aspx

```
<asp:Content ID="Content1" ContentPlaceHolderID="head" Runat="Server">
</asp:Content>
<asp:Content ID="Content2" ContentPlaceHolderID="ContentPlaceHolder1" Runat="Server">
    <h1>Herzlich Willkommen</h1>
    <p>Willkommen auf meiner Homepage, hier finden Sie meinen
        <a href="Lebenslauf.aspx">Lebenslauf.aspx</a> und weitere
```

```
        Informationen
    </p>
    <p>Ein Trainer ist nicht ein Idiot! Ein Trainer sei sehen was passieren in Platz.
In diese Spiel es waren zwei, drei diese Spieler waren schwach wie eine Flasche
leer!</p>
</asp:Content>
```

Listing 15.18 Musterlösung Stylesheet-Anpassung

```
h1 {
    font-size:18px;
    margin-bottom:10px;
    color:#172C41;
    margin-top:15px;
}


p {
    margin-bottom: 10px;
}
```

Im Browser sieht diese Musterlösung wie in Bild 15.14 aus.

Bild 15.14
Musterlösung

Unterhalb des Textes fügen wir das Kontaktformular ein. Dazu brauchen wir drei Textboxen mit jeweils einem Label, eine für den Namen des Absenders, eine für die Absender-E-Mail-Adresse und eine für die Nachricht an sich und einen Button zum Absenden der Kontakt-anfrage. Das Ganze wird in ein Panel-Websteuerelement gepackt.

ÜBUNG: Bauen Sie das Kontaktformular wie folgt auf: Innerhalb eines Panel-Websteuerelement sollen Div-Elemente platziert werden. Im ersten Div ist ein Label mit ID lblName und Text „Name:", nach dem Label platzieren Sie ein TextBox-Websteuerelement mit ID txtName. Wenn Sie die Textbox platziert haben, setzen Sie die Eigenschaft AssociatedControlID des Labels auf den Namen der Textbox, im ersten Fall AssociatedControlID="txtName". Nach demselben Schema folgen zwei weitere Div-Anweisungen mit Label und Text-box für E-Mail und Nachricht (mit passenden IDs und Texten). Danach platzie-ren Sie ein Div mit einem Button-Websteuerelement und der ID btnSend und dem Text „Absenden".

Listing 15.19 Musterlösung Kontaktformular

```
<asp:Panel ID="Kontaktformular" runat="server">
    <div>
        <asp:Label ID="lblName" runat="server" Text="Name:"
            AssociatedControlID="txtName"></asp:Label>
        <asp:TextBox ID="txtName" runat="server"></asp:TextBox>
    </div>
    <div>
        <asp:Label ID="lblEmail" runat="server" Text="Email:"
            AssociatedControlID="txtEmail"></asp:Label>
        <asp:TextBox ID="txtEmail" runat="server"></asp:TextBox>
    </div>
    <div>
        <asp:Label ID="lblNachricht" runat="server"
            Text="Nachricht:" AssociatedControlID="txtNachricht">
        </asp:Label>
        <asp:TextBox ID="txtNachricht" runat="server"></asp:TextBox>
    </div>
    <div>
        <asp:Button ID="btnSend" runat="server" Text="Absenden" />
    </div>
</asp:Panel>
```

Im Browser sieht das Ganze wie in Bild 15.15 aus.

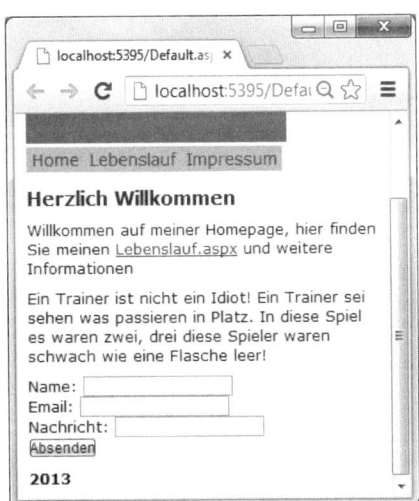

Bild 15.15
Kontaktformular

Die Eigenschaft AssociatedControlID sorgt dafür, dass im gerenderten HTML-Code dem Label ein for-Attribut hinzugefügt wird. Durch dieses for-Attribut wird im Browser beim Klick auf das Label der Fokus auf die entsprechende Textbox gelegt.

Das Formular sieht jetzt nicht besonders schön aus und hat auch noch keine Funktionen. Deshalb wollen wir das Formular etwas stylen.

 ÜBUNG: Setzen Sie in den Textboxen die Eigenschaft CssClass auf den Wert kontakt-text. Hierdurch erhalten die Textboxen diese CSS-Klasse zugewiesen. Geben Sie dem Button Control die CSS-Klasse kontakt-button. Machen Sie im Stylesheet alle Elemente vom Typ Label zu Block-Elementen. Alle Elemente mit der CSS-Klasse kontakt-text sollen eine Breite von 200 Pixeln haben sowie einen Außenabstand von 5 Pixel nach oben und von 15 Pixel nach unten. Der Innenabstand soll 5 Pixel betragen. Vergeben Sie allen Elementen mit der CSS-Klasse kontakt-button einen Innenabstand von 8 Pixel.

Das angepasste Kontaktformular-Markup sieht wie in Listing 15.20 aus.

Listing 15.20 Kontaktformular mit CSS-Klassen

```
<asp:Panel ID="Kontaktformular" runat="server">
    <div>
        <asp:Label ID="lblName" runat="server" Text="Name:"
            AssociatedControlID="txtName"></asp:Label>
        <asp:TextBox ID="txtName" runat="server"
            CssClass="kontakt-text"></asp:TextBox>
    </div>
    <div>
        <asp:Label ID="lblEmail" runat="server" Text="Email:"
            AssociatedControlID="txtEmail"></asp:Label>
        <asp:TextBox ID="txtEmail" runat="server"
            CssClass="kontakt-text"></asp:TextBox>
    </div>
    <div>
        <asp:Label ID="lblNachricht" runat="server"
            Text="Nachricht:" AssociatedControlID="txtNachricht">
        </asp:Label>
        <asp:TextBox ID="txtNachricht" runat="server"
            CssClass="kontakt-text"></asp:TextBox>
    </div>
    <div>
        <asp:Button ID="btnSend" runat="server" Text="Absenden"
            CssClass="kontakt-button"/>
    </div>
</asp:Panel>
```

Dem Stylesheet wurden die Zeilen aus Listing 15.21 hinzugefügt.

Listing 15.21 Kontaktformular mit CSS

```
label {
    display:block;
}

.kontakt-text {
    width: 200px;
```

```
    margin:5px 0 15px 0;
    padding:5px;
}

.kontakt-button {
    padding:8px;
}
```

Im Browser sieht das Kontaktformular jetzt wie in Bild 15.16 aus.

Name:

Email:

Nachricht:

Absenden

Bild 15.16
Kontaktformular mit CSS

Das Kontaktformular soll aber nicht nur einzeilige Nachrichten zulassen. Um eine TextBox mehrzeilig zu machen, muss man die Eigenschaft TextMode auf MultiLine setzen (Listing 15.22).

Listing 15.22 Mehrzeilige TextBox

```
<asp:TextBox ID="txtNachricht" runat="server" CssClass="kontakt-text"
TextMode="MultiLine"></asp:TextBox>
```

15.5.1 Per E-Mail versenden

Im nächsten Schritt soll die E-Mail beim Klick auf den Button abgesendet werden. Dazu doppelklicken Sie in der Entwurfsansicht auf den Button, um in das entsprechende Ereignis im Code-behind zu gelangen. Im Code-behind muss die Mail-Klasse des .NET Frameworks eingebunden werden, damit wir Zugriff auf die entsprechenden Funktionen haben (Listing 15.23 und Listing 15.24).

Listing 15.23 Mail-Klasse einbinden in VB

```
Imports System.Net.Mail
```

Listing 15.24 Mail-Klasse einbinden in C#

```
using System.Net.Mail;
```

Als Nächstes erstellen Sie eine Instanz der MailMessage-Klasse innerhalb des Click Events des Buttons und weisen dem Objekt die notwendigen Werte zu (Listing 15.25 und Listing 15.26).

Listing 15.25 E-Mail versenden in VB

```vb
Protected Sub btnSend_Click(sender As Object, e As EventArgs) Handles btnSend.Click
    ' Ein Objekt vom Typ Mailadress erstellen, das die
    ' Absender-Adresse repräsentiert
    Dim absender As New MailAddress(Me.txtEmail.Text, Me.txtName.Text)

    ' Mailadress-Objekt für den Empfaenger des Kontaktformulars
    Dim empfaenger As New MailAddress("empfaenger@lebsites.de")

    ' Ein Objekt vom Typ MailMessage, dem beim Erstellen die
    ' Absender- und Empfänger-Adresse übergeben wird
    Dim email As New MailMessage(absender, empfaenger)
    ' Den Betreff zuweisen
    email.Subject = "Kontakt über Webseite"

    ' die Nachricht
    email.Body = Me.txtNachricht.Text

    ' Die Nachricht über den Smtp Client versenden
    Dim emailClient As New SmtpClient
    emailClient.Send(email)

End Sub
```

Listing 15.26 E-Mail versenden in C#

```csharp
protected void btnSend_Click(object sender, EventArgs e)
{
    // Ein Objekt vom Typ Mailadress erstellen, das die
    // Absender-Adresse repräsentiert
    MailAddress absender = new MailAddress(this.txtEmail.Text, this.txtName.Text);

    // Mailadress-Objekt für den Empfaenger des Kontaktformulars
    MailAddress empfaenger = new MailAddress("empfaenger@lebsites.de");

    // Ein Objekt vom Typ MailMessage, dem beim Erstellen die Absender-
    // und Empfänger-Adresse übergeben wird
    MailMessage email = new MailMessage(absender, empfaenger);
    // Den Betreff zuweisen
    email.Subject = "Kontakt über webseite";

    // die Nachricht
    email.Body = this.txtNachricht.Text;

    // Die Nachricht über den Smtp-Client versenden
    SmtpClient emailClient = new SmtpClient();
    emailClient.Send(email);

}
```

Wenn Sie jetzt das Formular absenden, werden Sie eine Fehlermeldung erhalten, da die SMTP-Einstellungen noch fehlen, die Sie brauchen, um eine E-Mail zu versenden. Um diese Einstellungen zu bearbeiten, klicken Sie oben in der Menüleiste das *Website*-Menüs und wählen dort den Punkt *ASP.NET-Konfiguration*. Es öffnet sich nun im Browser eine Seite, mit der Sie grundlegende Einstellungen Ihrer Webseite verändern können (Bild 15.17).

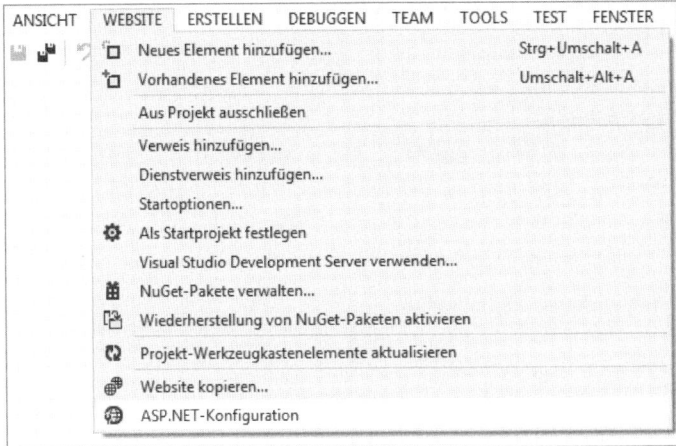

Bild 15.17
ASP.NET-Konfiguration

Wenn sich die Oberfläche geöffnet hat, wechseln Sie oben im Menü auf ANWENDUNG und dort auf SMTP-E-MAIL-EINSTELLUNGEN KONFIGURIEREN (Bild 15.18).

 HINWEIS: Möglicherweise funktioniert die Oberfläche im einen oder anderen Browser nicht richtig. Verwenden Sie in diesem Fall einfach einen anderen Browser. Ich beispielsweise hatte Probleme mit Chrome und habe es dann im Firefox verwendet.

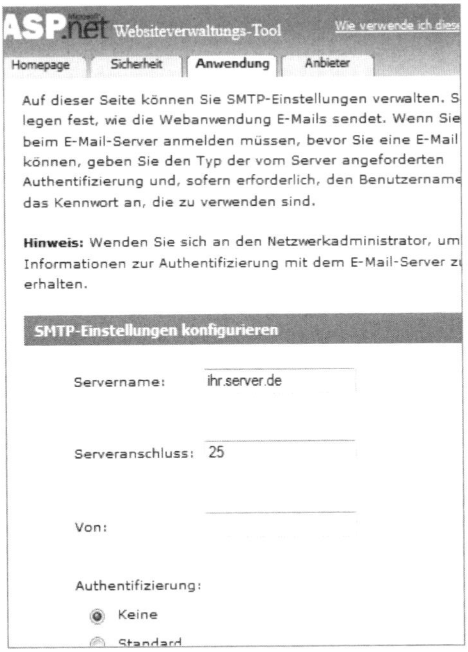

Bild 15.18
SMTP-Konfiguration

Bei dieser Konfiguration müssen Sie die Daten Ihres Webhostings verwenden. Wenn Sie dort eine E-Mail-Adresse anlegen, werden Sie auch die Daten Ihres Mailservers bekommen. Oft sind die Server-Adressen ähnlich wie *smtp.domainname.de*. Bei Serveranschluss tragen Sie den Port Ihres SMTP-Servers ein.

Sollten Sie keine Möglichkeit haben, zu diesem Zeitpunkt E-Mails zu versenden, kommentieren Sie die Zeile `emailClient.Send(email)` bzw. `emailClient.Send(email);` aus. Im weiteren Verlauf des Buches passen wir die Funktion so an, dass die Einträge im Fall eines Fehlers mit dem SMT-Client in der Datenbank gespeichert werden.

 ÜBUNG: Wechseln Sie zurück in die *Default.aspx*-Seite und fügen Sie unterhalb des Kontaktformulars ein neues Panel mit der ID pnlStatus und der Eigenschaft Visible="False" ein. Platzieren Sie innerhalb des Panels ein p-Tag mit dem Text „Vielen Dank für Ihre Anfrage!".

Das sollte in etwa wie in Listing 15.27 aussehen.

Listing 15.27 Status Panel

```
<asp:Panel ID="pnlStatus" runat="server" Visible="False">
    <p>Vielen Dank für Ihre Anfrage!</p>
</asp:Panel>
```

Durch die Eigenschaft `Visible` wird gesteuert, ob das Element sichtbar (`True`) oder nicht sichtbar (`False`) ist. Durch das Setzen auf `False` wird das Element standardmäßig beim Aufrufen der Seite nicht angezeigt. Wir wollen dieses Panel anzeigen, wenn die E-Mail versendet wurde, und dafür das Kontaktformular ausblenden. Hierfür setzen wir die `Visible`-Eigenschaft des Kontaktformulars auf `False` und die des Status Panel auf `True`. Dies machen wir nach der Zeile, die die Kontakt-E-Mail absendet (Listing 15.28, Listing 15.29 und Bild 15.19).

Bild 15.19

Status-Panel nach dem Absenden des Kontaktformulars

Listing 15.28 Status einblenden in VB

```
Me.Kontaktformular.Visible = False
Me.pnlStatus.Visible = True
```

Listing 15.29 Status einblenden in C#

```
this.Kontaktformular.Visible = false;
this.pnlStatus.Visible = true;
```

15.5.2 Validierung

Um Formulareingaben der Benutzer zu überprüfen, liefert ASP.NET die Validation Controls mit. Mit diesen Controls lassen sich verschiedene Vorgaben machen, wie z. B. ob ein Feld ein Pflichtfeld ist oder der Inhalt einem bestimmten Muster folgt (URL, E-Mail-Adresse usw.). In unserem Kontaktformular sollen alle Felder ausgefüllt werden, und auch das E-Mail-Feld soll überprüft werden, ob der eingegebene Text wirklich das Format einer E-Mail-Adresse hat.

Bevor wir beginnen, müssen wir die *web.config*-Datei anpassen. Dazu öffnen Sie die Datei bitte und fügen oberhalb des Eintrags `<system.web>` den Eintrag aus Listing 15.30 ein.

Listing 15.30 Web.config-Anpassung

```
<appSettings>    <add key="ValidationSettings:UnobtrusiveValidationMode" value="None"
/></appSettings>
```

Dadurch wird festgelegt, dass ASP.NET seine eigene Validation JavaScript-Funktionalität benutzt und nicht die der JavaScript jQuery.

Jetzt können wir das Kontaktformular so umbauen, dass es die Textboxen validiert. Hierfür benötigen wir drei `RequiredFieldValidator`-Elemente, die jeweils hinter den `TextBox`-Elementen platziert werden. Diese können Sie einfach links aus dem Werkzeugkasten im Reiter *Validierung* an die gewünschte Stelle ziehen. Alle drei Validatoren bekommen als Text „*" zugewiesen, damit später markiert wird, dass an dieser Stelle etwas nicht stimmt. In der Eigenschaft `ErrorMessage` tragen Sie Meldungen wie „Bitte einen Namen/E-Mail/Nachricht angeben" ein. Als ID vergeben Sie jeweils `rfvName`, `rfvEmail` und `rfvNachricht`. rfv verwenden wir hierbei als Kürzel für `RequiredFieldValidator`. Die letzte Eigenschaft, die Sie anpassen müssen, ist die `ControlToValidate`-Eigenschaft. Dieser Eigenschaft wird der Name des Controls zugewiesen, das von dem Validator validiert werden soll, beispielsweise `ControlToValidate="txtName"`. Nach dem `RequiredFieldValidator` für die E-Mail-Adresse platzieren wir noch einen `RegularExpressionValidator`. Eine *Regular Expression* ist eine Zeichenkette, anhand derer eine weitere Zeichenkette auf ein bestimmtes Muster überprüft wird, ob die überprüfte Zeichenkette dem Muster der Expression entspricht. Um den Validator dazu zu bringen, den Text in der E-Mail-TextBox zu überprüfen, setzen wir die `ControlToValidate`-Eigenschaft auf txtEmail und wechseln daraufhin in die Entwurfsansicht und suchen die Eigenschaft `ValidateExpression`. Hier klicken wir auf den kleinen Button rechts und wählen im sich öffnenden Fenster *Internet-E-Mail-Adresse* (Bild 15.20) aus.

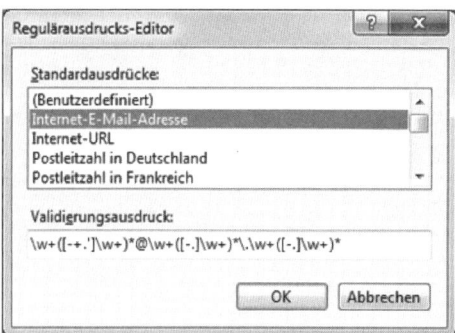

Bild 15.20

Regular Expression auswählen

Danach ändern wir die Eigenschaft Display auf Dynamic ab. Dieselbe Eigenschaft ändern wir auch im RequiredFieldValidator für die E-Mail-Adresse. Als Letztes fügen wir noch über dem ersten Div in unserem Kontaktformular ein ValidationSummaryControl ein und geben diesem die CSS Klasse validator. Dieses Control zeigt bei Fehlern im Formular alle Fehlermeldungen als Liste an. Der gesamte Code des Kontaktformulars sieht nun wie in Listing 15.31 aus.

Listing 15.31 Kontaktformular mit Validatoren

```
<asp:Panel ID="Kontaktformular" runat="server">
    <asp:ValidationSummary ID="ValidationSummary1" runat="server"
CssClass="validator" />
    <div>
        <asp:Label ID="lblName" runat="server" Text="Name:"
            AssociatedControlID="txtName"></asp:Label>
        <asp:TextBox ID="txtName" runat="server"
            CssClass="kontakt-text"></asp:TextBox>
        <asp:RequiredFieldValidator ID="rfvName" runat="server"
            ErrorMessage="Name ist ein Pflichtfeld"
            CssClass="validator" ControlToValidate="txtName"
            Text="*">
        </asp:RequiredFieldValidator>
    </div>
    <div>
        <asp:Label ID="lblEmail" runat="server" Text="Email:"
            AssociatedControlID="txtEmail"></asp:Label>
        <asp:TextBox ID="txtEmail" runat="server"
            CssClass="kontakt-text"></asp:TextBox>
        <asp:RequiredFieldValidator ID="rfvEmail" runat="server"
            ErrorMessage="Bitte tragen sie eine Email Adresse ein."
            ControlToValidate="txtEmail" CssClass="validator"
            Text="*" Display="Dynamic">
        </asp:RequiredFieldValidator>
        <asp:RegularExpressionValidator ID="revEmail" runat="server"
            ErrorMessage="Dies ist keine gültige Email Adresse"
            CssClass="validator" ValidationExpression="\w+([-+.']\w+)*@\w+([-.]\
w+)*\.\w+([-.]\w+)*"
            ControlToValidate="txtEmail" Text="*"
            Display="Dynamic">
        </asp:RegularExpressionValidator>
    </div>
    <div>
```

```
        <asp:Label ID="lblNachricht" runat="server"
            Text="Nachricht:" AssociatedControlID="txtNachricht">
        </asp:Label>
        <asp:TextBox ID="txtNachricht" runat="server"
            CssClass="kontakt-text" TextMode="MultiLine">
        </asp:TextBox>
        <asp:RequiredFieldValidator ID="rfvNachricht" runat="server"
            ErrorMessage="Bitte eine Nachricht eintragen"
            CssClass="validator" ControlToValidate="txtNachricht"
            Text="*">
        </asp:RequiredFieldValidator>
    </div>
    <div>
        <asp:Button ID="btnSend" runat="server" Text="Absenden"
            CssClass="kontakt-button"/>
    </div>
</asp:Panel>
```

> **HINWEIS:** Im C#-Markup hat der Button btnSend noch das Attribut
> OnClick="btnSend_Click".

Listing 15.32 Validator CSS

```
.validator {
    color: #ff0000;
}
```

Im Browser reagiert das Formular bei falschen Angaben wie in Bild 15.21 dargestellt.

- Name ist ein Pflichtfeld
- Bitte tragen sie eine Email Adresse ein.
- Bitte eine Nachricht eintragen

Name:

[   ] *

Email:

[   ] *

Nachricht:

[   ]
[   ] *

[Absenden]

Bild 15.21
Validatoren im Browser

Füllt man die Felder mit einer nicht gültigen E-Mail-Adresse aus, reagiert das Formular wie in Bild 15.22 dargestellt.

Da diese Validatoren im ersten Schritt clientseitig validieren, müssen wir noch unsere Event-Prozedur so anpassen, dass sie nur dann die Mail abschickt, wenn die Validatoren der Seite zurückmelden, dass diese valide ist. Denn wenn man derzeit unser Kontaktforumlar aufrufen würde, bei dem JavaScript im Browser deaktiviert ist, würde unser Code versu-

- Dies ist keine gültige Email Adresse

Name:

Jamal

Email:

meine@email   *

Nachricht:

Testnachricht

[Absenden]

Bild 15.22
RegularExpressionValidator

chen, die Prozedur auszuführen, da wir serverseitig keine Überprüfung eingebaut haben. Dafür braucht es nicht viel, es muss nur eine If-Abfrage um unseren bisher geschriebenen Code gebaut werden, die abfragt, ob die Seitenvalidierung erfolgreich war. Dies erledigt man mit der isValid-Methode des Page-Objekts. Wenn die Methode True zurückgibt, war die Validierung erfolgreich, und der Code im If-Block wird ausgeführt.

Listing 15.33 Validatorergebnis serverseitig abfragen in VB

```
Protected Sub btnSend_Click(sender As Object, e As EventArgs) Handles btnSend.Click
    ' War die Page-Validierung erfolgreich?
    If Page.IsValid Then
        ' Ein Objekt vom Typ Mailadress erstellen, das die
        ' Absender-Adresse repräsentiert
        Dim absender As New MailAddress(Me.txtEmail.Text, Me.txtName.Text)

        ' Mailadress-Objekt für den Empfaenger des Kontaktformulars
        Dim empfaenger As New MailAddress("empfaenger@lebsites.de")

        ' Ein Objekt vom Typ MailMessage, dem beim Erstellen die
        ' Absender- und Empfänger-Adresse übergeben wird
        Dim email As New MailMessage(absender, empfaenger)
        ' Den Betreff zuweisen
        email.Subject = "Kontakt über Webseite"

        ' die Nachricht
        email.Body = Me.txtNachricht.Text

        ' Die Nachricht über den Smtp.Client versenden
        Dim emailClient As New SmtpClient
        'emailClient.Send(email)

        Me.Kontaktformular.Visible = False
        Me.pnlStatus.Visible = True
    End If
End Sub
```

Listing 15.34 Validatorergebnis serverseitig abfragen in C#

```
protected void btnSend_Click(object sender, EventArgs e)
{
    // War die Page-Validierung erfolgreich?
```

```
      if (Page.IsValid) {
          // Ein Objekt vom Typ Mailadress erstellen, das die
          // Absender-Adresse repräsentiert
          MailAddress absender = new MailAddress(this.txtEmail.Text, this.txtName.Text);

          // Mailadress Objekt für den Empfaenger des Kontaktformulars
          MailAddress empfaenger = new MailAddress("empfaenger@lebsites.de");

          // Ein Objekt vom Typ MailMessage, dem beim Erstellen die
          // Absender- und Empfänger-Adresse übergeben wird
          MailMessage email = new MailMessage(absender, empfaenger);
          // Den Betreff zuweisen
          email.Subject = "Kontakt über webseite";

          // die Nachricht
          email.Body = this.txtNachricht.Text;

          // Die Nachricht über den Smtp-Client versenden
          SmtpClient emailClient = new SmtpClient();
          //emailClient.Send(email);

          this.Kontaktformular.Visible = false;
          this.pnlStatus.Visible = true;
      }
  }
```

Die Textboxen werden jetzt validiert, und falls Sie einen verfügbaren SMTP-Server haben, werden die E-Mails versendet. Sollten Sie keinen haben oder es einen Fehler mit dem Server geben, sollen die Anfragen in der Datenbank gespeichert werden. Diese Funktionalität bauen wir im nächsten Abschnitt ein.

15.5.3 In der Datenbank speichern

Um die Kontaktanfragen in der Datenbank speichern zu können, müssen wir eine neue Datenbank und die Tabelle für die Kontaktanfragen anlegen (Listing 15.35 und Listing 15.36).

 ÜBUNG: Erstellen Sie eine neue Datenbank mit dem Namen „Webseite" und darin eine Tabelle mit dem Namen „Kontaktanfragen". Die Tabelle soll folgende Spalten haben:

- Absender als nvarchar(50)
- E-Mail als nvarchar(50)
- Nachricht als nvarchar(max)
- Datum als smalldatetime mit dem aktuellen Datum als Standardwert

▪

Listing 15.35 Datenbank erstellen

```
CREATE DATABASE Webseite;
```

Listing 15.36 Tabelle erstellen

```
USE Webseite;
CREATE TABLE Kontaktanfragen(
    Absender nvarchar(50) NOT NULL,
    E-Mail nvarchar(50) NOT NULL,
    Nachricht nvarchar(max) NOT NULL,
    Datum smalldatetime NOT NULL DEFAULT getDate()
)
```

Wenn wir die Datenbank und die Tabelle erstellt haben, brauchen wir in unserem Webseitenprojekt eine Datenbankverbindung, um auf die Datenbank zugreifen zu können. Hierfür wechseln Sie in die *Web.config*-Datei und erstellen den Eintrag aus Listing 15.37 direkt unterhalb des sich öffnenden <configuration>-Tags.

Listing 15.37 Datenbank ConnectionString in der Web.config-Datei einbinden

```
<connectionStrings>
    <add name="WebseiteConnectionString" connectionString="Data  Source=COMPUTERNAME\
SQLSERVERNAME; Initial Catalog=Webseite;Integrated Security=True" providerName="System.
Data.SqlClient" />
</connectionStrings>
```

Durch diesen Eintrag speichern Sie den Verbindungsstring zu Ihrem Datenbankserver und der Webseiten-Datenbank in der *Web.config*, und können in Ihrem Projekt immer darauf zugreifen. Ansonsten müssen Sie beispielsweise in jeder Funktion diesen ConnectionString angeben, wenn Sie sich mit der Datenbank verbinden wollen.

 HINWEIS: Achten Sie darauf, dass Sie COMPUTERNAME und SQLSERVER-NAME im ConnectionString durch die Werte Ihrer Umgebung ersetzen. Den Computer- und Servernamen können Sie im SQL Server Management Studio im Objekt-Explorer in der ersten Zeile auslesen.

Innerhalb der If-Abfrage, die überprüft, ob das Formular valide ist, bauen wir nun einen Try Catch-Block ein, denn wir wollen die Anfragen nur in der Datenbank speichern, wenn es Fehler beim Senden der E-Mail gibt. Innerhalb des Catch-Blocks werden wir dann den ConnectionString aus der *Web.config* lesen, eine Datenbank-Verbindung herstellen und einen INSERT INTO-Befehl ausführen. Um Datenbank-Aktionen auszuführen, müssen wir den *Namespace System.Data.SqlClient* importieren.

Listing 15.38 Kontaktformular mit Datenbank-Anbindung in VB

```
Imports System.Net.Mail
Imports System.Data.SqlClient

Partial Class _Default
    Inherits System.Web.UI.Page

    Protected Sub btnSend_Click(sender As Object, e As EventArgs) Handles btnSend.Click
        ' War die-Page Validierung erfolgreich?
        If Page.IsValid Then
            Try
```

```
            ' Ein Objekt vom Typ Mailadress erstellen, das die
            ' Absender-Adresse repräsentiert
            Dim absender As New MailAddress(Me.txtEmail.Text, Me.txtName.Text)

            ' Mailadress Objekt für den Empfaenger des
            ' Kontaktformulars
            Dim empfaenger As New MailAddress("empfaenger@lebsites.de")

            ' Ein Objekt vom Typ MailMessage, dem beim Erstellen
            ' die Absender- und Empfänger-Adresse übergeben wird
            Dim email As New MailMessage(absender, empfaenger)
            ' Den Betreff zuweisen
            email.Subject = "Kontakt über Webseite"

            ' die Nachricht
            email.Body = Me.txtNachricht.Text

            ' Die Nachricht über den Smtp-Client versenden
            Dim emailClient As New SmtpClient
            emailClient.Send(email)

            Me.Kontaktformular.Visible = False
            Me.pnlStatus.Visible = True
        Catch ex As Exception
            ' Den ConnectionString WebseiteConnectionString aus
            'der Web.config auslesen
            Dim ConnectionString As String
            ConnectionString = ConfigurationManager.ConnectionStrings
("WebseiteConnectionString").ConnectionString
            ' Ein SQL-Verbindungsobjekt erstellen
            Dim sqlVerbindung As New sqlconnection(ConnectionString)

            ' Versuchen, die Verbindung zu öffnen
            Try
                sqlVerbindung.Open()
                ' Einen SQL-Befehl erstellen
                Dim sqlBefehl As New SqlCommand()

                ' Die Verbindung dem SQL-Befehl zuweisen, damit
                ' dieser weiß, an welche Datenbank der Befehl
                ' geht
                sqlBefehl.Connection = sqlVerbindung

                ' Den SQL-Befehl erstellen. Hierbei werden
                ' Parameter verwendet
                Dim strSql As String
                strSql = "INSERT INTO Kontaktanfragen(Absender,Email,Nachricht)
VALUES(@Absender,@Email,@Nachricht)"

                ' Den Befehl an das SQL-Objekt übergeben
                sqlBefehl.CommandText = strSql

                ' Die Parameter befüllen
                sqlBefehl.Parameters.AddWithValue("@Absender", Me.txtName.Text)
                sqlBefehl.Parameters.AddWithValue("@Email", Me.txtEmail.Text)
                sqlBefehl.Parameters.AddWithValue("@Nachricht",
Me.txtNachricht.Text)
```

```
                          ' Den SQL-Befehl ausführen, ExecuteNonQuery gibt
                          ' die Anzahl der betroffenen Zeilen zurück.
                          Dim Zeilen As Integer = sqlBefehl.ExecuteNonQuery()

                          ' Wenn eine Zeile in die Datenbank geschrieben
                          ' wurde, das Status Panel anzeigen
                          If Zeilen > 0 Then
                              Me.pnlStatus.Visible = True
                              Me.Kontaktformular.Visible = False
                          End If

                    Catch sqlEx As Exception
                          ' Hier können Sie eine Fehlermeldung ausgeben
                          ' lassen.
                    End Try

              End Try

          End If
      End Sub
End Class
```

Listing 15.39 Kontaktformular mit Datenbank-Anbindung in C#

```csharp
using System;
using System.Configuration;
using System.Collections.Generic;
using System.Linq;
using System.Web;
using System.Web.UI;
using System.Web.UI.WebControls;
using System.Net.Mail;
using System.Data;
using System.Data.SqlClient;

public partial class _Default : System.Web.UI.Page
{
    protected void Page_Load(object sender, EventArgs e)
    {

    }
    protected void btnSend_Click(object sender, EventArgs e)
    {
        // War die-Page Validierung erfolgreich?
        if (Page.IsValid) {
            try
            {
                // Ein Objekt vom Typ Mailadress erstellen, das die
                // Absender-Adresse repräsentiert
                MailAddress absender = new MailAddress(this.txtEmail.Text,
this.txtName.Text);

                // Mailadress-Objekt für den Empfaenger des
                // Kontaktformulars
                MailAddress empfaenger = new MailAddress("empfaenger@lebsites.de");

                // Ein Objekt vom Typ MailMessage, dem beim
                // Erstellen die Absender- und Empfänger-Adresse
```

```
                  // übergeben wird
                  MailMessage email = new MailMessage(absender, empfaenger);
                  // Den Betreff zuweisen
                  email.Subject = "Kontakt über webseite";

                  // die Nachricht
                  email.Body = this.txtNachricht.Text;

                  // Die Nachricht über den Smtp-Client versenden
                  SmtpClient emailClient = new SmtpClient();
                  emailClient.Send(email);

                  this.Kontaktformular.Visible = false;
                  this.pnlStatus.Visible = true;
              }
          catch (Exception ex)
          {
                  // Den ConnectionString WebseiteConnectionString aus
                  // der Web.config auslesen
                  var conString = System.Configuration.ConfigurationManager.
ConnectionStrings["WebseiteConnectionString"];
                  string ConnectionString = conString.ConnectionString;
                  // Ein SQL-Verbindungsobjekt erstellen
                  SqlConnection sqlVerbindung = new SqlConnection(ConnectionString);

                  // Versuchen, die Verbindung zu öffnen
                  try {
                      sqlVerbindung.Open();
                      // Einen SQL-Befehl erstellen
                      SqlCommand sqlBefehl = new SqlCommand();

                      // Die Verbindung dem SQL-Befehl zuweisen, damit
                      // dieser weiß, an welche Datenbank der Befehl
                      // geht
                      sqlBefehl.Connection = sqlVerbindung;

                      // Den SQL-Befehl erstellen. Hierbei werden
                      // Parameter verwendet.
                      string strSql = null;
                      strSql = "INSERT INTO Kontaktanfragen(Absender,Email,Nachricht)
VALUES(@Absender,@Email,@Nachricht)";

                      // Den Befehl an das SQL-Objekt übergeben
                      sqlBefehl.CommandText = strSql;

                      // Die Parameter befüllen
                      sqlBefehl.Parameters.AddWithValue("@Absender", this.txtName.Text);
                      sqlBefehl.Parameters.AddWithValue("@Email", this.txtEmail.Text);
                      sqlBefehl.Parameters.AddWithValue("@Nachricht",
this.txtNachricht.Text);

                      // Den SQL-Befehl ausführen, ExecuteNonQuery
                      // gibt die Anzahl der betroffenen Zeilen
                      // zurück.
                      int Zeilen = sqlBefehl.ExecuteNonQuery();

                      // Wenn eine Zeile in die Datenbank geschrieben
                      // wurde, das Status Panel anzeigen
```

```
                    if (Zeilen > 0) {
                        this.pnlStatus.Visible = true;
                        this.Kontaktformular.Visible = false;
                    }

                } catch (Exception sqlEx) {
                    // Hier können Sie eine Fehlermeldung ausgeben
                    // lassen.
                }
            }

        }
    }

}
```

In der Zeile, die wir für den Fall auskommentiert haben, dass Sie keinen Zugriff auf einen SMTP-Server haben, werden die Kommentare wieder entfernt, damit es in diesem Fall beim Senden einen Fehler auslöst und somit die Datenbankaktion gestartet wird.

Die Erklärungen zu den einzelnen Aktionen können Sie jeweils im Code-Kommentar nachlesen. Was hierbei neu sein dürfte, sind die `SqlCommand`-Objekte. Mit diesen Objekten interagiert man mit einer Datenbank und kann Daten verändern, speichern, auslesen und löschen. Hierbei werden dem Objekt eine Datenverbindung und ein SQL Befehl übergeben. Wenn die SQL-Abfrage dynamisch ist, also im Code „zusammengebaut" wird, vor allem mit Benutzereingaben, sollten Sie darauf achten, dass Sie diese Benutzereingaben über Parameter hinzufügen. Diese Parameter schreiben Sie mit einem @-Zeichen und einem Namen und befüllen sie dann mit der Benutzereingabe. Dies ist eine Maßnahme, um SQL-Injection zu vermeiden.

 SQL-Injection bezeichnet das Ausnutzen von Lücken in der Programmierung, bei der durch Nutzereingaben SQL-Abfragen erzeugt werden, die vom Programmierer nicht erwünscht waren. Im vorangegangenen Beispiel könnte man statt der Parametrisierung auch die Textbox-Inhalte direkt in die Abfrage schreiben. Das würde verkürzt so aussehen: INSERT INTO Kontaktanfragen(Absender) VALUES '" & Me.txtName.Text & "') . Dadurch könnte man mit einem Text in der Textbox wie Injection'); DELETE FROM Kontaktabfragen WHERE 1=1; möglicherweise die gesamten Datensätze der Tabelle löschen. Die Parametrisierung verhindert dies, indem Eingaben als komplette Werte gesehen werden inklusive eventuell eingegebener Steuerungszeichen. Mehr über dieses Thema finden Sie unter *http://msdn.microsoft.com/de-de/library/ms161953%28v=sql.105%29.aspx.*

Nach dem Absenden des Kontaktformulars sieht die Tabelle bei mir wie in Bild 15.23 dargestellt aus.

Absender	Email	Nachricht	Datum
Jamal	jb@lebsites.de	test	2013-07-15 20:08:00
NULL	*NULL*	*NULL*	*NULL*

Bild 15.23
Datenbank-Eintrag aus dem
Kontaktformular

Das .NET Framework hat standardmäßig einen Mechanismus aktiviert, um die Gefahr durch Nutzereingaben zu reduzieren, allerdings lassen sich dadurch beispielsweise keine Texte mehr durch den Nutzer abschicken, die < >-Zeichen beinhalten, da man damit unter anderem JavaScript-Tags erzeugen könnte. Wenn Sie jetzt versuchen, in das bisherige Formular einen Text mit HTML-Tags zu schreiben, und das Formular absenden, werden Sie eine Fehlermeldung erhalten. Um dies zu verhindern, müssen Sie in der Page Direktiven ein Attribut `ValidateRequest` hinzufügen und dieses auf `false` setzen.

Listing 15.40 ValidateRequest anpassen mit VB.NET

```
<%@ Page ValidateRequest="false" Title="" Language="VB" MasterPageFile="~/MasterPage.
master" AutoEventWireup="false" CodeFile="Default.aspx.vb" Inherits="_Default" %>
```

Listing 15.41 ValidateRequest anpassen mit C#

```
<%@ Page ValidateRequest="false" Title="" Language="C#" MasterPageFile="~/MasterPage.
master" AutoEventWireup="true" CodeFile="Default.aspx.cs" Inherits="_Default" %>
```

Dadurch ermöglichen Sie nun das Eintragen sämtlicher Zeichen. Sie müssen auch dafür sorgen, dass eben diese Zeichen HTML-encodiert werden. Im Falle des Kontaktformulars ist das nicht sonderlich wichtig, da die eingetragenen Daten nicht im Browser angezeigt werden. Wir werden es aber trotzdem tun, weil es sich so gehört. Der angepasste Code sieht wie in Listing 15.42 und Listing 15.43 aus.

Listing 15.42 Formular mit Encodierung in VB.NET

```
Protected Sub btnSend_Click(sender As Object, e As EventArgs) Handles btnSend.Click
    ' War die Page Validierung erfolgreich?
    If Page.IsValid Then
        Try
            ' Ein Objekt vom Typ Mailadress erstellen, das die
            ' Absender-Adresse repräsentiert
            Dim absender As New MailAddress(Me.txtEmail.Text, Me.txtName.Text)

            ' Mailadress-Objekt für den Empfaenger des
            ' Kontaktformulars
            Dim empfaenger As New MailAddress("empfaenger@lebsites.de")

            ' Ein Objekt vom Typ MailMessage, dem beim Erstellen die
            ' Absender- und Empfänger-Adresse übergeben wird
            Dim email As New MailMessage(absender, empfaenger)
            ' Den Betreff zuweisen
            email.Subject = "Kontakt über Webseite"

            ' die Nachricht
            email.Body = Me.txtNachricht.Text

            ' Die Nachricht über den Smtp-Client versenden
```

```vb
            Dim emailClient As New SmtpClient
            emailClient.Send(email)

            Me.Kontaktformular.Visible = False
            Me.pnlStatus.Visible = True
        Catch ex As Exception
            ' Den ConnectionString WebseiteConnectionString aus der
            ' Web.config auslesen
            Dim ConnectionString As String
            ConnectionString = ConfigurationManager.ConnectionStrings
("WebseiteConnectionString").ConnectionString
            ' Ein SQL-Verbindungsobjekt erstellen
            Dim sqlVerbindung As New SqlConnection(ConnectionString)

            ' Versuchen, die Verbindung zu öffnen
            Try
                sqlVerbindung.Open()
                ' Einen SQL-Befehl erstellen
                Dim sqlBefehl As New SqlCommand()

                ' Die Verbindung dem SQL-Befehl zuweisen, damit
                ' dieser weiß, an welche Datenbank der Befehl geht
                sqlBefehl.Connection = sqlVerbindung

                ' Den SQL-Befehl erstellen. Hierbei werden Parameter
                ' verwendet
                Dim strSql As String
                strSql = "INSERT INTO Kontaktanfragen(Absender,Email,Nachricht)" _
                    & " VALUES(@Absender,@Email,@Nachricht)"

                ' Den Befehl an das SQL-Objekt übergeben
                sqlBefehl.CommandText = strSql

                ' Die Parameter befüllen
                ' und den Namen und die Nachricht HTML-encodieren
                sqlBefehl.Parameters.AddWithValue("@Absender", Server.HtmlEncode
(Me.txtName.Text))
                sqlBefehl.Parameters.AddWithValue("@Email", Me.txtEmail.Text)
                sqlBefehl.Parameters.AddWithValue("@Nachricht", Server.HtmlEncode
(Me.txtNachricht.Text))

                ' Den SQL-Befehl ausführen, ExecuteNonQuery gibt die
                ' Anzahl der betroffenen Zeilen zurück.
                Dim Zeilen As Integer = sqlBefehl.ExecuteNonQuery()

                ' Wenn eine Zeile in die Datenbank geschrieben
                ' wurde, das Status Panel anzeigen
                If Zeilen > 0 Then
                    Me.pnlStatus.Visible = True
                    Me.Kontaktformular.Visible = False
                End If

            Catch sqlEx As Exception
                ' Hier können Sie eine Fehlermeldung ausgeben lassen
            End Try

        End Try
```

```
      End If
End Sub
```

Listing 15.43 Formular mit Encodierung in C#

```
protected void btnSend_Click(object sender, EventArgs e)
{
    // War die Page-Validierung erfolgreich?
    if (Page.IsValid) {
        try
        {
            // Ein Objekt vom Typ Mailaddress erstellen, das die
            // Absender-Adresse repräsentiert
            MailAddress absender = new MailAddress(this.txtEmail.Text, this.txtName.
Text);

            // Mailadress-Objekt für den Empfaenger des Kontaktformulars
            MailAddress empfaenger = new MailAddress("empfaenger@lebsites.de");

            // Ein Objekt vom Typ MailMessage, dem beim Erstellen
            // die Absender- und Empfänger-Adresse übergeben wird
            MailMessage email = new MailMessage(absender, empfaenger);
            // Den Betreff zuweisen
            email.Subject = "Kontakt über webseite";

            // die Nachricht
            email.Body = this.txtNachricht.Text;

            // Die Nachricht über den Smtp-Client versenden
            SmtpClient emailClient = new SmtpClient();
            emailClient.Send(email);

            this.Kontaktformular.Visible = false;
            this.pnlStatus.Visible = true;
        }
        catch (Exception ex)
        {
            // Den ConnectionString WebseiteConnectionString aus der
            // Web.config auslesen
            var conString = System.Configuration.ConfigurationManager.ConnectionStrings
["WebseiteConnectionString"];
            string ConnectionString = conString.ConnectionString;
            // Ein SQL-Verbindungsobjekt erstellen
            SqlConnection sqlVerbindung = new SqlConnection(ConnectionString);

            // Versuchen, die Verbindung zu öffnen
            try {
                sqlVerbindung.Open();
                // Einen SQL-Befehl erstellen
                SqlCommand sqlBefehl = new SqlCommand();

                // Die Verbindung dem SQL-Befehl zuweisen, damit
                // dieser weiß, an welche Datenbank der Befehl geht
                sqlBefehl.Connection = sqlVerbindung;

                // Den SQL-Befehl erstellen. Hierbei werden
                // Parameter verwendet
                string strSql = null;
```

```
                strSql = "INSERT INTO Kontaktanfragen(Absender,Email,Nachricht)" +
    " VALUES(@Absender,@Email,@Nachricht)";

                // Den Befehl an das SQL-Objekt übergeben
                sqlBefehl.CommandText = strSql;

                // Die Parameter befüllen
                // und den Namen und die Nachricht HTML-encodieren
                sqlBefehl.Parameters.AddWithValue("@Absender", Server.HtmlEncode
    (this.txtName.Text));
                sqlBefehl.Parameters.AddWithValue("@Email", this.txtEmail.Text);
                sqlBefehl.Parameters.AddWithValue("@Nachricht", Server.HtmlEncode
    (this.txtNachricht.Text));

                // Den SQL-Befehl ausführen, ExecuteNonQuery gibt die Anzahl der
                // betroffenen Zeilen zurück.
                int Zeilen = sqlBefehl.ExecuteNonQuery();

                // Wenn eine Zeile in die Datenbank geschrieben
                // wurde, das Status Panel anzeigen
                if (Zeilen > 0) {
                    this.pnlStatus.Visible = true;
                    this.Kontaktformular.Visible = false;
                }

            } catch (Exception sqlEx) {
                // Hier können Sie eine Fehlermeldung ausgeben
                // lassen.
            }
        }

    }
}
```

Die Encodierung der Werte erfolgt über die Funktion `Server.HtmlEncode()`. Die Werte habe ich im E-Mail-Bereich nicht encodiert, da die E-Mail dann im Falle von encodierten Zeichen unschön aussieht, da wir keine HTML-E-Mail verschicken. Im Bereich für die Datenbank habe ich die Textbox mit der E-Mail-Adresse nicht encodiert, da der Validator schon dafür sorgt, dass dort keine zu encodierenden Zeichen vorhanden sind. Wenn Sie nun eine Kontaktanfrage stellen, die in der Datenbank gespeichert wird, und beispielsweise `<p>Encodierung Test</p>` als Nachricht eintragen, wird dieser encodiert in der Datenbank abgespeichert. Das sieht dann wie in Bild 15.24 aus.

Absen...	Email	Nachricht
Jamal	jb@lebsites.de	test
Jamal	test@lebsite...	<p>Encodierung Test</p>
NULL	*NULL*	*NULL*

Bild 15.24
Encodierter Text

Wie Sie sehen, wurde aus < < und aus > > dadurch ist es unmöglich, Tags in die Datenbank einzuschleusen, um z. B. JavaScript auszuführen. Für den Fall, dass Sie encodierten Text wieder im Browser anzeigen möchten, müssen Sie bei der Ausgabe das Gegenstück von `Server.HtmlEncode()` ausführen, und zwar die Funktion `Server.HtmlDecode()`.

15.6 Dynamische Seiten

In diesem Abschnitt werden wir ein Gästebuch für Ihre Seite programmieren, in dem Benutzer ihre Daten genau wie im Kontaktformular eintragen können und dann anhand einer ListView die Einträge angezeigt werden.

ÜBUNG:

- Fügen Sie eine neue Seite mit dem Namen „Gaestebuch.aspx" hinzu.
- Ändern Sie die Überschrift der Seite in „Gästebuch".
- Fügen Sie einen Text ein, der den Benutzer auffordert, sich im Gästebuch zu verewigen.
- Fügen Sie das gleiche Formular wie auf der Startseite ein.
- Im Gästebuch soll die E-Mail-Adresse kein Pflichtfeld sein.
- Ändern Sie den Namen des Panel Kontaktformular in Gaestebuch.
- Der Text von btnSend soll in „Speichern" geändert werden.
- Im Code-behind soll beim Klick auf den Button nur ein Eintrag in die Datenbank erfolgen. Es findet kein E-Mail-Versand statt.
- Der Text in pnlStatus soll „Vielen Dank für Ihren Eintrag!" lauten.
- Fügen Sie die neue Seite in das Menü ein.
- Erstellen Sie eine Tabelle Gaestebuch, die den gleichen Aufbau wie die Tabelle Kontaktanfragen hat. Zusätzlich soll noch eine Spalte Id vom Typ *int* eingefügt werden, die Ihren Wert automatisch bei jedem neuen Eintrag um 1 erhöht. ∎

Listing 15.44 Gaestebuch-Tabelle erstellen

```
USE Webseite;
CREATE TABLE Gaestebuch(
    Id int IDENTITY(1,1) NOT NULL,
    Absender nvarchar(50) NOT NULL,
    Email nvarchar(50) NOT NULL,
    Nachricht nvarchar(max) NOT NULL,
    Datum smalldatetime NOT NULL DEFAULT getDate()
)
```

Listing 15.45 Gästebuch-Formular

```
<h1>Gästebuch</h1>
<p>Bitte tragen Sie sich in das Gästebuch ein.</p>

<asp:Panel ID="Gaestebuch" runat="server">
    <asp:ValidationSummary ID="ValidationSummary1" runat="server"
        CssClass="validator" />
    <div>
        <asp:Label ID="lblName" runat="server" Text="Name:"
```

```
            AssociatedControlID="txtName">
        </asp:Label>
        <asp:TextBox ID="txtName" runat="server"
            CssClass="kontakt-text"></asp:TextBox>
        <asp:RequiredFieldValidator ID="rfvName" runat="server"
            ErrorMessage="Name ist ein Pflichtfeld"
            CssClass="validator" ControlToValidate="txtName"
            Text="*">
        </asp:RequiredFieldValidator>
    </div>
    <div>
        <asp:Label ID="lblEmail" runat="server" Text="Email:"
            AssociatedControlID="txtEmail"></asp:Label>
        <asp:TextBox ID="txtEmail" runat="server"
            CssClass="kontakt-text"></asp:TextBox>
        <asp:RegularExpressionValidator ID="revEmail" runat="server"
            ErrorMessage="Dies ist keine gültige Email Adresse"
            CssClass="validator"
            ValidationExpression="\w+([-+.']\w+)*@\w+([-.]\w+)*\.\w+([-.]\w+)*"
             ControlToValidate="txtEmail" Text="*"
             Display="Dynamic">
        </asp:RegularExpressionValidator>
    </div>
    <div>
        <asp:Label ID="lblNachricht" runat="server"
            Text="Nachricht:" AssociatedControlID="txtNachricht">
        </asp:Label>
        <asp:TextBox ID="txtNachricht" runat="server"
            CssClass="kontakt-text" TextMode="MultiLine">
        </asp:TextBox>
        <asp:RequiredFieldValidator ID="rfvNachricht" runat="server"
            ErrorMessage="Bitte eine Nachricht eintragen"
            CssClass="validator" ControlToValidate="txtNachricht"
            Text="*">
        </asp:RequiredFieldValidator>
    </div>
    <div>
        <asp:Button ID="btnSend" runat="server" Text="Speichern"
                CssClass="kontakt-button"/>
    </div>
</asp:Panel>
<asp:Panel ID="pnlStatus" runat="server" Visible="False">
    <p>Vielen Dank für Ihren Eintrag!</p>
</asp:Panel>
```

Im Markup vom C#-Projekt müssen Sie dem btnSend-Button noch das Attribut OnClick="btnSend_Click" vergeben. In der Page Direktiven müssen Sie auch das Attribut ValidateRequest="false" einfügen.

Listing 15.46 Code-behind in VB

```
Imports System.Net.Mail
Imports System.Data.SqlClient

Partial Class _Gaestebuch
    Inherits System.Web.UI.Page
```

```vb
    Protected Sub btnSend_Click(sender As Object, e As EventArgs) Handles btnSend.Click
        ' War die Page-Validierung erfolgreich?
        If Page.IsValid Then
            ' Den ConnectionString WebseiteConnectionString aus der
            ' Web.config auslesen
            Dim ConnectionString As String
            ConnectionString = ConfigurationManager.ConnectionStrings("Webseite
ConnectionString").ConnectionString
            ' Ein SQL-Verbindungsobjekt erstellen
            Dim sqlVerbindung As New SqlConnection(ConnectionString)

            ' Versuchen, die Verbindung zu öffnen
            Try
                sqlVerbindung.Open()
                ' Einen SQL-Befehl erstellen
                Dim sqlBefehl As New SqlCommand()

                ' Die Verbindung dem SQL-Befehl zuweisen, damit
                ' dieser weiß, an welche Datenbank der Befehl geht
                sqlBefehl.Connection = sqlVerbindung

                ' Den SQL-Befehl erstellen. Hierbei werden Parameter
                ' verwendet.
                Dim strSql As String
                strSql = "INSERT INTO Gaestebuch(Absender,Email,Nachricht)" _
                    & " VALUES(@Absender,@Email,@Nachricht)"

                ' Den Befehl an das SQL-Objekt übergeben
                sqlBefehl.CommandText = strSql

                ' Die Parameter befüllen
                sqlBefehl.Parameters.AddWithValue("@Absender", Server.HtmlEncode
(Me.txtName.Text))
                sqlBefehl.Parameters.AddWithValue("@Email", Me.txtEmail.Text)
                sqlBefehl.Parameters.AddWithValue("@Nachricht", Server.HtmlEncode
(Me.txtNachricht.Text))

                ' Den SQL-Befehl ausführen, ExecuteNonQuery gibt die Anzahl der
                ' betroffenen Zeilen zurück.
                Dim Zeilen As Integer = sqlBefehl.ExecuteNonQuery()

                ' Wenn eine Zeile in die Datenbank geschrieben
                ' wurde, das Status Panel anzeigen.
                If Zeilen > 0 Then
                    Me.pnlStatus.Visible = True
                    Me.Gaestebuch.Visible = False
                End If

            Catch sqlEx As Exception
                ' Hier können Sie eine Fehlermeldung ausgeben
                ' lassen.
            End Try

        End If
    End Sub
End Class
```

Listing 15.47 Code-behind in C#

```csharp
using System;
using System.Configuration;
using System.Collections.Generic;
using System.Linq;
using System.Web;
using System.Web.UI;
using System.Web.UI.WebControls;
using System.Net.Mail;
using System.Data;
using System.Data.SqlClient;



public partial class _Gaestebuch : System.Web.UI.Page
{
    protected void Page_Load(object sender, EventArgs e)
    {

    }
    protected void btnSend_Click(object sender, EventArgs e)
    {
        // War die Page-Validierung erfolgreich?
        if (Page.IsValid) {
            // Den ConnectionString WebseiteConnectionString aus der
            // Web.config auslesen
            var conString = System.Configuration.ConfigurationManager.ConnectionStrings
["WebseiteConnectionString"];
            string ConnectionString = conString.ConnectionString;
            // Ein SQL-Verbindungsobjekt erstellen
            SqlConnection sqlVerbindung = new SqlConnection(ConnectionString);

            // Versuchen, die Verbindung zu öffnen
            try {
                sqlVerbindung.Open();
                // Einen SQL-Befehl erstellen
                SqlCommand sqlBefehl = new SqlCommand();

                // Die Verbindung dem SQL-Befehl zuweisen- damit
                // dieser weiß,
                // an welche Datenbank der Befehl geht
                sqlBefehl.Connection = sqlVerbindung;

                // Den SQL-Befehl erstellen. Hierbei werden
                // Parameter verwendet.
                string strSql = null;
                strSql = "INSERT INTO Gaestebuch(Absender,Email,Nachricht)" +
" VALUES(@Absender,@Email,@Nachricht)";

                // Den Befehl an das SQL-Objekt übergeben
                sqlBefehl.CommandText = strSql;

                // Die Parameter befüllen
                sqlBefehl.Parameters.AddWithValue("@Absender", Server.HtmlEncode
(this.txtName.Text));
                sqlBefehl.Parameters.AddWithValue("@Email", this.txtEmail.Text);
                sqlBefehl.Parameters.AddWithValue("@Nachricht", Server.HtmlEncode
(this.txtNachricht.Text));
```

```
                // Den SQL-Befehl ausführen, ExecuteNonQuery gibt
                // die Anzahl der
                // betroffenen Zeilen zurück.
                int Zeilen = sqlBefehl.ExecuteNonQuery();

                // Wenn eine Zeile in die Datenbank geschrieben
                // wurde, das Status Panel anzeigen.
                if (Zeilen > 0) {
                    this.pnlStatus.Visible = true;
                    this.Gaestebuch.Visible = false;
                }

            } catch (Exception sqlEx) {
                // Hier können Sie eine Fehlermeldung ausgeben
                // lassen.
            }
        }
    }
}
```

Listing 15.48 Masterseite Menü-Item-Bereich

```
<Items>
    <asp:MenuItem NavigateUrl="~/Default.aspx" Text="Home"
        Value="Home"></asp:MenuItem>
    <asp:MenuItem NavigateUrl="~/Lebenslauf.aspx" Text="Lebenslauf"
        Value="Lebenslauf"></asp:MenuItem>
    <asp:MenuItem NavigateUrl="~/Gaestebuch.aspx" Text="Gästebuch"
        Value="Gästebuch"></asp:MenuItem>
    <asp:MenuItem NavigateUrl="~/Impressum.aspx" Text="Impressum"
        Value="Impressum"></asp:MenuItem>
</Items>
```

Wenn Sie die Seite angelegt haben und diese im Browser starten, sollte sie in etwa wie in Bild 15.25 aussehen.

Bild 15.25
Gästebuch

Da wir den `RequiredFieldValidator` der E-Mail-Textbox entfernt haben, können wir das Formular auch abschicken, wenn keine E-Mail-Adresse eingetragen wird. Die Validierung eines leeren Formulars wirft auch keinen Fehler mehr aus, dass die E-Mail-Adresse angegeben werden muss. Sollte die TextBox aber einen Inhalt haben, der nicht dem Format der *Regular Expression* entspricht, sehen wir eine entsprechende Fehlermeldung (Bild 15.26).

Bild 15.26
Ungültige E-Mail-Adresse im Gästebuch-Formular

Im nächsten Schritt werden wir die Gästebucheinträge unterhalb des Formulars anzeigen.

15.6.1 Daten aus der Datenbank anzeigen

Bisher haben wir nur Daten in der Datenbank gespeichert. In diesem Abschnitt wollen wir auch wieder Daten aus der Datenbank laden und anzeigen. Wir werden dafür unterhalb des Gästebuchformulars eine ListView einbauen und diese stylen. Zusätzlich wird noch ein DataPager eingefügt, der es ermöglicht, durch die Einträge des Gästebuchs zu blättern.

Als Erstes erstellen wir ein neues Panel unterhalb des `pnlStatus`-Panels. Dieses nennen wir `pnlEintraege`. Danach ziehen wir ein ListView-Element aus dem *Daten*-Reiter des Werkzeugkastens in dieses neue Panel (Bild 15.27).

Wenn Sie es platziert haben, klicken Sie rechts oben im *ListView Control* auf den kleinen Button mit dem Pfeil. Es erscheint ein Auswahlfeld *ListView Aufgaben*, in dem Sie eine Datenquelle auswählen können. Wählen Sie in diesem Auswahlfeld *<Neue Datenquelle...>* aus (Bild 15.28).

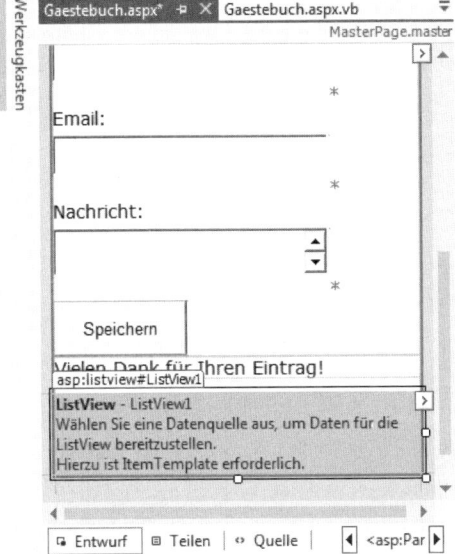

Bild 15.27
Neues ListView Control

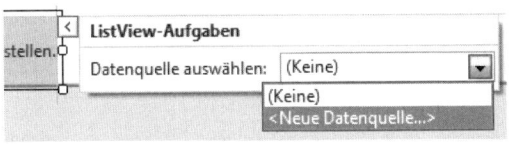

Bild 15.28
Datenquelle auswählen

Dadurch öffnet sich ein *Assistent zum Konfigurieren von Datenquellen*. Wählen Sie hier *Datenbank* aus und geben Sie als ID für Datenquelle *sqlDataSourceGaestebuch*. Danach klicken Sie auf den OK-Button (Bild 15.29).

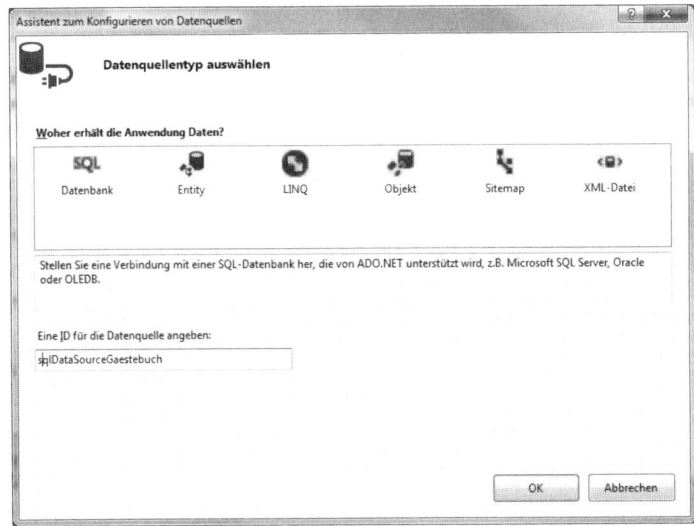

Bild 15.29
Assistent zum
Konfigurieren von
Datenquellen

Jetzt müssen Sie eine Datenverbindung für die Verbindung mit der Datenbank auswählen. Da wir bereits einen ConnectionString in der *Web.config*-Datei gespeichert haben, können wir diesen wieder verwenden. Wählen Sie dafür in der Auswahlliste den *Webseite ConnectionString* aus und klicken Sie auf den WEITER-Button (Bild 15.30).

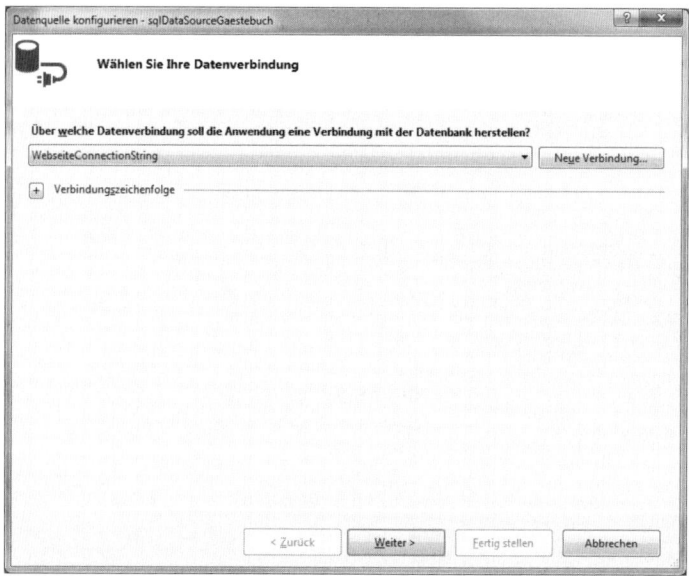

Bild 15.30
ConnectionString
auswählen

Jetzt müssen wir noch angeben, welche Daten wir aus der Datenbank wollen. Da wir die Gästebuch-Einträge der Seitenbesucher anzeigen wollen, wählen wir *Spalten von einer Tabelle oder Ansicht angeben* aus und im darunter stehenden Dropdown die Tabelle *Gaestebuch*. In der Liste darunter wählen wir alle Spalten aus, außer der Spalte „E-Mail", da wir nicht wollen, dass andere Benutzer die E-Mail-Adressen unserer Gäste sehen. Während Sie die verschiedenen Spalten aus- und abwählen, können Sie im Feld *SELECT-Anweisung* beobachten, wie die jeweilige Select-Anweisung für Ihre derzeitige Auswahl aussehen würde. Für unsere ListView sollten darin jetzt SELECT [Id], [Absender], [Nachricht], [Datum] FROM [Gaestebuch] stehen. Bestätigen Sie die Anweisung mit einem Klick auf den WEITER-Button (Bild 15.31).

Im nächsten Schritt des Assistenten können Sie die Abfrage testen. Klicken Sie auf den Button TESTABFRAGE unten rechts. Dadurch müssten Ihre Gästebucheinträge erscheinen. Wenn alles passt, klicken Sie auf FERTIG STELLEN, falls nicht, klicken Sie auf ZURÜCK und passen Sie die Abfrage an. Nach dem Klick auf FERTIG STELLEN schließt sich der Assistent. Jetzt haben wir eine Datenquelle für unser ListView *Control*. Zurück in der Entwurfsansicht wurde eine *SqlDataSource* zum Markup hinzugefügt, diese braucht Sie dort nicht zu stören, da sie im Browser nicht angezeigt wird. Klicken Sie jetzt wieder auf den kleinen Button mit dem Pfeil der ListView und wählen Sie *ListView Konfigurieren ...* aus. Es öffnet sich ein Formular, mit dem Sie das Layout der ListView anpassen können. Wählen Sie in der Liste *Layout auswählen* das *Fluss*-Layout aus und setzen Sie unten den Haken bei *Paging aktivieren*, um das Blättern durch mehrere Seiten zu ermöglichen. Klicken Sie dann auf den OK-Button (Bild 15.32).

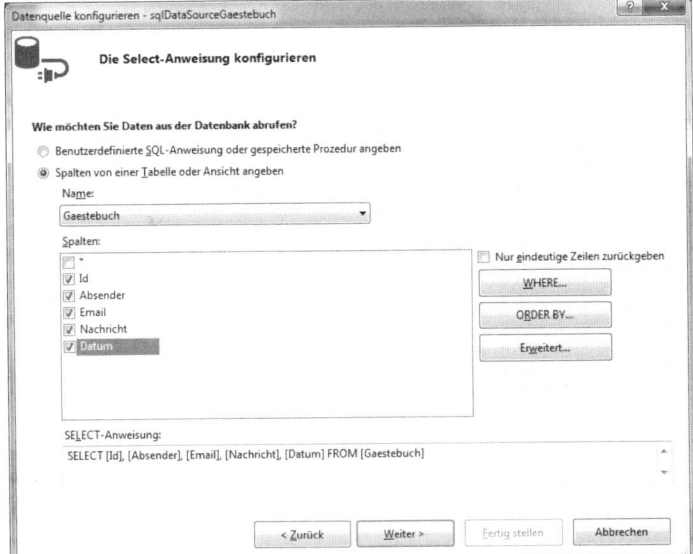

Bild 15.31
Die Select-Anweisung
konfigurieren

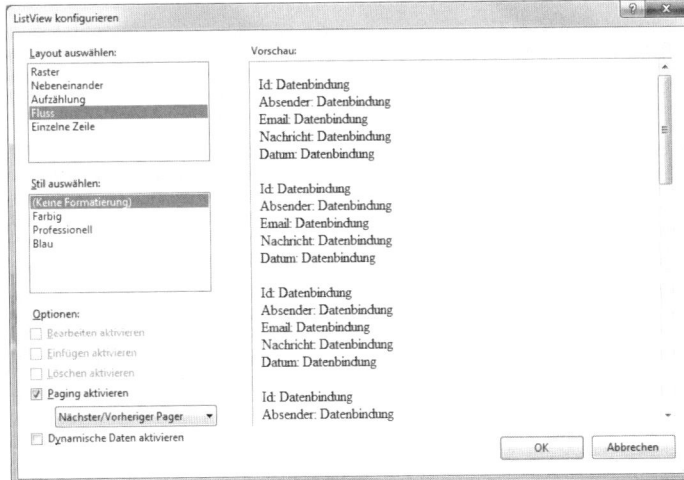

Bild 15.32
ListView konfigurieren

Jetzt sollten Sie auch eine Vorschau der ListView in der Entwurfsansicht sehen. Starten Sie nun das Projekt und schauen Sie nach, ob Sie schon die Gästebucheinträge angezeigt bekommen (Bild 15.33).

Jetzt haben wir eine Gästebuch-Ansicht, ohne selbst eine Zeile Code geschrieben zu haben. Praktisch, oder? Allerdings sieht das Gästebuch etwas mager aus. Das werden wir im nächsten Schritt anpassen.

Zuerst schauen wir uns aber den neuen generierten Code für die ListView an, denn dieser ist in seiner Standardausführung nicht gerade kurz (Listing 15.49).

Home Lebenslauf Gästebuch Impressum

Gästebuch

Bitte tragen Sie sich in das Gästebuch ein.

Name:

Email:

Nachricht:

Speichern

Id: 1
Absender: Jamal
Nachricht: Super Seite!
Datum: 19.07.2013 19:05:00

Id: 2
Absender: Jamal
Nachricht: Design ist nicht so toll!
Datum: 19.07.2013 19:05:00

Id: 3
Absender: Olaf Siegfried
Nachricht: Diese Seite ist ja der Wahnsinn...
Datum: 19.07.2013 19:15:00

Erste Zurück Weiter Letzte

2013

Bild 15.33
ListView auf der Gästebuch-Seite

Listing 15.49 Generierter ListView-Code

```
<asp:ListView ID="ListView1" runat="server" DataSourceID="sqlDataSourceGaestebuch">
    <AlternatingItemTemplate>
        <span style="">Id:
            <asp:Label ID="IdLabel" runat="server"
                Text='<%# Eval("Id") %>' />
            <br />
            Absender:
            <asp:Label ID="AbsenderLabel" runat="server"
                Text='<%# Eval("Absender") %>' />
            <br />
            Nachricht:
            <asp:Label ID="NachrichtLabel" runat="server"
                Text='<%# Eval("Nachricht") %>' />
            <br />
            Datum:
            <asp:Label ID="DatumLabel" runat="server"
                Text='<%# Eval("Datum") %>' />
            <br />
            <br />
        </span>
    </AlternatingItemTemplate>
    <EditItemTemplate>
        <span style="">Id:
            <asp:Label ID="IdLabel1" runat="server"
                Text='<%# Eval("Id") %>' />
            <br />
            Absender:
            <asp:TextBox ID="AbsenderTextBox" runat="server"
                Text='<%# Bind("Absender") %>' />
            <br />
```

```
      Nachricht:
      <asp:TextBox ID="NachrichtTextBox" runat="server"
          Text='<%# Bind("Nachricht") %>' />
      <br />
      Datum:
      <asp:TextBox ID="DatumTextBox" runat="server"
          Text='<%# Bind("Datum") %>' />
      <br />
      <asp:Button ID="UpdateButton" runat="server"
          CommandName="Update" Text="Aktualisieren" />
      <asp:Button ID="CancelButton" runat="server"
          CommandName="Cancel" Text="Abbrechen" />
      <br />
      <br />
    </span>
</EditItemTemplate>
<EmptyDataTemplate>
    <span>Es wurden keine Daten zurückgegeben.</span>
</EmptyDataTemplate>
<InsertItemTemplate>
    <span style="">Absender:
      <asp:TextBox ID="AbsenderTextBox" runat="server"
          Text='<%# Bind("Absender") %>' />
      <br />
      Nachricht:
      <asp:TextBox ID="NachrichtTextBox" runat="server"
          Text='<%# Bind("Nachricht") %>' />
      <br />
      Datum:
      <asp:TextBox ID="DatumTextBox" runat="server"
          Text='<%# Bind("Datum") %>' />
      <br />
      <asp:Button ID="InsertButton" runat="server"
          CommandName="Insert" Text="Einfügen" />
      <asp:Button ID="CancelButton" runat="server"
          CommandName="Cancel" Text="Löschen" />
      <br />
      <br />
    </span>
</InsertItemTemplate>
<ItemTemplate>
    <span style="">Id:
      <asp:Label ID="IdLabel" runat="server"
          Text='<%# Eval("Id") %>' />
      <br />
      Absender:
      <asp:Label ID="AbsenderLabel" runat="server"
          Text='<%# Eval("Absender") %>' />
      <br />
      Nachricht:
      <asp:Label ID="NachrichtLabel" runat="server"
          Text='<%# Eval("Nachricht") %>' />
      <br />
      Datum:
      <asp:Label ID="DatumLabel" runat="server"
          Text='<%# Eval("Datum") %>' />
      <br />
      <br />
```

```
                    </span>
                </ItemTemplate>
                <LayoutTemplate>
                    <div id="itemPlaceholderContainer" runat="server" style="">
                        <span runat="server" id="itemPlaceholder" />
                    </div>
                    <div style="">
                        <asp:DataPager ID="DataPager1" runat="server">
                            <Fields>
                                <asp:NextPreviousPagerField ButtonType="Button"
                                    ShowFirstPageButton="True"
                                    ShowLastPageButton="True" />
                            </Fields>
                        </asp:DataPager>
                    </div>
                </LayoutTemplate>
                <SelectedItemTemplate>
                    <span style="">Id:
                        <asp:Label ID="IdLabel" runat="server"
                            Text='<%# Eval("Id") %>' />
                        <br />
                        Absender:
                        <asp:Label ID="AbsenderLabel" runat="server"
                            Text='<%# Eval("Absender") %>' />
                        <br />
                        Nachricht:
                        <asp:Label ID="NachrichtLabel" runat="server"
                            Text='<%# Eval("Nachricht") %>' />
                        <br />
                        Datum:
                        <asp:Label ID="DatumLabel" runat="server"
                            Text='<%# Eval("Datum") %>' />
                        <br />
                        <br />
                    </span>
                </SelectedItemTemplate>
            </asp:ListView>
            <asp:SqlDataSource ID="sqlDataSourceGaestebuch" runat="server" ConnectionString="<%$
            ConnectionStrings:WebseiteConnectionString %>" SelectCommand="SELECT [Id], [Absender],
            [Nachricht], [Datum] FROM [Gaestebuch]"></asp:SqlDataSource>
```

Das sieht auf den ersten Blick viel und kompliziert aus, ist es aber nicht. Eine ListView zeigt Datensätze aus der Datenquelle an, die im Attribut `DataSourceID` angegeben wird. Um diese Anzeige zu generieren, verwendet das ListView Control sogenannte *Templates*, also Vorlagen. Der Aufbau dieser Vorlagen wird im Markup der ListView angegeben. Dabei wird einfacher HTML-Quelltext geschrieben, um den Aufbau eines einzelnen Datensatzes zu generieren. Die Werte aus der Datenbank werden mit `Eval()`-Inline-Befehlen ausgegeben. Beispielsweise zeigt `<asp:Label ID="AbsenderLabel" runat="server" Text='<%# Eval("Absender") %>' />` den Absendernamen eines Datensatzes in einem Label an.

- `LayoutTemplate`: Dies ist das Template für die gesamte ListView. Was Sie hier eintragen, wird einmalig ausgegeben. Das Element mit der ID `itemPlaceholder` wird durch die einzelnen Datensätze beim Laden der Seite ersetzt. In unserem Beispiel wurde noch unterhalb der Datensätze ein `DataPager`-Element eingefügt, dass die Blätterfunktion bereitstellt.

- `ItemTemplate`: Das ist die Vorlage für die einzelnen Datensätze. So wie Sie diese Vorlage aufbauen, werden die Datensätze nacheinander ausgegeben. Wenn Sie `Alternating ItemTemplate` auch verwenden, wird jedes zweite `ItemTemplate` von diesem überschieben.

- `AlternatingItemTemplate`: Diese Vorlage entspricht der `ItemTemplate`-Vorlage, nur dass diese nur für jeden zweiten Datensatz verwendet wird.

- `EmptyDataTemplate`: Falls die Datenquelle leer ist und keine Datensätze zur Anzeige zur Verfügung stehen, wird diese Vorlage angezeigt.

- Da die ListView auch die Möglichkeit bietet, Datensätze auszuwählen, zu bearbeiten und einzutragen, gibt es hierfür spezielle Templates, in die Textboxen, Buttons usw. platziert werden.

- `InsertItemTemplate`: Dies ist die Vorlage zum Hinzufügen von Datensätzen über die ListView.

- `EditItemTemplate`: Dies ist die Vorlage zum Bearbeiten eines Datensatzes.

- `SelectedItemTemplate`: Diese Vorlage wird für den aktuell ausgewählten Datensatz genutzt.

Unser Gästebuch braucht die letzten drei Templates nicht, das bedeutet, wir können diese einfach aus unserer ListView löschen.

Nach unserer ListView sehen Sie noch ein Element vom Typ `SqlDataSource`, das unter anderem die Attribute `ConnectionString` und `SelectCommand` hat, die mit den Werten befüllt wurden, die wir im Assistenten festgelegt haben.

 ÜBUNG: Passen Sie die ListView folgendermaßen an:

- Im `ItemTemplate` sowie im `AlternatingItemTemplate` sollen die Inhalte in deinem `Div`-Element stehen. Im `ItemTemplate` soll dieses `Div` die CSS-Klasse gb-eintrag bekommen, im `AlternatingItemTemplate` die Klasse gb-eintrag-alt.

- Innerhalb dieses `Div`-Elements soll es drei weitere `Div`-Elemente geben. Im ersten werden ID und Datum nebeneinander, mit einem Bindestrich getrennt, angezeigt, im zweiten der Absender und im dritten der Text des Eintrags. Die ersten beiden `Div`-Elemente sollen eine Höhe von 25 Pixel haben.

- Im `DataPager` setzten Sie die Eigenschaft `PageSize` auf 4.

- Im CSS-Stylesheet erstellen Sie Anweisungen für die Klasse gb-eintrag, bei der ein Abstand unten von 20 Pixel vergeben wird und ein Innenabstand von 3 Pixel. Dieselben Anweisungen gelten auch für gb-eintrag-alt. Bei gb-eintrag-alt kommt noch als Hintergrundfarbe weim hinzu. Beide sollen eine Breite von 350 Pixel haben.

- Platzieren Sie über der ListView noch eine h2-Überschrift mit dem Text „Bisherige Einträge".

Die Musterlösung dazu sieht wie in Listing 15.50 dargestellt aus.

Listing 15.50 Code für Gästebuch mit Templates und CSS-Klassen

```
<asp:Panel ID="pnlEintraege" runat="server">
    <h2>Bisherige Einträge</h2>
    <asp:ListView ID="ListView1" runat="server" DataSourceID="sqlDataSourceGaestebuch">
        <AlternatingItemTemplate>
            <div class="gb-eintrag-alt">
                <div class="gb-header">
                    <asp:Label ID="IdLabel" runat="server"
                        Text='<%# Eval("Id") %>' /> -
                    <asp:Label ID="DatumLabel" runat="server"
                        Text='<%# Eval("Datum") %>' />
                </div>
                <div class="gb-header">
                    Von: <asp:Label ID="AbsenderLabel"
                    runat="server"
                    Text='<%# Eval("Absender") %>' />
                </div>
                <div>
                    <asp:Label ID="NachrichtLabel" runat="server"
                        Text='<%# Eval("Nachricht") %>' />
                </div>
            </div>
        </AlternatingItemTemplate>
        <EmptyDataTemplate>
            <span>Es wurden keine Daten zurückgegeben.</span>
        </EmptyDataTemplate>
        <ItemTemplate>
            <div class="gb-eintrag"">
                <div class="gb-header">
                    <asp:Label ID="IdLabel" runat="server"
                        Text='<%# Eval("Id") %>' /> -
                    <asp:Label ID="DatumLabel" runat="server"
                        Text='<%# Eval("Datum") %>' />
                </div>
                <div class="gb-header">
                    Von: <asp:Label ID="AbsenderLabel"
                        runat="server"
                        Text='<%# Eval("Absender") %>' />
                </div>
                <div>
                    <asp:Label ID="NachrichtLabel" runat="server"
                        Text='<%# Eval("Nachricht") %>' />
                </div>
            </div>
        </ItemTemplate>
        <LayoutTemplate>
            <div id="itemPlaceholderContainer" runat="server"
            style="">
                    <span runat="server" id="itemPlaceholder" />
            </div>
            <div style="">
                <asp:DataPager ID="DataPager1" runat="server"
                    PageSize="4">
                    <Fields>
                        <asp:NextPreviousPagerField
                            ButtonType="Button"
                            ShowFirstPageButton="True"
```

```
                        ShowLastPageButton="True" />
                  </Fields>
              </asp:DataPager>
          </div>
      </LayoutTemplate>
    </asp:ListView>
    <asp:SqlDataSource ID="sqlDataSourceGaestebuch" runat="server" ConnectionSt-
ring="<%$ ConnectionStrings:WebseiteConnectionString %>" SelectCommand="SELECT [Id],
[Absender], [Nachricht], [Datum] FROM [Gaestebuch]"></asp:SqlDataSource>

</asp:Panel>
```

Listing 15.51 CSS für das Gästebuch

```
.gb-header {
    height: 25px;
}

.gb-eintrag-alt,
.gb-eintrag {
    padding:3px;
    margin-bottom:20px;
    width:350px;
}

.gb-eintrag-alt {
    background-color:#ffffff;
}
```

Bild 15.34
Gästebuch mit CSS

Durch das AlternatingItemTemplate können wir so eine wechselnde Optik erreichen, wie wir es hier mit dem weißen Hintergrund gemacht haben.

Da wir noch zu wenige Einträge haben und die Blättern-Funktion immer vier Einträge auf einmal zeigt, müssen wir noch mindestens zwei Einträge erstellen. Erstellen Sie nochmals einen Eintrag und klicken Sie auf SPEICHERN. Haben Sie es gemerkt? Der Eintrag wurde zwar gespeichert, aber wir sehen ihn nicht im Gästebuch. Damit das geschieht, müssen wir den Code, der beim Klick auf den SPEICHERN-Button ausgeführt wird, ein wenig bearbeiten. Wechseln Sie in die Funktion, die den Code bei einem Klick auf den Button ausführt, und fügen Sie folgende Zeile aus Listing 15.52 in der If-Abfrage ein, die überprüft, ob der Eintrag gespeichert wurde.

Listing 15.52 DataBind in VB

```
If Zeilen > 0 Then
    Me.pnlStatus.Visible = True
    Me.Gaestebuch.Visible = False
    ' Dies ist die neue Zeile:
    Me.ListView1.DataBind()
End If
```

Listing 15.53 DataBind in C#

```
if (Zeilen > 0) {
    this.pnlStatus.Visible = true;
    this.Gaestebuch.Visible = false;
    // Das ist die neue Zeile:
    this.ListView1.DataBind();
}
```

Durch die DataBind-Methode des ListView Controls (funktioniert auch bei den anderen Datensteuerelementen) werden die Daten der SQL-Datenquelle neu an das Control gebunden, und wir sehen die aktuellen Daten. Wenn Sie jetzt einen neuen Eintrag erstellen, sollte das ListView nach dem Speichern direkt aktualisiert werden (Bild 15.35).

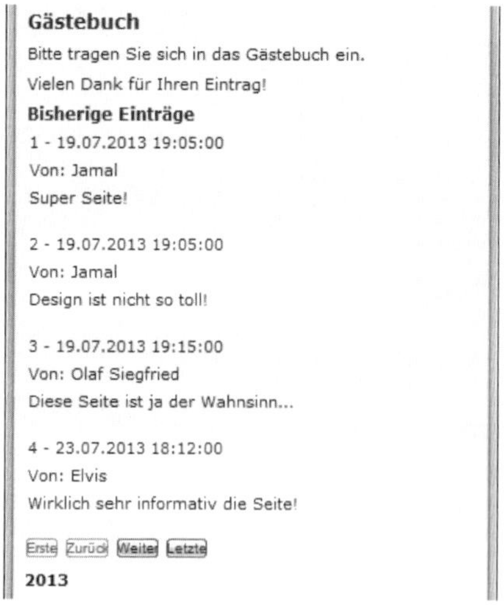

Gästebuch

Bitte tragen Sie sich in das Gästebuch ein.

Vielen Dank für Ihren Eintrag!

Bisherige Einträge

1 - 19.07.2013 19:05:00

Von: Jamal

Super Seite!

2 - 19.07.2013 19:05:00

Von: Jamal

Design ist nicht so toll!

3 - 19.07.2013 19:15:00

Von: Olaf Siegfried

Diese Seite ist ja der Wahnsinn...

4 - 23.07.2013 18:12:00

Von: Elvis

Wirklich sehr informativ die Seite!

Erste Zurück Weiter Letzte

2013

Bild 15.35
Neuer Eintrag mit DataBind

Durch das DataBind wird jetzt automatisch die ListView aktualisiert, das merken wir in diesem Fall daran, dass jetzt die Pager-Buttons aktiviert sind, da wir mehr als vier Einträge in der Liste haben. Wenn Sie jetzt auf den WEITER-Button klicken, sollten Sie eine zweite Seite mit einem weiteren Eintrag sehen (Bild 15.36).

Bisherige Einträge
5 - 23.07.2013 18:21:00
Von: Max Mustermann
Gefällt mir

Erste Zurück Weiter Letzte

Bild 15.36
Die zweite Seite des Gästebuchs

Die Sortierung des Gästebuchs geschieht derzeit vom ältesten zum neuesten Eintrag, das soll jetzt umgedreht werden. Wechseln Sie dazu in die Entwurfsansicht und passen Sie die Abfrage der Datenquelle entsprechend an (Listing 15.54).

Listing 15.54 Datenquellen-Sortierung

```
<asp:SqlDataSource ID="sqlDataSourceGaestebuch" runat="server" ConnectionString="<%$
ConnectionStrings:WebseiteConnectionString %>" SelectCommand="SELECT [Id], [Absender],
[Nachricht], [Datum] FROM [Gaestebuch] ORDER BY Datum DESC"></asp:SqlDataSource>
```

■ 15.7 Uploads und Dateihandling

Als Nächstes werden wir unserer Webseite ein Formular hinzufügen, in dem Benutzer Bilder hochladen können.

15.7.1 Uploads

Legen Sie eine neue Seite an, nennen Sie sie *Galerie.aspx* und verwenden Sie die Master-Page-Vorlage. Wenn die Seite erstellt wurde, platzieren wir eine Überschrift, ein p-Tag und ein Panel für das Formular zum Upload der Bilder, wie bei dem Gästebuch (Listing 15.55).

Listing 15.55 Markup-Gerüst für die Galerie

```
<asp:Content ID="Content1" ContentPlaceHolderID="head" Runat="Server">
</asp:Content>
<asp:Content ID="Content2" ContentPlaceHolderID="ContentPlaceHolder1" Runat="Server">
    <h1>Galerie</h1>
    <p>Bitte laden Sie ein Bild hoch.</p>

    <asp:Panel ID="pnlGalerie" runat="server">

    </asp:Panel>
</asp:Content>
```

Um ein Bild hochladen zu können, brauchen wir ein FileUpload-Steuerelement. Dieses finden Sie im *Standard*-Reiter des Werkzeugkastens. Ziehen Sie eines davon in das Panel und platzieren Sie danach noch einen Button, um den Upload zu starten.

Listing 15.56 Upload-Formular

```
<h1>Galerie</h1>
<p>Bitte laden Sie ein Bild hoch.</p>

<asp:Panel ID="pnlGalerie" runat="server">
    <div>
        <asp:FileUpload ID="FileUpload1" runat="server" />
    </div>
    <div>
        <asp:Button ID="btnUpload" runat="server" Text="Hochladen"
            CssClass="kontakt-button" />
    </div>
</asp:Panel>
```

Jetzt haben wir theoretisch alles, was wir brauchen, um den Upload zu programmieren. Wenn Sie das Projekt jetzt starten und in verschiedenen Browsern anschauen und im Upload-Feld eine Datei aussuchen, sehen Sie, dass die Standard-Designs in den verschiedenen Browsern ziemlich unterschiedlich sind, das soll aber nicht weiter stören (Bild 15.37 und Bild 15.38).

Bild 15.37
Fileupload Control im Chrome

Um den Upload-Vorgang zu starten, werden wir nun im Click Event des Buttons die Routine dazu schreiben. Doppelklicken Sie in der Entwurfsansicht auf den Button, damit Sie in das entsprechende Ereignis wechseln.

Bild 15.38
FileUpload Control im Internet Explorer

Listing 15.57 Upload-Routine in VB

```
Partial Class Galerie
    Inherits System.Web.UI.Page


    Protected Sub btnUpload_Click(sender As Object, e As EventArgs) Handles
btnUpload.Click
        ' Überprüfen, ob eine Datei ausgewählt wurde
        If Me.FileUpload1.HasFile = True Then
            ' Fehler-Behandlung für den Fall eines Fehlers beim
            ' Upload
            Try
                ' Den Namen der Datei in einer Variablen speichern
                Dim Dateiname As String = Me.FileUpload1.FileName
                ' Die Datei auf dem Server speichern im Ordner
                ' Galerie
                Me.FileUpload1.SaveAs(Server.MapPath("~/Galerie/") & Dateiname)
            Catch ex As Exception
                Response.Write("Es ist ein Fehler beim Upload aufgetreten")
            End Try

        End If
    End Sub
End Class
```

Listing 15.58 Upload-Routine in C#

```
using System;
using System.Collections.Generic;
using System.Linq;
using System.Web;
using System.Web.UI;
using System.Web.UI.WebControls;

public partial class Galerie : System.Web.UI.Page
{
    protected void btnUpload_Click(object sender, EventArgs e)
```

```
{
    // Überprüfen, ob eine Datei ausgewählt wurde
    if (this.FileUpload1.HasFile == true)
    {
        // Fehler-Behandlung für den Fall eines Fehlers beim
        // Upload
        try
        {
            // Den Namen der Datei in einer Variablen speichern
            string Dateiname = this.FileUpload1.FileName;
            // Die Datei auf dem Server speichern im Ordner
            // Galerie
            this.FileUpload1.SaveAs(Server.MapPath("~/Galerie/") + Dateiname);
        }
        catch (Exception ex)
        {
            Response.Write("Es ist ein Fehler beim Upload aufgetreten");
        }
    }
}
}
```

Das FileUpload-Steuerelement hat einige Methoden, um einen Upload zu realisieren. Zuerst überprüfen wir mit der HasFile-Eigenschaft, ob überhaupt eine Datei ausgewählt wurde. Wenn das der Fall ist, rufen wir die SaveAs-Methode auf und übergeben dieser den Pfad und den Dateinamen der Datei, wo diese abgespeichert werden soll. Die Funktion Server.MapPath() generiert den relativen Pfad des übergebenen Ordners auf dem Server. Wenn Sie dort einen Haltepunkt setzen und sich den Wert anschauen, erscheint auf dem Rechner z. B. Folgendes: *F:\WebseiteVB\Galerie*, also der echte Pfad auf dem PC.

Starten Sie nun das Projekt und laden Sie ein Bild hoch. Sie werden eine Fehlermeldung erhalten. Wieso? Die Funktion SaveAs kann den Ordner *Galerie* nicht finden, da wir diesen noch nicht erstellt haben. Erstellen Sie einen Unterorder *Galerie* in Ihrem Projekt und versuchen Sie es erneut (Bild 15.39).

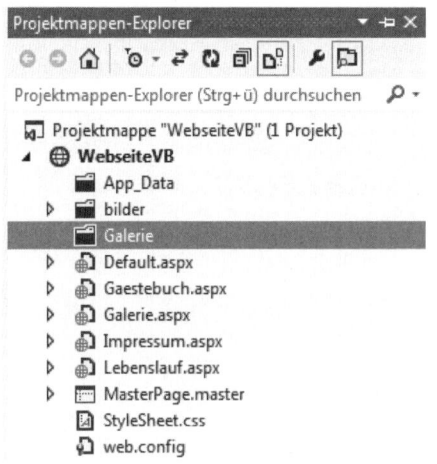

Bild 15.39
Galerie-Ordner im Projekt

Starten Sie das Projekt erneut, wählen Sie ein Bild aus und laden Sie es hoch. Wenn Sie keine Fehlermeldung erhalten, ist das schon mal ein gutes Zeichen, allerdings bemerken wir hierdurch auch, dass wir unser Formular noch ein wenig verbessern müssen, was die Benutzerfreundlichkeit angeht. Schauen Sie nun im *Galerie*-Ordner nach, ob das Bild gespeichert wurde. Klicken Sie im Projektmappen-Explorer auf den AKTUALISIEREN-Button, damit Sie die neue Datei sehen können (Bild 15.40).

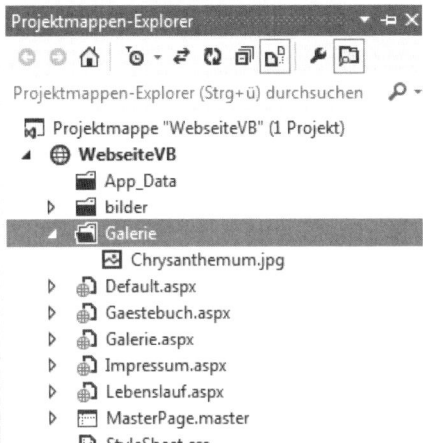

Bild 15.40
Das hochgeladene Bild im Projektmappen-Explorer

Damit wir jetzt auch erfahren, ob der Upload geklappt hat oder nicht, fügen wir zwei Labels in unsere Frontend-Datei ein. Das eine Label zeigt eine Erfolgsmeldung an, das andere eine Fehlermeldung. Standardmäßig sollen beide versteckt sein. Das Erfolgslabel soll per CSS grüne Meldungen anzeigen, das Fehlerlabel rote.

Listing 15.59 Formular-Label

```
<h1>Galerie</h1>
<p>Bitte laden Sie ein Bild hoch.</p>

<asp:Panel ID="pnlGalerie" runat="server">
    <div>
        <asp:FileUpload ID="FileUpload1" runat="server" />
    </div>
    <div>
        <asp:Button ID="btnUpload" runat="server" Text="Hochladen"
            CssClass="kontakt-button" />
    </div>
    <asp:Label ID="lblErfolg" runat="server"
        Text="Das Bild wurde hochgeladen" CssClass="erfolg"
        Visible="false">
    </asp:Label>
    <asp:Label ID="lblFehler" runat="server"
        Text="Es ist ein Fehler aufgetreten" CssClass="fehler"
        Visible="false">
    </asp:Label>
</asp:Panel>
```

Listing 15.60 CSS für die Label

```
.erfolg {
    color: #008907;
}


.fehler {
    color: #ff0000;
}
```

Im Click-Event passen wir den Code jetzt so an, dass er im Catch-Block die Fehlermeldung anzeigt, ansonsten die Erfolgsmeldung, und jeweils die andere Meldung ausblendet. Dies machen wir, damit es nicht passiert, dass möglicherweise beide Meldungen erscheinen, falls jemand mehrere Dateien hintereinander hochlädt.

Listing 15.61 Angepasster Upload mit Label in VB

```
Partial Class Galerie
    Inherits System.Web.UI.Page

    Protected Sub btnUpload_Click(sender As Object, e As EventArgs) Handles
btnUpload.Click
        ' Überprüfen, ob eine Datei ausgewählt wurde
        If Me.FileUpload1.HasFile = True Then
            ' Fehler-Behandlung für den Fall eines Fehlers beim
            ' Upload
            Try
                ' Den Namen der Datei in einer Variablen speichern
                Dim Dateiname As String = Me.FileUpload1.FileName
                ' Die Datei auf dem Server speichern im Ordner
                ' Galerie
                Me.FileUpload1.SaveAs(Server.MapPath("~/Galerie/") & Dateiname)
                ' Erfolgsmeldung sichtbar machen
                Me.lblErfolg.Visible = True
                ' Fehlermeldung ausblenden
                Me.lblFehler.Visible = False
            Catch ex As Exception
                ' Fehlermeldung sichtbar machen
                Me.lblFehler.Visible = True
                ' Erfolgsmeldung ausblenden
                Me.lblErfolg.Visible = False
            End Try

        End If
    End Sub
End Class
```

Listing 15.62 Angepasster Upload mit Label in C#

```
using System;
using System.Collections.Generic;
using System.Linq;
using System.Web;
using System.Web.UI;
using System.Web.UI.WebControls;

public partial class Galerie : System.Web.UI.Page
```

```
{
    protected void btnUpload_Click(object sender, EventArgs e)
    {
        // Überprüfen, ob eine Datei ausgewählt wurde
        if (this.FileUpload1.HasFile == true)
        {
            // Fehler-Behandlung für den Fall eines Fehlers beim
            // Upload
            try
            {
                // Den Namen der Datei in einer Variablen speichern
                string Dateiname = this.FileUpload1.FileName;
                // Die Datei auf dem Server speichern im Ordner
                // Galerie
                this.FileUpload1.SaveAs(Server.MapPath("~/Galerie/") + Dateiname);
                // Erfolgsmeldung sichtbar machen
                this.lblErfolg.Visible = true;
                // Fehlermeldung ausblenden
                this.lblFehler.Visible = false;
            }
            catch (Exception ex)
            {
                // Fehlermeldung sichtbar machen
                this.lblFehler.Visible = true;
                // Erfolgsmeldung ausblenden
                this.lblErfolg.Visible = false;
            }
        }
    }
}
```

Bild 15.41
Erfolgsmeldung im Browser

Sollte die Meldung bei Ihnen angezeigt werden, aber nicht in grün, müssen Sie den Browsercache eventuell leeren, da der Browser dann die alte Version des Stylesheets noch zwischengespeichert hat. Falls Sie den Cache nicht leeren und nur diese Seite komplett neu laden wollen, können Sie auch STRG + F5 drücken.

Wir bekommen jetzt Meldungen angezeigt, wenn es funktioniert oder nicht, allerdings hat unser Formular noch einige Macken. Zurzeit ist es nämlich möglich, jede Art von Datei und jede beliebige Größe hochzuladen. Dies wollen wir natürlich verhindern. Wir wollen nur Dateien bis zu 1 Megabyte und nur *.jpg*- und *.png*-Dateien als Formate erlauben. Die Daten dazu können wir wieder über das FileUpload *Control* abfragen.

Listing 15.63 Upload mit Überprüfung in VB

```vb
Partial Class Galerie
    Inherits System.Web.UI.Page

    Protected Sub btnUpload_Click(sender As Object, e As EventArgs) Handles
btnUpload.Click
        ' Überprüfen, ob eine Datei ausgewählt wurde
        If Me.FileUpload1.HasFile = True Then
            ' Fehler-Behandlung für den Fall eines Fehlers beim Upload
            Try
                ' Den MIME type der Datei überprüfen
                If Me.FileUpload1.PostedFile.ContentType = "image/jpeg" _
                Or Me.FileUpload1.PostedFile.ContentType = "image/png" Then

                    ' Überprüfen, ob die Datei max 1mb
                    ' (1048576 Byte) groß ist
                    If Me.FileUpload1.PostedFile.ContentLength <= 1048576 Then

                        ' Den Namen der Datei in einer Variablen
                        ' speichern
                        Dim Dateiname As String = Me.FileUpload1.FileName
                        ' Die Datei auf dem Server speichern im
                        ' Ordner Galerie
                        Me.FileUpload1.SaveAs(Server.MapPath("~/Galerie/") & Dateiname)
                        ' Erfolgsmeldung sichtbar machen
                        Me.lblErfolg.Visible = True
                        ' Fehlermeldung ausblenden
                        Me.lblFehler.Visible = False
                    Else
                        ' Falls die Datei zu groß ist, eine
                        ' entsprechende Meldung ausgeben
                        Me.lblFehler.Text = "Es sind nur Dateien bis max. 1mb erlaubt"
                        Me.lblFehler.Visible = True
                        ' Erfolgsmeldung ausblenden
                        Me.lblErfolg.Visible = False
                    End If
                Else
                    ' Falls der falsche Dateityp ausgewählt wurde,
                    ' eine Meldung ausgeben
                    Me.lblFehler.Text = "Es sind nur .jpg und .png Dateien erlaubt"
                    Me.lblFehler.Visible = True
                    ' Erfolgsmeldung ausblenden
                    Me.lblErfolg.Visible = False
                End If
            Catch ex As Exception
                ' Fehlermeldung setzen
                Me.lblFehler.Text = "Es ist ein Fehler aufgetreten"
                ' Fehlermeldung sichtbar machen
                Me.lblFehler.Visible = True
                ' Erfolgsmeldung ausblenden
                Me.lblErfolg.Visible = False
```

```
            End Try

        End If
    End Sub
End Class
```

Listing 15.64 Upload mit Überprüfung in C#

```csharp
using System;
using System.Collections.Generic;
using System.Linq;
using System.Web;
using System.Web.UI;
using System.Web.UI.WebControls;

public partial class Galerie : System.Web.UI.Page
{
    protected void btnUpload_Click(object sender, EventArgs e)
    {
        // Überprüfen, ob eine Datei ausgewählt wurde
        if (this.FileUpload1.HasFile == true)
        {
            // Fehler-Behandlung für den Fall eines Fehlers beim
            // Upload
            try
            {
                // Den MIME type der Datei überprüfen
                if (this.FileUpload1.PostedFile.ContentType == "image/jpeg" |
this.FileUpload1.PostedFile.ContentType == "image/png")
                {
                    // Überprüfen, ob die Datei max 1mb
                    // (1048576 Byte) groß ist
                    if (this.FileUpload1.PostedFile.ContentLength <= 1048576)
                    {
                        // Den Namen der Datei in einer Variablen
                        // speichern
                        string Dateiname = this.FileUpload1.FileName;
                        // Die Datei auf dem Server speichern im
                        // Ordner Galerie
                        this.FileUpload1.SaveAs(Server.MapPath("~/Galerie/") +
Dateiname);
                        // Erfolgsmeldung sichtbar machen
                        this.lblErfolg.Visible = true;
                        // Fehlermeldung ausblenden
                        this.lblFehler.Visible = false;
                    }
                    else
                    {
                        // Falls die Datei zu groß ist, eine
                        // entsprechende Meldung ausgeben
                        this.lblFehler.Text = "Es sind nur Dateien bis max. 1mb
erlaubt";
                        this.lblFehler.Visible = true;
                        // Erfolgsmeldung ausblenden
                        this.lblErfolg.Visible = false;
                    }
                }
                else
                {
```

```
                    // Falls der falsche Dateityp ausgewählt wurde,
                    // eine Meldung ausgeben
                    this.lblFehler.Text = "Es sind nur .jpg und .png Dateien erlaubt";
                    this.lblFehler.Visible = true;
                    // Erfolgsmeldung ausblenden
                    this.lblErfolg.Visible = false;
                }
            }
            catch (Exception ex)
            {
                // Fehlermeldung setzen
                this.lblFehler.Text = "Es ist ein Fehler aufgetreten";
                // Fehlermeldung sichtbar machen
                this.lblFehler.Visible = true;
                // Erfolgsmeldung ausblenden
                this.lblErfolg.Visible = false;
            }
        }
    }
}
```

Zuerst prüfen wir über `PostedFile.ContentType` den MIME Type der hochgeladenen Datei. Der MIME Type (Internet Media Type) gibt den Typ von Bildern, Videos, Texten usw. an, und man kann anhand des Typs feststellen, um was für eine Art von Datei es sich handelt. *image/jpeg* steht für *.jpg*-Dateien und *image/png* für *.png*-Dateien. Wenn der MIME Type nicht stimmt, geben wir eine Fehlermeldung aus. Wenn er stimmt, geht es weiter mit der Prüfung der Dateigröße. Wir greifen wieder auf die `PostedFile`-Eigenschaft des FileUpload Controls zu und lesen mit `ContentLength` die Dateigröße aus. Wenn diese maximal 1048576 Byte beträgt (entspricht 1 Megabyte), laden wir die Datei hoch, ansonsten geben wir eine entsprechende Fehlermeldung aus. Die jeweiligen Fehlermeldungen passen wir mit der Text-Eigenschaft des Labels an.

Versuchen Sie nun, Dateien hochzuladen, die nicht erlaubt sind, sollten Sie Fehlermeldungen wie in Bild 15.42 gezeigt sehen.

Bild 15.42
Fehlermeldung bei falschem Dateityp

Da wir jetzt die Möglichkeit haben, Bilder anzuzeigen, brauchen wir noch eine Möglichkeit, den *Galerie*-Ordner automatisch auszulesen und die Bilder anzuzeigen.

15.7.2 Dateihandling

Mit ASP.NET-Bordmitteln haben wir die Möglichkeit, auf das Dateisystem zuzugreifen und Ordner auszulesen, Dateien zu löschen etc. Wir werden die Bilder aus dem *Galerie*-Ordner auslesen und in einer DataList unterhalb unseres Formulars anzeigen. Zusätzlich werden wir die Anzeige nach jedem Upload aktualisieren.

Zuerst fügen wir der Frontend-Datei eine DataList aus dem *Daten*-Reiter des Werkzeugkastens hinzu und bauen wieder ein Panel darum.

Listing 15.65 Bildergalerie DataList

```
<asp:Content ID="Content2" ContentPlaceHolderID="ContentPlaceHolder1" runat="Server">
    <h1>Galerie</h1>
    <p>Bitte laden Sie ein Bild hoch.</p>

    <asp:Panel ID="pnlGalerie" runat="server">
        <div>
            <asp:FileUpload ID="FileUpload1" runat="server" />
        </div>
        <div>
            <asp:Button ID="btnUpload" runat="server"
                Text="Hochladen" CssClass="kontakt-button" />
        </div>
        <asp:Label ID="lblErfolg" runat="server"
            Text="Das Bild wurde hochgeladen" CssClass="erfolg"
            Visible="false">
        </asp:Label>
        <asp:Label ID="lblFehler" runat="server"
            Text="Es ist ein Fehler aufgetreten" CssClass="fehler"
            Visible="false">
    </asp:Label>
    </asp:Panel>
    <asp:Panel ID="pnlBilder" runat="server">

        <asp:DataList ID="dlBilder" runat="server"
                RepeatColumns="3">
            <HeaderTemplate>
                <h2>Bildergalerie</h2>
            </HeaderTemplate>
            <ItemTemplate>
                <asp:Image ID="Image" runat="server"
                    ImageUrl='<%# Bind("Name", "~/Galerie/{0}") %>'
                    Height="100" />
            </ItemTemplate>
        </asp:DataList>

    </asp:Panel>
</asp:Content>
```

Hier sehen wir eine DataList, die ähnlich wie das ListView-Element im Gästebuch mit Template aufgebaut ist. Das Attribut RepeatColumns sagt aus wie viele Spalten pro Zeile ausgegeben werden sollen. In unserem Fall wird eine Tabelle gerendert mit 3 Spalten. Das HeaderTemplate ist der Bereich, der über der DataList steht. Hier geben wir nur ein H2-Tag mit dem Wort Bildergalerie aus. Das ItemTemplate ist der Bereich, der für jedes Element der Liste ausgegeben wird. Hier verwenden wir ein Image Control und geben dem Element eine Höhe von 100 Pixel. Dadurch werden die Bilder nur als kleines Bild im Browser angezeigt. Ohne diese Angabe zeigt der Browser das Bild in Originalgröße an. Das Attribut ImageUrl wird an die Datenquelle, die wir gleich im Code-behind definieren, gebunden. Wir verwenden hierbei die Bind-Methode und geben dieser zwei Parameter. Der erste Parameter sagt aus, welches Feld der Datenquelle gebunden wird. Der zweite Parameter gibt an, in welchem Format die Ausgabe stattfinden soll. Hierbei wird dann der Teil {0} durch den Wert aus dem ersten Parameter ersetzt. Wenn der Name z. B. *meinbild.jpg* ist, wird die Ausgabe so aussehen: */Galerie/meinBild.jpg*. Das gebundene Feld *Name* ist hier der Name der Datei inklusive der Dateiendung. Der Name der Datei wird per FileInfo-Objekt ausgelesen und ist in unserer Datenquelle verfügbar, die wir erstellen.

Listing 15.66 DataList Code-behind in VB

```
Imports System.IO


Partial Class Galerie
    Inherits System.Web.UI.Page

    Protected Sub btnUpload_Click(sender As Object, e As EventArgs) Handles
btnUpload.Click
        ' Überprüfen, ob eine Datei ausgewählt wurde
        If Me.FileUpload1.HasFile = True Then
            ' Fehler-Behandlung für den Fall eines Fehlers beim
            ' Upload
            Try
                ' Den MIME type der Datei überprüfen
                If Me.FileUpload1.PostedFile.ContentType = "image/jpeg" _
                    Or Me.FileUpload1.PostedFile.ContentType = "image/png" Then

                    ' Überprüfen, ob die Datei max 1mb
                    ' (1048576 Byte) groß ist
                    If Me.FileUpload1.PostedFile.ContentLength <= 1048576 Then

                        ' Den Namen der Datei in einer Variablen
                        ' speichern
                        Dim Dateiname As String = Me.FileUpload1.FileName
                        ' Die Datei auf dem Server speichern im
                        ' Ordner Galerie
                        Me.FileUpload1.SaveAs(Server.MapPath("~/Galerie/") & Dateiname)
                        ' Erfolgsmeldung sichtbar machen
                        Me.lblErfolg.Visible = True
                        ' Fehlermeldung ausblenden
                        Me.lblFehler.Visible = False
                        ' Liste aktualisieren
                        BilderLaden()
                    Else
                        ' Falls die Datei zu groß ist, eine
```

```vbnet
                        ' entsprechende Meldung ausgeben
                        Me.lblFehler.Text = "Es sind nur Dateien bis max. 1mb erlaubt"
                        Me.lblFehler.Visible = True
                        ' Erfolgsmeldung ausblenden
                        Me.lblErfolg.Visible = False
                    End If
                Else
                    ' Falls der falsche Dateityp ausgewählt wurde,
                    ' eine Meldung ausgeben
                    Me.lblFehler.Text = "Es sind nur .jpg und .png Dateien erlaubt"
                    Me.lblFehler.Visible = True
                    ' Erfolgsmeldung ausblenden
                    Me.lblErfolg.Visible = False
                End If
            Catch ex As Exception
                ' Fehlermeldung setzen
                Me.lblFehler.Text = "Es ist ein Fehler aufgetreten"
                ' Fehlermeldung sichtbar machen
                Me.lblFehler.Visible = True
                ' Erfolgsmeldung ausblenden
                Me.lblErfolg.Visible = False
            End Try

        End If
    End Sub

    Private Sub BilderLaden()
        ' Den Order auswählen, in dem die Bilder gespeichert sind
        Dim Ordner As New DirectoryInfo(MapPath("~/Galerie"))
        ' Alle Dateien aus dem Order auslesen und in ein FileInfo
        ' Array speichern
        Dim Dateien As FileInfo() = Ordner.GetFiles()
        ' Ein Array deklarieren, das als Datenquelle für die
        ' DataList verwendet wird
        Dim BilderListe As New ArrayList()
        ' Jede Datei im FileInfo Array "Dateien" durchgehen
        For Each Datei As FileInfo In Dateien
            ' Wenn die Dateiendung der aktuellen Datei .jpg, .jpeg
            ' oder .png ist, fügen wir die Datei dem BilderListe
            ' Array hinzu.
            If Datei.Extension = ".jpg" Or Datei.Extension = ".jpeg" Or
Datei.Extension = ".png" Then
                BilderListe.Add(Datei)
            End If
        Next
        ' Der DataList das Array als DataSource zuweisen
        dlBilder.DataSource = BilderListe
        ' Die Liste binden, damit die Bilder angezeigt werden
        dlBilder.DataBind()
    End Sub

    Protected Sub Page_Load(sender As Object, e As EventArgs) Handles Me.Load
        ' Beim Laden der Seite alle Bilder aus dem Ordner anzeigen
        BilderLaden()
    End Sub
End Class
```

Listing 15.67 DataList Code-behind in C#

```csharp
using System;
using System.Collections.Generic;
using System.Linq;
using System.Web;
using System.Web.UI;
using System.Web.UI.WebControls;
using System.IO;
using System.Collections;

public partial class Galerie : System.Web.UI.Page
{
    protected void btnUpload_Click(object sender, EventArgs e)
    {
        // Überprüfen, ob eine Datei ausgewählt wurde
        if (this.FileUpload1.HasFile == true)
        {
            // Fehler-Behandlung für den Fall eines Fehlers beim
            // Upload
            try
            {
                // Den MIME type der Datei überprüfen
                if (this.FileUpload1.PostedFile.ContentType == "image/jpeg" |
this.FileUpload1.PostedFile.ContentType == "image/png")
                {
                    // Überprüfen, ob die Datei max 1mb
                    // (1048576 Byte) groß ist
                    if (this.FileUpload1.PostedFile.ContentLength <= 1048576)
                    {
                        // Den Namen der Datei in einer Variablen
                        // speichern
                        string Dateiname = this.FileUpload1.FileName;
                        // Die Datei auf dem Server speichern im
                        // Ordner Galerie
                        this.FileUpload1.SaveAs(Server.MapPath("~/Galerie/") +
Dateiname);
                        // Erfolgsmeldung sichtbar machen
                        this.lblErfolg.Visible = true;
                        // Fehlermeldung ausblenden
                        this.lblFehler.Visible = false;
                        // Liste aktualisieren
                        BilderLaden();
                    }
                    else
                    {
                        //Falls die Datei zu groß ist, eine
                        // entsprechende Meldung ausgeben
                        this.lblFehler.Text = "Es sind nur Dateien bis max. 1mb
erlaubt";
                        this.lblFehler.Visible = true;
                        // Erfolgsmeldung ausblenden
                        this.lblErfolg.Visible = false;
                    }
                }
                else
                {
                    // Falls der falsche Dateityp ausgewählt wurde,
```

```
                // eine Meldung ausgeben
                this.lblFehler.Text = "Es sind nur .jpg und .png Dateien erlaubt";
                this.lblFehler.Visible = true;
                // Erfolgsmeldung ausblenden
                this.lblErfolg.Visible = false;
            }
        }
        catch (Exception ex)
        {
            // Fehlermeldung setzen
            this.lblFehler.Text = "Es ist ein Fehler aufgetreten";
            // Fehlermeldung sichtbar machen
            this.lblFehler.Visible = true;
            // Erfolgsmeldung ausblenden
            this.lblErfolg.Visible = false;
        }
    }
}


private void BilderLaden()
{
    // Den Order auswählen, in dem die Bilder gespeichert sind
    DirectoryInfo Ordner = new DirectoryInfo(MapPath("~/Galerie"));
    // Alle Dateien aus dem Order auslesen und in ein FileInfo
    // Array speichern
    FileInfo[] Dateien = Ordner.GetFiles();
    // Ein Array deklarieren, das als Datenquelle für die
    // DataList verwendet wird
    ArrayList BilderListe = new ArrayList();
    // Jede Datei im FileInfo Array "Dateien" durchgehen
    foreach (FileInfo Datei in Dateien)
    {
        // Wenn die Dateiendung der aktuellen Datei .jpg, .jpeg
        // oder .png ist, fügen wir die Datei
        // dem BilderListe Array hinzu.
        if (Datei.Extension == ".jpg" | Datei.Extension == ".jpeg" |
Datei.Extension == ".png")
        {
            BilderListe.Add(Datei);
        }
    }
    // Der DataList das Array als DataSource zuweisen
    dlBilder.DataSource = BilderListe;
    // Die Liste binden, damit die Bilder angezeigt werden
    dlBilder.DataBind();
}

protected void Page_Load(object sender, EventArgs e)
{
    // Beim Laden der Seite alle Bilder aus dem Ordner anzeigen
    BilderLaden();
}
}
```

Als Erstes binden wir den System.IO Namespace ein, der die Funktion für die Interaktion mit dem Dateisystem bereitstellt. Danach erstellen wir die Funktion BilderLaden(). In dieser Funktion erstellen wir ein Objekt vom Typ DirectoryInfo und übergeben dort den

Galerie-Ordner als Parameter. Mit diesem Objekt können wir auf die Eigenschaften des Ordners und dessen Unterordner und Dateien zugreifen. Mit der Methode `GetFiles()` können wir eine Liste aller Dateien in dem Ordner als Array von `FileInfo`-Objekten erhalten. `FileInfo`-Objekte sind wie die `DirectoryInfo`-Objekte Abbildungen eines Ordners bzw. einer Datei. Mit dem `FileInfo`-Objekt haben wir Zugriff auf eine Datei und können deren Daten auslesen oder sie manipulieren. Danach erstellen wir eine `ArrayList`, die später als Datenquelle für die `DataList` fungiert. In diese `ArrayList` speichern wir dann in einer `For Each/foreach`-Schleife alle Bilder, die wir in dem Ordner finden. Danach weisen wir der Eigenschaft `DataSource` der `DataList` die `ArrayList` zu und führen ein `DataBind()` aus. Das Feld *Name*, das wir in der ASPX-Seite der `Bind`-Funktion übergeben, ist in dieser Array-List eine Eigenschaft einer jeden Datei, die hier gespeichert wurde. Wenn Sie mit dem Debugger schrittweise den Code durchgehen, können Sie die Liste genauer untersuchen und das Feld entdecken (Bild 15.43).

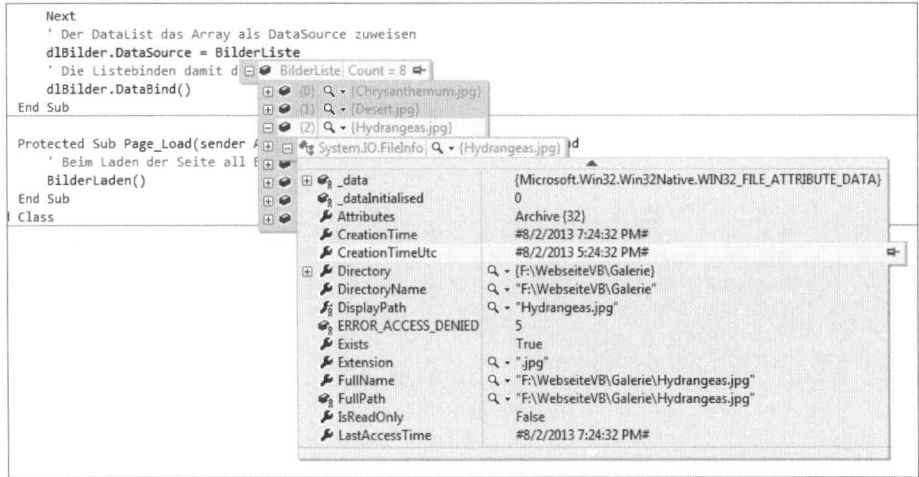

Bild 15.43 Die BilderListe im Detail

Als Letztes rufen wir die neue Funktion noch im `Load`-Event der Seite und nach dem erfolgreichen Upload einer Datei auf. Dadurch sehen wir immer die aktuellste Liste. Wenn Sie das Projekt nun ausführen, sollte es in etwa wie in Bild 15.44 aussehen.

Die DataList bietet noch viel mehr Möglichkeiten, Sie können Stylings definieren oder die Tabelle als Fluss anstatt einer Tabelle rendern, was Ihnen noch mehr Gestaltungsmöglichkeiten erlaubt, da Sie den kompletten Code, der generiert wird, selbst bestimmen können. In der MSDN Library finden Sie dazu weitere Information und Beispiele: *http://msdn. microsoft.com/de-de/library/system.web.ui.webcontrols.datalist.aspx*

2013

Bild 15.44
Die Bildergalerie im Browser

15.8 GridView

Abschließend werden wir in unser Projekt noch eine Seite einfügen, in der wir ein GridView einbauen. Das GridView ist nicht unbedingt ein wichtiges Datensteuerelement für Webseiten, aber für Webapplikationen kann es sehr wichtig sein. Sehen Sie dies einfach als kleinen Ausblick darauf, was es noch für Möglichkeiten gibt, wenn Sie tiefer in das Thema einsteigen. Wir werden einfachheitshalber die Gästebuch-Tabelle als Quelle nehmen und die Einträge in einem Grid anzeigen lassen.

Kopieren Sie die Seite *Gaestebuch.aspx* und fügen Sie sie in Ihrem Projekt nochmals ein. Bennen Sie die Datei in *GaestebuchGrid.aspx* um. Wenn Sie das erledigt haben, wechseln Sie in die Code-behind-Datei der neuen Seite und ändern Sie oben die Zeile `Partial Class _Gaestebuch` in `Partial Class _GaestebuchGrid` bzw. `public partial class _Gaestebuch : System.Web.UI.Page` in `public partial class _GaestebuchGrid : System.Web.UI.Page`. Wechseln Sie nun in die ASPX-Seite und ändern Sie oben das `Inherits`-Attribut der Page Direktiven von `_Gaestebuch` in `_GaestebuchGrid` um. Damit teilen Sie der ASPX-Seite mit, welche Code-behind-Klasse verwendet werden soll. Als Nächstes löschen Sie aus der ASPX-Seite das ListView-Element. Entweder klicken Sie es in der Entwurfsansicht an und klicken auf die ENTFERNEN-Taste, oder Sie löschen es in der Quellcode-Ansicht heraus. Jetzt wählen Sie das GridView-Element aus dem *Daten*-Reiter des Werkzeugkastens und ziehen es an die Stelle, wo vorher das ListView-Element war. `pnlEintraege` sollte nun wie in Listing 15.68 aussehen.

Listing 15.68 pnlEintraege mit GridView

```
<asp:Panel ID="pnlEintraege" runat="server">
  <h2>Bisherige Einträge</h2>
  <asp:GridView ID="GridView1" runat="server"></asp:GridView>
  <asp:SqlDataSource ID="sqlDataSourceGaestebuch" runat="server"
    ConnectionString="
      <%$ ConnectionStrings:WebseiteConnectionString %>"
    SelectCommand="SELECT [Id], [Absender], [Nachricht], [Datum]
        FROM [Gaestebuch] ORDER BY Datum DESC">
  </asp:SqlDataSource>
</asp:Panel>
```

Allerdings zeigt das Grid jetzt noch keine Daten an, da es noch keine Quelle hat. Wechseln Sie in die Entwurfsansicht und klicken Sie das Grid an. Standardmäßig wird Ihnen eine GridView mit Dummydaten angezeigt (Bild 15.45).

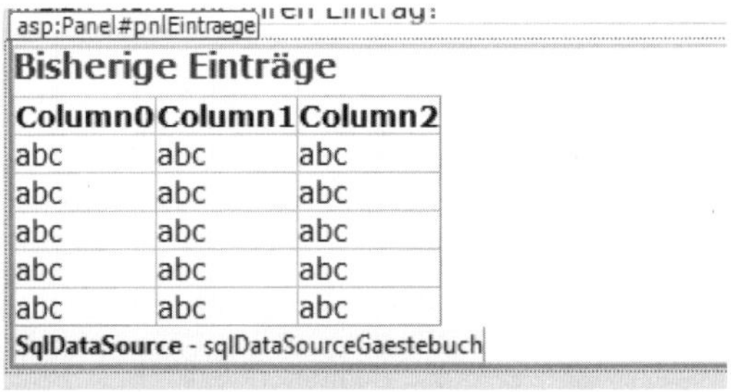

Bild 15.45
GridView mit Dummydaten

Wenn Sie das GridView angeklickt haben, erscheint oben rechts wieder ein kleiner Button mit einem Pfeil. Wählen Sie dort die Datenquelle *(sqlDataSourceGaestebuch)* aus, die wir auch vorher schon für das ListView-Element verwendet haben. Setzen Sie auch einen Haken bei *Paging aktivieren* sowie bei *Sortierung aktivieren* (Bild 15.46).

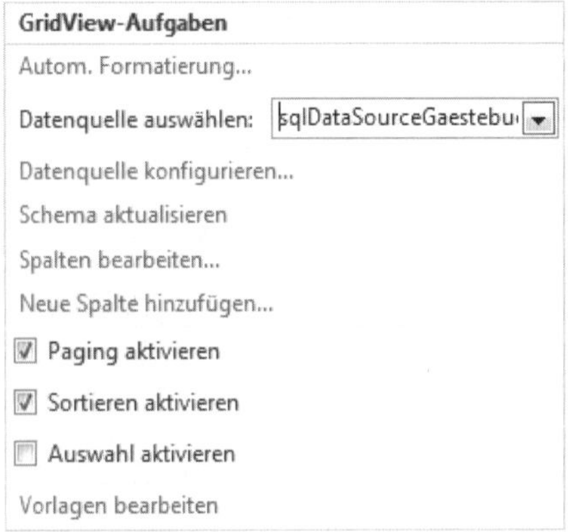

Bild 15.46
GridView-Einstellungen

Das GridView hat sich nun im Entwurf leicht verändert, zeigt aber immer noch Dummydaten an. Klicken Sie jetzt in den GridView-Einstellungen von gerade eben auf Schema aktualisieren. Hierdurch werden z. B. die Spaltenköpfe schon wie in der Datenbank beschriftet. Wechseln Sie nun nochmals in die Quellenansicht. Hier können Sie jetzt sehen, wie einige der Einstellungen des GridViews angepasst wurden (Listing 15.69).

Listing 15.69 GridView nach den ersten Einstellungen

```
<asp:Panel ID="pnlEintraege" runat="server">
    <h2>Bisherige Einträge</h2>
    <asp:GridView ID="GridView1" runat="server" AllowPaging="True"
        AllowSorting="True" DataSourceID="sqlDataSourceGaestebuch"
        AutoGenerateColumns="False">
        <Columns>
            <asp:BoundField DataField="Id" HeaderText="Id"
                InsertVisible="False" ReadOnly="True"
                SortExpression="Id" />
            <asp:BoundField DataField="Absender"
                HeaderText="Absender" SortExpression="Absender" />
            <asp:BoundField DataField="Nachricht"
                HeaderText="Nachricht" SortExpression="Nachricht" />
            <asp:BoundField DataField="Datum" HeaderText="Datum"
                SortExpression="Datum" />
        </Columns>
    </asp:GridView>
    <asp:SqlDataSource ID="sqlDataSourceGaestebuch" runat="server"
        ConnectionString="<%$ ConnectionStrings:WebseiteConnectionString %>"
        SelectCommand="SELECT [Id], [Absender], [Nachricht], [Datum] FROM
[Gaestebuch] ORDER BY Datum DESC"></asp:SqlDataSource>
</asp:Panel>
```

Es wurde die `DataSource` hinzugefügt, `AllowPaging` und `AllowSorting` auf *true* gesetzt und ein Bereich `<Columns>` hinzugefügt, in dem die einzelnen anzuzeigenden Spalten definiert werden. Darauf kommen wir gleich nochmals zurück. Wechseln Sie nun in die Code-behind-Datei und passen Sie noch die Zeile an, die dafür zuständig war, das ListView-Element beim Speichern eines Eintrages zu aktualisieren.

Listing 15.70 GridView aktualisieren in VB.NET

```
' Wenn eine Zeile in die Datenbank geschrieben wurde, das Status Panel anzeigen
If Zeilen > 0 Then
    Me.pnlStatus.Visible = True
    Me.Gaestebuch.Visible = False
    'Me.ListView1.DataBind() durch Me.GridView1.DataBind() ersetzen
    Me.GridView1.DataBind()
End If
```

Listing 15.71 GridView aktualisieren in C#

```
// Wenn eine Zeile in die Datenbank geschrieben wurde, das Status Panel anzeigen
if (Zeilen > 0) {
    this.pnlStatus.Visible = true;
    this.Gaestebuch.Visible = false;
    // this.ListView1.DataBind(); durch this.GridView1.DataBind();
    // ersetzen
    this.GridView1.DataBind();
}
```

Nach dieser Änderung können Sie das Projekt ausführen, um zu sehen, was das GridView-Element so alles kann (Bild 15.47).

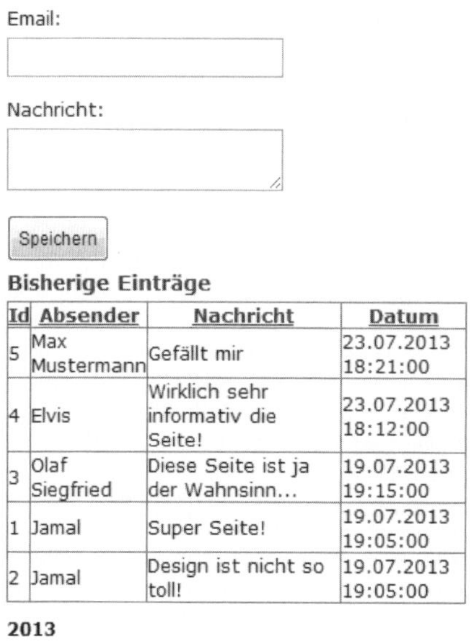
Email:
Nachricht:
Speichern
Bisherige Einträge
Id Absender Nachricht Datum
5 Max Mustermann Gefällt mir 23.07.2013 18:21:00
4 Elvis Wirklich sehr informativ die Seite! 23.07.2013 18:12:00
3 Olaf Siegfried Diese Seite ist ja der Wahnsinn... 19.07.2013 19:15:00
1 Jamal Super Seite! 19.07.2013 19:05:00
2 Jamal Design ist nicht so toll! 19.07.2013 19:05:00
2013

Bild 15.47
GridView im Browser

Das GridView zeigt uns nun die Gästebuch-Einträge an, und Sie können diese durch einen Klick auf die Kopfzeilen sortieren. Wenn Sie genug Einträge haben, könnten Sie auch durch die Seiten blättern; sollten Sie nur wenige Einträge haben, können Sie auch die Seitengröße verändern. Dafür müssen Sie die Eigenschaft `PageSize` des GridViews anpassen. Wenn wir in unserem Projekt die Eigenschaft auf 3 setzen, sieht das im Browser wie in Bild 15.48 aus.

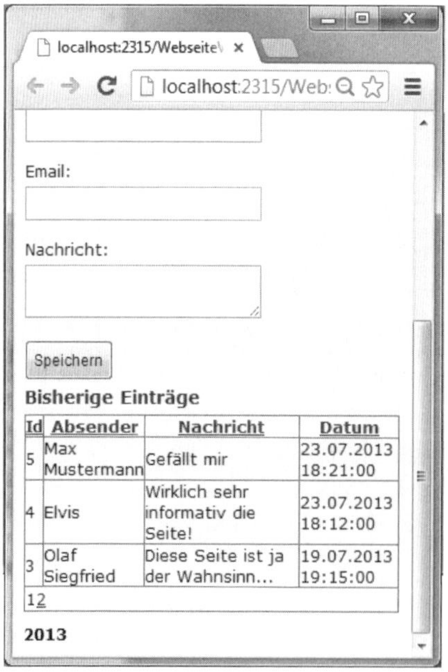
localhost:2315/Webseite\
localhost:2315/Web:
Email:
Nachricht:
Speichern
Bisherige Einträge
Id Absender Nachricht Datum
5 Max Mustermann Gefällt mir 23.07.2013 18:21:00
4 Elvis Wirklich sehr informativ die Seite! 23.07.2013 18:12:00
3 Olaf Siegfried Diese Seite ist ja der Wahnsinn... 19.07.2013 19:15:00
1 2
2013

Bild 15.48
GridView mit Paging

Unten links sehen Sie jetzt einen Pager, um durch die Seiten zu blättern. Da unser GridView noch ziemlich ärmlich aussieht, sollten wir hier am Design etwas verändern. Wechseln Sie dazu in den Entwurfsmodus und öffnen Sie die Einstellungen des GridViews über den kleinen Button mit dem Pfeil. Klicken Sie oben auf *Autom. Formatierung ...* Es öffnet sich ein Fenster, in dem Sie aus verschiedenen Vorlagen ein Design für das GridView auswählen können. Wählen Sie eins, das Ihnen gefällt, und klicken Sie auf OK. Dadurch werden die Farbeinstellungen in den Quellcode des GridViews geschrieben. Wechseln Sie in die Entwurfsansicht und schauen Sie sich den Quellcode an. Hier wurden über verschiedene Style-Anweisungen die Farben und Ausrichtungen, Rahmen usw. definiert.

Listing 15.72 GridView mit Layout

```
<asp:GridView ID="GridView1" runat="server" AllowPaging="True"
    AllowSorting="True" DataSourceID="sqlDataSourceGaestebuch"
    AutoGenerateColumns="False" BackColor="#CCCCCC"
    BorderColor="#999999" BorderStyle="Solid" BorderWidth="3px"
    CellPadding="4" CellSpacing="2" ForeColor="Black" PageSize="3">
    <Columns>
        <asp:BoundField DataField="Id" HeaderText="Id"
            InsertVisible="False" ReadOnly="True"
            SortExpression="Id" />
        <asp:BoundField DataField="Absender" HeaderText="Absender"
            SortExpression="Absender" />
        <asp:BoundField DataField="Nachricht" HeaderText="Nachricht"
            SortExpression="Nachricht" />
        <asp:BoundField DataField="Datum" HeaderText="Datum"
            SortExpression="Datum" />
    </Columns>
    <FooterStyle BackColor="#CCCCCC" />
    <HeaderStyle BackColor="Black" Font-Bold="True"
        ForeColor="White" />
    <PagerStyle BackColor="#CCCCCC" ForeColor="Black"
        HorizontalAlign="Left" />
    <RowStyle BackColor="White" />
    <SelectedRowStyle BackColor="#000099" Font-Bold="True"
        ForeColor="White" />
    <SortedAscendingCellStyle BackColor="#F1F1F1" />
    <SortedAscendingHeaderStyle BackColor="#808080" />
    <SortedDescendingCellStyle BackColor="#CAC9C9" />
    <SortedDescendingHeaderStyle BackColor="#383838" />
</asp:GridView>
```

Je nach gewähltem Layout kann das natürlich bei Ihnen anders aussehen. Starten Sie nun das Projekt und schauen Sie sich das Ergebnis im Browser an. Schon besser, oder? (Siehe Bild 15.49)

Nun wollen wir uns noch die Einstellungen für die einzelnen Spalten anschauen. Hier können Sie wie meistens wieder direkt im Quellcode oder aber über den Designer arbeiten. Wenn wir jetzt die Id-Spalte ID nennen, aus Absender Name machen und beim Datum nur das Datum haben wollen, würde das im Quellcode so wie in Listing 15.73 aussehen.

Bild 15.49
GridView mit Layout

Listing 15.73 GridView – Spalten anpassen

```
<Columns>
    <asp:BoundField DataField="Id" HeaderText="ID"
        InsertVisible="False" ReadOnly="True" SortExpression="Id" />
    <asp:BoundField DataField="Absender" HeaderText="Name"
        SortExpression="Absender" />
    <asp:BoundField DataField="Nachricht" HeaderText="Nachricht"
        SortExpression="Nachricht" />
    <asp:BoundField DataField="Datum" HeaderText="Datum"
        SortExpression="Datum" DataFormatString="{0:d.MM.yyyy}"/>
</Columns>
```

Die Überschrift der Spalten ändert man über die Eigenschaft `HeaderText`, das Datumsformat über `DataFormatString`. Hier steht das `d` für den Tag, `MM` für den Monat und `yyyy` für die vierstellige Jahreszahl.

Mehr Infos zum `DataFormatString` finden Sie unter *http://msdn.microsoft.com/de-de/library/system.web.ui.webcontrols.boundfield.dataformatstring.aspx*.

Sie können die Spalten auch über den Designer anpassen, kicken Sie dafür das Grid in der Entwurfansicht an und öffnen Sie das Eigenschaften-Pop-up. Hier gibt es einen Link *Spalten bearbeiten*. Wenn Sie darauf klicken, öffnet sich ein Fenster, in dem Sie Spalten hinzufügen, bearbeiten und löschen können (Bild 15.50).

Das GridView unterstützt auch direkt das Löschen und Editieren. Dies wird aber hier nicht mehr behandelt. Sollten Sie mehr darüber wissen wollen, finden Sie in der MSDN-Bibliothek Informationen und Beispiele dafür: *http://msdn.microsoft.com/en-us/library/2s019wc0.aspx#CodeExamples* (auf Englisch).

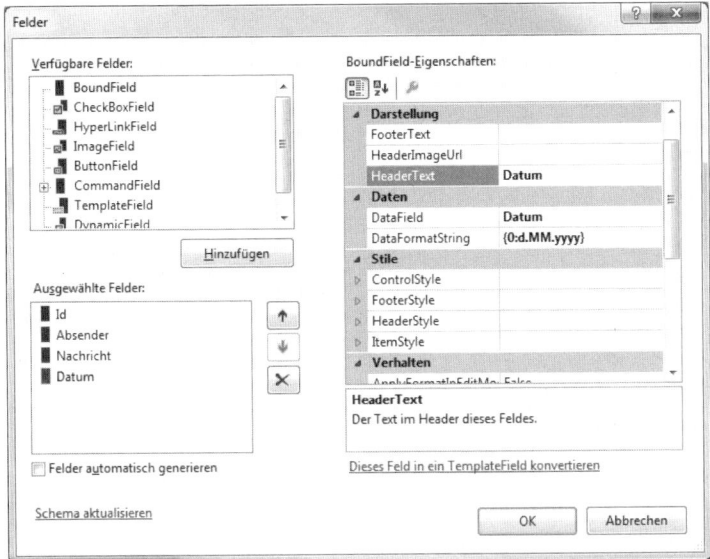

Bild 15.50
Spalten im Designer
bearbeiten

16 Konfiguration

■ 16.1 Allgemeine Informationen

Die Konfiguration von ASP.NET-Webseiten und Webanwendungen funktioniert über zwei Arten von XML-Dateien. Die eine wurde im Buch schon erwähnt, die *web.config*-Datei. Die zweite ist die *machine.config*-Datei, die nichts anderes als eine *web.config*-Datei ist mit dem Unterschied, dass diese an einem bestimmten Ort auf dem Webserver liegt (im Ordner der .NET-Installation), diesen speziellen Namen hat und für alle Webanwendungen/Webseiten auf dem Server gilt. Alle Einstellungen, die Sie in einer *machine.config*-Datei machen können, können Sie auch in einer *web.config*-Datei machen und umgekehrt.

Wenn Sie nun bestimmte Einstellungen in Ihrer Webseite überschreiben wollen, die von der *machine.config*-Datei abweichen, erledigen Sie dies in der *web.config*-Datei, die im Hauptverzeichnis Ihrer Webseite liegt.

Die *config*-Dateien, die in Ihrem Webverzeichnis liegen, sind von außen nicht zugreifbar, da der Webserver dafür sorgt, dass diese Dateien nicht aufrufbar sind.

Innerhalb einer Webseite können Sie auch mehrere *web.config*-Dateien haben (pro Ordner genau eine). Wenn in einem Ordner keine *web.config*-Datei abgelegt wurde, werden automatisch die Einstellungen aus dem übergeordneten Ordner verwendet. Sie können dadurch unter anderem steuern, welche Ordner und Dateien von welchen Benutzern (nur eingeloggte, keine anonymen etc.) aufgerufen werden können.

 Dieses Kapitel ist ganz bewusst kurz gehalten, da die Konfiguration ein komplexes Thema ist. Außerdem muss sie bei der Webseiten-Entwicklung mit ASP.NET nicht so ausgeprägt genutzt werden wie bei komplexen Webapplikationen. Die meisten Einstellungen, die Sie im Laufe der Entwicklung der Webseite in die *web.config*-Datei ablegen, werden durch Visual Studio dort eingetragen, oder wir haben sie im Laufe des Buches schon behandelt. Bei den Webhostern Ihrer Webseite werden Sie vermutlich viele Einstellungen auch gar nicht verwenden bzw. überschreiben können. Sollten Sie dennoch tiefer in das Thema einsteigen wollen, gibt es im Internet viele Informationen dazu, unter anderem in der MSDN-Bibliothek: *http://msdn. microsoft.com/de-de/library/ms178684%28v=vs.100%29.aspx*

■ 16.2 Der Aufbau der Konfigurationsdateien

Die Konfigurationsdateien sind XML-Dateien und werden immer von einem <configuration> </configuration>-Tag umschlossen. Innerhalb dieses Tags befinden sich alle Einstellungen der Datei. Innerhalb des configuration-Tags gibt es dann verschiedene Abschnitte wie z. B.:

- appSettings: Hier kann man Wertepaare abspeichern (was wir in diesem Buch schon getan haben), auf die man aus dem Programmcode heraus zugreifen kann.

- connectionStrings: Hier kann man einen oder mehrere ConnectionStrings abspeichern.

- system.web: Hier kann man eine Vielzahl von Einstellungen wie Authentifizierung, Caching, Browserabfragen usw. ablegen.

- system.net: Hier kann man beispielsweise E-Mail-Adressen und Serverdaten hinterlegen (was wir in diesem Buch schon getan haben).

- configSections: Hier kann man benutzerdefinierte Einstellungen ablegen.

17

Die Veröffentlichung einer Webseite

Der Sinn der Entwicklung einer Webseite besteht darin, die Seite dann auch im World Wide Web zu veröffentlichen. Dafür benötigen Sie einen Webspace. Dies ist ein Speicherplatz auf einem Webserver, den Sie bei einem Webhoster mieten können. Sie können sich auch einen kompletten Server mieten, aber für eine kleine Webseite sind der Einarbeitungsaufwand sowie die Kosten viel zu hoch. Wenn Sie sich ein ASP.NET Hosting-Paket ausgesucht haben, es erstellt haben und die Zugangsdaten zugeschickt bekommen, können Sie loslegen. Zum Hochladen der Webseite verwenden wir FTP, das bedeutet, dass Sie von Ihrem Webhosting die Zugangsdaten von Ihrem FTP-Zugang brauchen. Diese beinhalten eine Server-Adresse, z. B. *ftp.meinedomain.de*, einen Benutzernamen und ein Passwort. Wenn Sie die Daten haben, können Sie loslegen, Ihre Webseite hochzuladen.

■ 17.1 Webseite veröffentlichen

Öffnen Sie die Webseite (in diesem Fall unser Webseitenprojekt) im Visual Studio. Wenn die Seite geöffnet ist, klicken Sie oben im Menü auf ERSTELLEN → WEBSITE VERÖFFENTLICHEN (Bild 17.1).

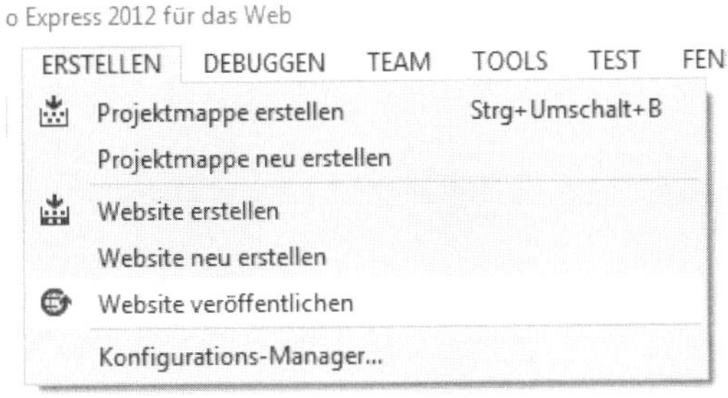

Bild 17.1
Website veröffentlichen im Menü

Es öffnet sich der *Web veröffentlichen*-Dialog. Hier können Sie zwischen verschiedenen Veröffentlichungsprofilen wählen. Ein Veröffentlichungsprofil beinhaltet die Einstellungen, die

Sie benötigen, um eine Seite zu veröffentlichen. Wenn Sie dann später mal mehrere Webseiten und Projekte haben, brauchen Sie auch mehrere Veröffentlichungsprofile.

Wählen Sie jetzt in der Dropdownliste <*Neues Profil...*> aus (Bild 17.2).

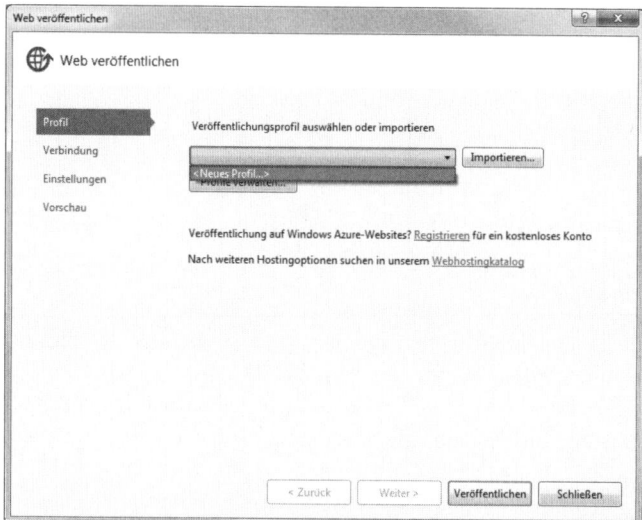

Bild 17.2
Neues Profil erstellen

Es öffnet sich ein Pop-up, in dem Sie den Namen des Profils eintragen. Hier empfiehlt es sich, den Namen der Webseite einzutragen: Webseitenprojekt.

Im nächsten Schritt müssen Sie die Veröffentlichungsmethode auswählen und die Daten eingeben, um auf Ihren Server zu kommen. Wählen Sie dazu oben bei *Veröffentlichungsmethode FTP* aus. Die Daten für *Server*, *Benutzername* und *Kennwort* bekommen Sie von Ihrem Webhoster. *Websitepfad* ist der Unterordner, in dem die Website gespeichert werden soll, falls Sie in einen Unterordner soll. *Ziel-URL* können Sie freilassen (Bild 17.3).

Webseitenprojekt *

| Veröffentlichungsmethode: | FTP |

Server:	ftp://meine-domain.de
Websitepfad:	webseitenprojekt
	☑ Passiver Modus
Benutzername:	benutzer
Kennwort:	••••••••
	☑ Kennwort speichern
Ziel-URL:	*Beispiel: "http://www.contoso.com"*

Verbindung überprüfen

< Zurück   Weiter >   Veröffentliche

Bild 17.3
Server- und Benutzerdaten

Durch einen Klick auf WEITER kommen Sie zum nächsten Schritt, hier können Sie noch Einstellungen treffen, wie z. B. dass die derzeit im Ordner vorhandenen Daten auf dem Server gelöscht werden. Klicken Sie hier einfach auf WEITER. Sie erhalten jetzt noch kurz die Info, auf welchem Server die Seite veröffentlicht wird, und können dann auf VERÖFFENTLICHEN klicken. Danach fängt Visual Studio an, die Daten auf den Server zu schieben. Eine Info darüber finden Sie im Ausgabefenster vom Visual Studio (Bild 17.4).

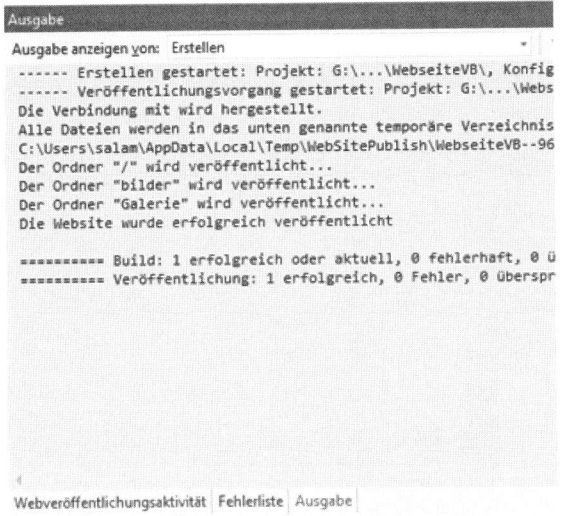

Bild 17.4
Ausgabefenster nach erfolgreicher
Veröffentlichung

■ 17.2 Datenbank auf den Webserver überspielen

Die Daten unserer Webseite sind jetzt auf dem Webserver. Allerdings fehlt noch die Datenbank. Hierfür brauchen Sie wieder von Ihrem Webhoster die Zugangsdaten und eine Möglichkeit zum Zugriff auf Ihren Datenbankserver. Wie Sie darauf zugreifen, kann je nach Webhoster verschieden sein. Wichtig ist, dass Sie SQL-Befehle ausführen können. Bei unserem Webseitenprojekt wäre es wahrscheinlich einfacher und schneller, die Tabellen neu zu erstellen, aber wir gehen von dem Fall aus, dass Sie später einmal eine Webseite haben, die schon Daten in der Datenbank hat, und Sie diese eben auf den Server bringen möchten. Um Ihre Datenbank in eine SQL-Datei zu bekommen, öffnen Sie das SQL Server Management Studio.

Klicken Sie jetzt im Objekt-Explorer auf die Datenbank des Webseitenprojekts und gehen Sie in das Untermenü des Menüeintrages *Tasks*, dort klicken Sie auf den Menüpunkt *Skripts generieren ...* (Bild 17.5).

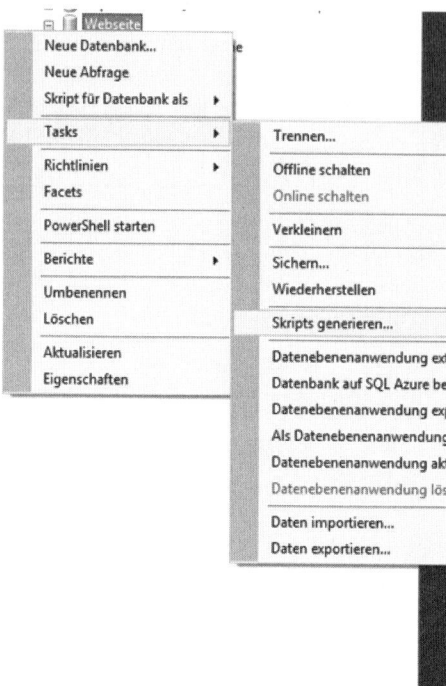

Bild 17.5
Skripts generieren im Menü

Nun öffnet sich ein Wizard zum Generieren der Skripts für die Datenbank, hier können Sie unter anderem auswählen, welche Objekte der Datenbank Sie exportieren wollen oder nur die Daten, nur das Schema der Datenbank oder beides und vieles mehr (Bild 17.6).

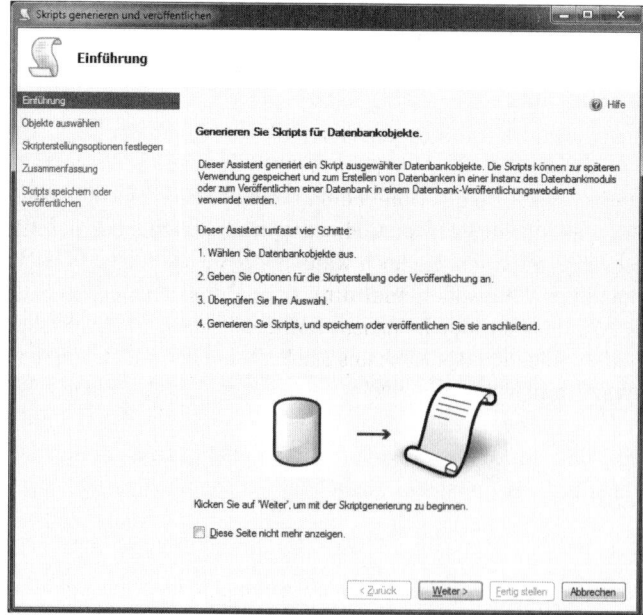

Bild 17.6
Skripts generieren Fenster

Die erste Ansicht listet Ihnen auf, was Sie mit dem Assistenten erledigen können. Wenn Sie diesen Schritt nicht mehr sehen möchten, können Sie unten links einen Haken bei *Diese Seite nicht mehr anzeigen* setzen. Klicken Sie auf WEITER für die Auswahl der Objekte, für die Sie ein Skript generieren möchten (Bild 17.7).

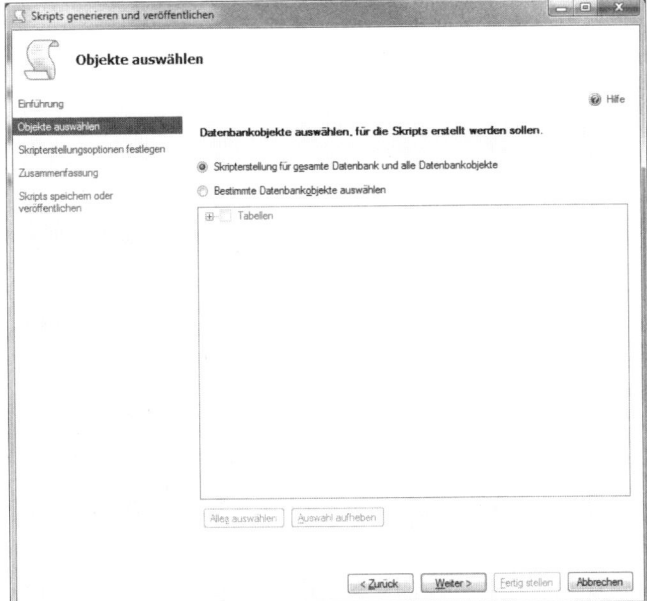

Bild 17.7
Auswahl der Objekte

Wählen Sie in diesem Fenster einfach *Skripterstellung für gesamte Datenbank und alle Daten-bankobjekte* aus und klicken Sie auf WEITER. Wenn Sie nur bestimmte Tabellen auswählen möchten, weil Sie beispielsweise auf Ihrem PC eine neue Tabelle erstellt haben und die nun auch im Live-System einbinden möchten, dann wählen Sie nur diese bestimmte Tabelle für die Skript-Generierung aus.

Im nächsten Schritt wählen Sie aus, wo Sie das generierte Skript haben möchten. Als Ausgabetyp wählen Sie *Skripts an einem bestimmten Speicherort speichern* aus. Unterhalb davon können Sie dann wählen, ob Sie für jedes Objekt eine Datei erstellen möchten oder eine Datei für die gesamte Datenbank, in welcher Codierung und an welchem Ort die Datei gespeichert werden soll. Weiter können Sie noch wählen, ob Sie das Skript einfach nur in der Zwischenablage kopiert haben wollen oder direkt im Abfragefenster des SQL Server Management Studios. Wählen Sie hier *In neuem Abfragefenster* aus, da wir das Skript noch ein wenig bearbeiten möchten. Als Nächstes klicken Sie oben rechts auf den ERWEITERT-Button, um noch einzustellen, wie das Skript genau erstellt werden soll (Bild 17.8).

Durch den Klick auf den ERWEITERT-Button öffnet sich ein neues Fenster mit Einstellungen für die Skripterstellung, hier ist vor allem die Einstellung *Datentypen, für die ein Skript erstellt wird* wichtig, denn hier wählen Sie aus, ob Sie z.B. bei einer Tabelle nur die Daten, nur die Struktur oder beides in Ihrem Skript wollen. Eine weitere wichtige Einstellung kann, abhängig von Ihrem Webhoster, die Einstellung *Skripterstellung für Serverversion* sein.

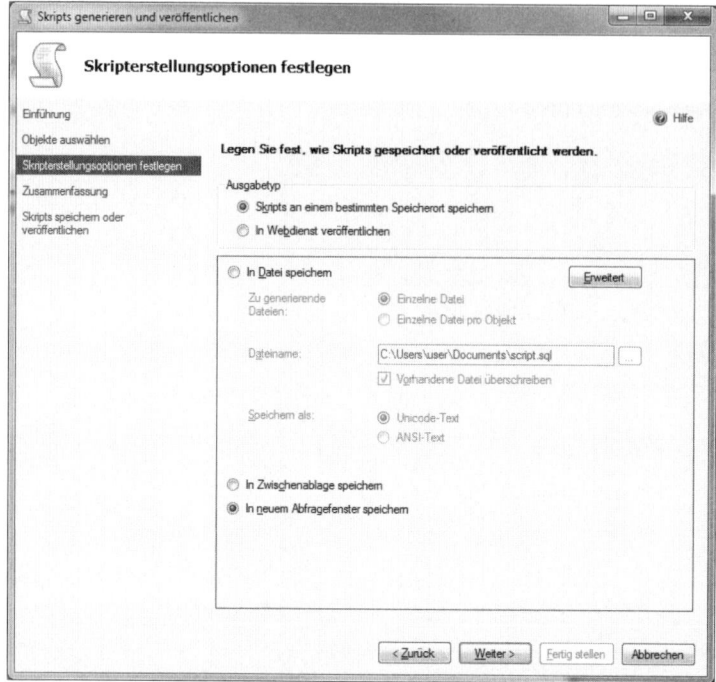

Bild 17.8
Skript-Speicherung

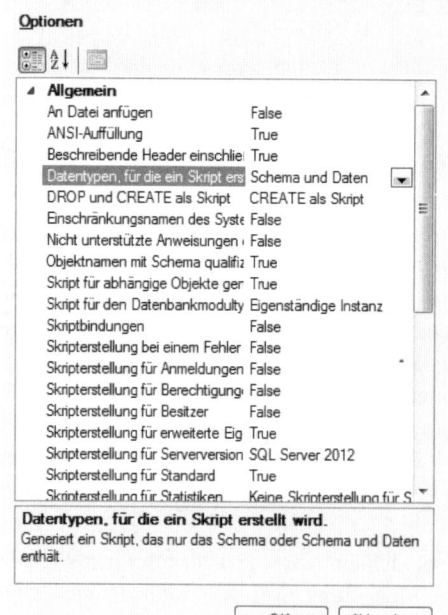

Bild 17.9
Erweiterte Einstellungen

Hier wählen Sie die Version aus, die Ihr Webhoster Ihnen bereitstellt. Wählen Sie bei *Datentypen, für die ein Skript erstellt wird Schema und Daten* aus und klicken Sie auf OK (Bild 17.9).

Klicken Sie nun auf WEITER, um noch einmal eine Übersicht über Ihre getroffene Auswahl zu sehen, und dann nochmals auf WEITER, damit die Skript-Erstellung gestartet wird. Sie sehen dann nochmals eine Übersicht, bei der im Erfolgsfall alle Einträge grüne Haken haben (Bild 17.10).

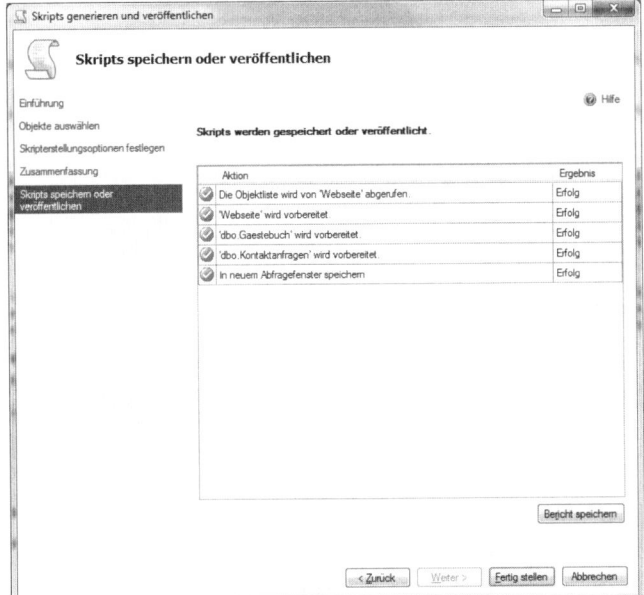

Bild 17.10
Abschlussbericht
Skript-Generierung

Wenn Sie den Assistenten nun schließen, sehen Sie im SQL Server Management Studio ein geöffnetes Abfragefenster mit einer ziemlich langen Abfrage für die kleine Datenbank, die wir haben. Das liegt daran, dass es im Skript auch einige Standardeinstellungen gibt, damit sich die Datenbank auf einem anderen Server mit anderen Standards gleich verhält. Das Skript sieht bei mir wie in Listing 17.1 aus.

Listing 17.1 Skript-Generierung der Webseiten-Datenbank

```
USE [master]
GO
/****** Object:  Database [Webseite]    Script Date: 16.08.2013 12:28:45 ******/
CREATE DATABASE [Webseite]
 CONTAINMENT = NONE
 ON  PRIMARY
( NAME = N'Webseite', FILENAME = N'F:\Microsoft SQL Server 2012\MSSQL11.SQLSERVER-
EXP2012\MSSQL\DATA\Webseite.mdf' , SIZE = 4160KB , MAXSIZE = UNLIMITED, FILEGROWTH =
1024KB )
 LOG ON
( NAME = N'Webseite_log', FILENAME = N'F:\Microsoft SQL Server 2012\MSSQL11.SQLSERVER-
EXP2012\MSSQL\DATA\Webseite_log.ldf' , SIZE = 1040KB , MAXSIZE = 2048GB , FILEGROWTH =
10%)
```

```
GO
ALTER DATABASE [Webseite] SET COMPATIBILITY_LEVEL = 110
GO
IF (1 = FULLTEXTSERVICEPROPERTY('IsFullTextInstalled'))
begin
EXEC [Webseite].[dbo].[sp_fulltext_database] @action = 'enable'
end
GO
ALTER DATABASE [Webseite] SET ANSI_NULL_DEFAULT OFF
GO
ALTER DATABASE [Webseite] SET ANSI_NULLS OFF
GO
ALTER DATABASE [Webseite] SET ANSI_PADDING OFF
GO
ALTER DATABASE [Webseite] SET ANSI_WARNINGS OFF
GO
ALTER DATABASE [Webseite] SET ARITHABORT OFF
GO
ALTER DATABASE [Webseite] SET AUTO_CLOSE ON
GO
ALTER DATABASE [Webseite] SET AUTO_CREATE_STATISTICS ON
GO
ALTER DATABASE [Webseite] SET AUTO_SHRINK OFF
GO
ALTER DATABASE [Webseite] SET AUTO_UPDATE_STATISTICS ON
GO
ALTER DATABASE [Webseite] SET CURSOR_CLOSE_ON_COMMIT OFF
GO
ALTER DATABASE [Webseite] SET CURSOR_DEFAULT  GLOBAL
GO
ALTER DATABASE [Webseite] SET CONCAT_NULL_YIELDS_NULL OFF
GO
ALTER DATABASE [Webseite] SET NUMERIC_ROUNDABORT OFF
GO
ALTER DATABASE [Webseite] SET QUOTED_IDENTIFIER OFF
GO
ALTER DATABASE [Webseite] SET RECURSIVE_TRIGGERS OFF
GO
ALTER DATABASE [Webseite] SET  DISABLE_BROKER
GO
ALTER DATABASE [Webseite] SET AUTO_UPDATE_STATISTICS_ASYNC OFF
GO
ALTER DATABASE [Webseite] SET DATE_CORRELATION_OPTIMIZATION OFF
GO
ALTER DATABASE [Webseite] SET TRUSTWORTHY OFF
GO
ALTER DATABASE [Webseite] SET ALLOW_SNAPSHOT_ISOLATION OFF
GO
ALTER DATABASE [Webseite] SET PARAMETERIZATION SIMPLE
GO
ALTER DATABASE [Webseite] SET READ_COMMITTED_SNAPSHOT OFF
GO
ALTER DATABASE [Webseite] SET HONOR_BROKER_PRIORITY OFF
GO
ALTER DATABASE [Webseite] SET RECOVERY SIMPLE
GO
ALTER DATABASE [Webseite] SET  MULTI_USER
GO
```

```
ALTER DATABASE [Webseite] SET PAGE_VERIFY CHECKSUM
GO
ALTER DATABASE [Webseite] SET DB_CHAINING OFF
GO
ALTER DATABASE [Webseite] SET FILESTREAM( NON_TRANSACTED_ACCESS = OFF )
GO
ALTER DATABASE [Webseite] SET TARGET_RECOVERY_TIME = 0 SECONDS
GO
USE [Webseite]
GO
/****** Object:  Table [dbo].[Gaestebuch]    Script Date: 16.08.2013 12:28:45 ******/
SET ANSI_NULLS ON
GO
SET QUOTED_IDENTIFIER ON
GO
CREATE TABLE [dbo].[Gaestebuch](
    [Id] [int] IDENTITY(1,1) NOT NULL,
    [Absender] [nvarchar](50) NOT NULL,
    [Email] [nvarchar](50) NOT NULL,
    [Nachricht] [nvarchar](max) NOT NULL,
    [Datum] [smalldatetime] NOT NULL
) ON [PRIMARY] TEXTIMAGE_ON [PRIMARY]

GO
/****** Object:  Table [dbo].[Kontaktanfragen]    Script Date: 16.08.2013 12:28:45
******/
SET ANSI_NULLS ON
GO
SET QUOTED_IDENTIFIER ON
GO
CREATE TABLE [dbo].[Kontaktanfragen](
    [Absender] [nvarchar](50) NOT NULL,
    [Email] [nvarchar](50) NOT NULL,
    [Nachricht] [nvarchar](max) NOT NULL,
    [Datum] [smalldatetime] NOT NULL
) ON [PRIMARY] TEXTIMAGE_ON [PRIMARY]

GO
SET IDENTITY_INSERT [dbo].[Gaestebuch] ON

GO
INSERT [dbo].[Gaestebuch] ([Id], [Absender], [Email], [Nachricht], [Datum]) VALUES
(1, N'Jamal', N'', N'Super Seite!', CAST(0xA2000479 AS SmallDateTime))
GO
INSERT [dbo].[Gaestebuch] ([Id], [Absender], [Email], [Nachricht], [Datum]) VALUES
(2, N'Jamal', N'jb@lebsites.de', N'Design ist nicht so toll!', CAST(0xA2000479 AS
SmallDateTime))
GO
INSERT [dbo].[Gaestebuch] ([Id], [Absender], [Email], [Nachricht], [Datum]) VALUES
(3, N'Olaf Siegfried', N'', N'Diese Seite ist ja der Wahnsinn...', CAST(0xA2000483 AS
SmallDateTime))
GO
INSERT [dbo].[Gaestebuch] ([Id], [Absender], [Email], [Nachricht], [Datum]) VALUES
(4, N'Elvis', N'', N'Wirklich sehr informativ die Seite!', CAST(0xA2040444 AS
SmallDateTime))
GO
INSERT [dbo].[Gaestebuch] ([Id], [Absender], [Email], [Nachricht], [Datum]) VALUES
(5, N'Max Mustermann', N'', N'Gefällt mir', CAST(0xA204044D AS SmallDateTime))
GO
```

```
SET IDENTITY_INSERT [dbo].[Gaestebuch] OFF
GO
INSERT [dbo].[Kontaktanfragen] ([Absender], [Email], [Nachricht], [Datum]) VALUES
(N'Jamal', N'jb@lebsites.de', N'test', CAST(0xA1FC04B8 AS SmallDateTime))
GO
ALTER TABLE [dbo].[Gaestebuch] ADD  DEFAULT (getdate()) FOR [Datum]
GO
ALTER TABLE [dbo].[Kontaktanfragen] ADD  DEFAULT (getdate()) FOR [Datum]
GO
USE [master]
GO
ALTER DATABASE [Webseite] SET   READ_WRITE
GO
```

Was Sie hier auf jeden Fall aus Ihrem Skript nehmen können, sind die folgenden Zeilen (Listing 17.2).

Listing 17.2 Entfernte Zeilen

```
CONTAINMENT = NONE
 ON  PRIMARY
( NAME = N'Webseite', FILENAME = N'F:\Microsoft SQL Server 2012\MSSQL11.
SQLSERVEREXP2012\MSSQL\DATA\Webseite.mdf' , SIZE = 4160KB , MAXSIZE = UNLIMITED,
FILEGROWTH = 1024KB )
 LOG ON
( NAME = N'Webseite_log', FILENAME = N'F:\Microsoft SQL Server 2012\MSSQL11.
SQLSERVEREXP2012\MSSQL\DATA\Webseite_log.ldf' , SIZE = 1040KB , MAXSIZE = 2048GB ,
FILEGROWTH = 10%)
```

Bei Ihnen sieht es höchstwahrscheinlich etwas anders aus, da Sie Ihren SQL Server in einem anderen Ordner installiert haben als ich. Die Zeilen brauchen wir auf unserem Webserver nicht, da wir dort andere Pfade haben und der Server dann selbst die notwendigen Daten verwendet. Den Rest können Sie im Skript lassen und versuchen, es in Ihre Datenbank einzuspielen. Dafür kopieren Sie sich das Skript entweder in die Zwischenablage und kopieren es in Ihre Eingabemöglichkeit für SQL Skripts, oder Sie speichern es als Datei und laden es dann hoch (falls Ihr Hosting dies unterstützt). Möglicherweise müssen Sie sich bei Ihrem Hoster schlau machen oder dessen Hilfe/FAQ-Anmerkungen lesen. Sollten Sie über ein SQL Server Management Studio auf Ihrem Webhosting verfügen, können Sie dort einfach ein neues Abfragefenster öffnen und das Skript hineinkopieren und auf den AUSFÜHREN-Button klicken. Im Idealfall sieht Ihr Meldungen-Fenster dann wie in Bild 17.11 aus.

Möglicherweise bekommen Sie auch den einen oder anderen Fehler angezeigt, weil Sie nicht die Berechtigung haben, diese Einstellungen zu setzen. Schauen Sie dann nach, ob die Datenbank, die Tabelle und die Daten trotzdem importiert wurden. Wenn ja, brauchen Sie keine Maßnahmen zu ergreifen. Falls nicht, müssen Sie eventuell die betroffenen Zeilen aus dem Skript entfernen und es nochmals ausführen.

Web.config anpassen

In der *Web.config*-Datei muss nun möglicherweise (auch abhängig vom Webhoster) der ConnectionString geändert werden, und zwar auf die Variante der SQL-Authentifizierung. Das bedeutet, dass Sie den Benutzernamen und das Passwort des SQL Server-Benutzers im ConnectionString angeben müssen. Der bisherige ConnectionString sieht wie in Listing 17.3 aus.

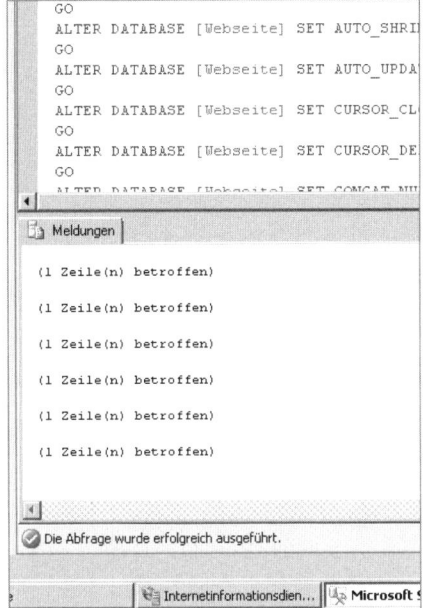

Bild 17.11
Meldungen-Fenster nach Skriptausführung

Listing 17.3 Bisheriger ConnectionString

```
<add name="WebseiteConnectionString" connectionString="Data Source=COMPUTERNAME\
SQLSERVERNAME;Initial Catalog=Webseite;Integrated Security=True" providerName="System.
Data.SqlClient" />
```

Dieser muss nun wie in Listing 17.4 angepasst werden.

Listing 17.4 Neuer angepasster ConnectionString

```
<add name="WebseiteConnectionString" connectionString="server=SERVERNAME;database=
DATENBANKNAME;uid=SQLBENUTZER;password=SQLBENUTZERPASSWORT;" />
```

Der Wert von SERVERNAME kann der Computername, localhost oder auch eine IP-Adresse sein. Mit Sicherheit werden Sie aber von Ihrem Webhoster erfahren, was genau Sie dort eintragen müssen. Als Letztes müssen Sie noch die debug-Einstellung von true auf false setzen, damit der Besucher Ihrer Webseite im Falle eines Fehler keine detaillierte Fehlermeldung bekommt (Listing 17.5 und Listing 17.6).

Listing 17.5 Bisherige Debug-Einstellung

```
<compilation debug="true" strict="false" explicit="true"
    targetFramework="4.5"/>
```

Listing 17.6 Angepasste Debug-Einstellung

```
<compilation debug="false" strict="false" explicit="true"
    targetFramework="4.5"/>
```

Jetzt sollte Ihre Webseite über Ihre Domain erreichbar sein. Meine Webseite erreichen Sie unter der Adresse *http://webseitenprojekt.lebsites.de*.

18 ASP.NET-Übungen

Zum Abschluss des Buches folgen nun noch ein paar Übungsaufgaben, um das bisher Gelernte zu festigen. Der Ablauf wird so sein, dass ich Ihnen eine Teilaufgabe stelle und daraufhin eine Musterlösung in VB.NET und C# bereitstelle. Die nächste Teilaufgabe wird dann nach der Musterlösung gestellt und in das gleiche Projekt eingebaut. Ziel dieser Übungen ist es, einen kleinen Chat zu programmieren, der direkt auf der Startseite angezeigt wird.

■ 18.1 Neues Webseitenprojekt erstellen

 ÜBUNG: Erstellen Sie eine neue Webseite mit dem Namen „Uebung" in der von Ihnen gewünschten Sprache.

■

Musterlösung: DATEI → NEUE WEBSEITE → LEERE ASP.NET-WEBSEITE

Hier gibt es natürlich noch weitere Möglichkeiten wie Shortcuts oder den Weg über die Visual Studio-Startseite.

■ 18.2 Masterseite einfügen

 ÜBUNG: Fügen Sie der Webseite eine Masterseite hinzu.

■

Musterlösung: WEBSITE → NEUES ELEMENT HINZUFÜGEN ... → MASTERSEITE → HINZUFÜGEN

Wie beim Erstellen der gesamten Webseite gibt es mehrere Wege, wie z. B. den Weg über den Projektmappen-Explorer und das Kontextmenü.

Die Masterseite lassen wir im ersten Schritt unangetastet und gehen gleich zur nächsten Seite über.

18.3 Neue Seite hinzufügen

 ÜBUNG: Fügen Sie dem Projekt eine neue Seite mit dem Namen „Impressum" hinzu. Die Seite soll die Masterseite als Vorlage verwenden.

Musterlösung: WEBSEITE → NEUES ELEMENT HINZUFÜGEN … → WEB FORM (Haken bei *Code in gesonderter Datei und Gestaltungsvorlage* setzen), Name auf *Impressum.aspx* ändern → HINZUFÜGEN → Im sich öffnenden Fenster *MasterPage.master* auswählen → OK

 ÜBUNG: Befüllen Sie nun die *Impressum.aspx*-Seite. Fügen Sie folgende Elemente in die *Impressum.aspx*-Seite ein:

- eine H1-Überschrift mit dem Text „Impressum"
- ein p-Tag mit Ihrer Adresse, Ihrer Telefonnummer und Ihrer E-Mail-Adresse als HyperLink-Element mit dem Namen „hlKontakt"

Listing 18.1 Inhalt des Impressums in VB.NET

```
<%@ Page Title="" Language="VB" MasterPageFile="~/MasterPage.master"
AutoEventWireup="false" CodeFile="Impressum.aspx.vb" Inherits="Impressum" %>

<asp:Content ID="Content1" ContentPlaceHolderID="head" Runat="Server">
</asp:Content>
<asp:Content ID="Content2" ContentPlaceHolderID="ContentPlaceHolder1" Runat="Server">
    <h1>Impressum</h1>
    <p>
        Max Mustermann<br />
        Musterstraße 1<br />
        12345 Musterort<br />
        Tel: 01234/56789<br />
        Email: <asp:HyperLink ID="hlKontakt"
            runat="server"
            NavigateUrl="mailto:max@mustermann.de">
            max@mustermann.de
        </asp:HyperLink>
    </p>
</asp:Content>
```

Listing 18.2 Inhalt des Impressums in C#

```
<%@ Page Title="" Language="C#" MasterPageFile="~/MasterPage.master"
AutoEventWireup="true" CodeFile="Impressum.aspx.cs" Inherits="Impressum" %>

<asp:Content ID="Content1" ContentPlaceHolderID="head" Runat="Server">
</asp:Content>
<asp:Content ID="Content2" ContentPlaceHolderID="ContentPlaceHolder1" Runat="Server">
    <h1>Impressum</h1>
    <p>
        Max Mustermann<br />
```

```
                Musterstraße 1<br />
                12345 Musterort<br />
                Tel: 01234/56789<br />
                Email: <asp:HyperLink ID="hlKontakt"
                    runat="server"
                    NavigateUrl="mailto:max@mustermann.de">
                    max@mustermann.de
                </asp:HyperLink>
            </p>
    </asp:Content>
```

 ÜBUNG: Fügen Sie eine neue Seite zur Ihrer Webseite hinzu. Nennen Sie diese *Default.aspx* und verwenden Sie die Masterseite als Vorlage. ∎

Musterlösung: WEBSEITE → NEUES ELEMENT HINZUFÜGEN … → WEB FORM (Haken bei *Code in gesonderter Datei und Gestaltungsvorlage* setzen), Name *auf Default.aspx* ändern → HINZUFÜGEN → Im sich öffnenden Fenster *MasterPage.master* auswählen → OK

 ÜBUNG: Fügen Sie folgende Elemente in die *Default.aspx*-Seite ein:

- ein H1-Element mit dem Text „Meine Chatseite"
- ein p-Tag mit dem Text „Willkommen auf meiner Chatseite, tragen Sie Ihren Namen in das Feld ein und legen Sie los!" ∎

Listing 18.3 Musterlösung für den Default-Inhalt in VB

```
<%@ Page Title="" Language="VB" MasterPageFile="~/MasterPage.master"
AutoEventWireup="false" CodeFile="Default.aspx.vb" Inherits="_Default" %>

<asp:Content ID="Content1" ContentPlaceHolderID="head"
    Runat="Server">
</asp:Content>
<asp:Content ID="Content2"
    ContentPlaceHolderID="ContentPlaceHolder1" Runat="Server">
    <h1>Meine Chatseite</h1>
    <p>Willkommen auf meiner Chatseite, tragen Sie Ihren Namen in das Feld ein und
legen Sie los!</p>
</asp:Content>
```

Listing 18.4 Musterlösung für den Default-Inhalt in C#

```
<%@ Page Title="" Language="C#" MasterPageFile="~/MasterPage.master"
AutoEventWireup="true" CodeFile="Default.aspx.cs" Inherits="_Default" %>

<asp:Content ID="Content1" ContentPlaceHolderID="head"
    Runat="Server">
</asp:Content>
<asp:Content ID="Content2"
    ContentPlaceHolderID="ContentPlaceHolder1" Runat="Server">
    <h1>Meine Chatseite</h1>
```

```
    <p>Willkommen auf meiner Chatseite, tragen Sie Ihren Namen in das Feld ein und
legen Sie los!</p>
</asp:Content>
```

■ 18.4 Neue Datenbank erstellen

Als Nächstes benötigen wir eine Datenbank, um die Chatnachrichten zu speichern. Öffnen Sie hierzu das SQL Server Management Studio und erstellen Sie eine neue SQL-Abfrage.

 ÜBUNG: Erstellen Sie per SQL-Befehl eine Datenbank mit dem Namen „ChatDB".

Listing 18.5 Musterlösung: Datenbank erstellen

```
CREATE DATABASE ChatDB;
```

■ 18.5 Neue Tabelle erstellen

Um die Nachrichten zu speichern, benötigen wir nun noch eine Tabelle.

 ÜBUNG: Erstellen Sie in der ChatDB-Datenbank eine Tabelle „ChatNachrichten" mit folgenden Spalten:
- Id, Integer, Identitätspalte, Nicht NULL
- Nachricht, nvarchar(max), Nicht NULL
- Name, nvarchar(50), Nicht NULL
- Datum, datetime, Aktuelles Datum und Uhrzeit als Standardwert

Listing 18.6 Musterlösung: ChatNachrichten-Tabelle erstellen

```
USE ChatDB;

CREATE TABLE ChatNachrichten(
    ID int IDENTITY(1,1) NOT NULL,
    Nachricht nvarchar(max) NOT NULL,
    Name nvarchar(50) NOT NULL,
    Datum datetime NOT NULL DEFAULT getDate()
)
```

Sie können natürlich auch den Entwurfsmodus verwenden, um die Tabelle zu erstellen (Bild 18.1).

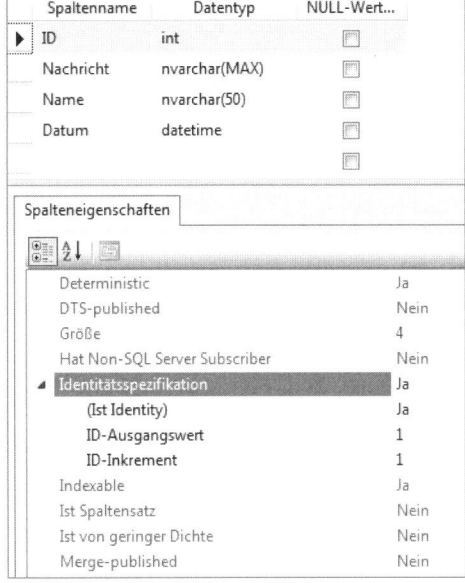

Bild 18.1
ChatNachrichten-Tabelle in der Entwurfsansicht

18.6 Formular erstellen

Da wir jetzt eine Datenbank und eine Tabelle haben, in der wir die Chatnachrichten speichern können, brauchen wir noch ein Formular, in das man eben diese eintragen kann.

ÜBUNG: Erstellen Sie ein Formular in der *Default.aspx*-Seite mit folgenden Vorgaben:

- eine Textbox mit der ID txtName und einer maximalen Länge von 20 Zeichen
- ein Label für txtName mit der ID lblName und dem Text „Ihr Name"
- eine Textbox mit der ID txtNachricht und als Multiline TextBox
- ein Label für txtNachricht mit der ID lblNachricht und dem Text „Ihre Nachricht"
- Fügen Sie das Ganze in eine Panel mit Namen pnlChatFormular ein.
- Gruppieren Sie immer ein Label und eine Textbox in einem Div.
- Als Letztes fügen Sie bitte noch ein Div-Element ein, das einen Button btnSpeichern enthält. Die Text-Eigenschaft des Buttons soll den Wert „Speichern" haben.

Listing 18.7 Musterlösung: Chatformular-Markup

```
<asp:Content ID="Content2" ContentPlaceHolderID="ContentPlaceHolder1" Runat="Server">
    <h1>Meine Chatseite</h1>
    <p>Willkommen auf meiner Chatseite, tragen Sie Ihren Namen in das Feld ein und
legen Sie los!</p>
    <asp:Panel ID="pnlChatFormular" runat="server">
        <div>
            <asp:Label ID="lblName" runat="server"
                Text="Ihr Name" AssociatedControlID="txtName">
            </asp:Label>
            <asp:TextBox ID="txtName" runat="server"
                MaxLength="20"></asp:TextBox>
        </div>
        <div>
            <asp:Label ID="lblNachricht" runat="server"
                Text="Ihre Nachricht"
                AssociatedControlID="txtNachricht">
            </asp:Label>
            <asp:TextBox ID="txtNachricht" runat="server"
                TextMode="MultiLine">
            </asp:TextBox>
        </div>
        <div>
            <asp:Button ID="btnSpeichern" runat="server"
                Text="Speichern" />
        </div>
    </asp:Panel>
</asp:Content>
```

■ 18.7 ConnectionString hinzufügen

Im nächsten Schritt wollen wir die Chatnachricht in der Datenbank speichern, dafür benötigen wir zuerst eine Datenbank-Verbindung.

 ÜBUNG: Fügen Sie Ihrem Projekt einen ConnectionString mit dem Namen ChatDBConnectionString in die *Web.config*-Datei ein. ■

Da die *Web.config*-Datei in VB.NET-Projekten standardmäßig ein wenig anders ist als in C#, gibt es hier getrennte Musterlösungen (Listing 18.8 und Listing 18.9).

Listing 18.8 Musterlösung: ConnectionString in Web.config (VB.NET-Projekt)

```
<?xml version="1.0" encoding="utf-8"?>

<!--
  Weitere Informationen zum Konfigurieren der ASP.NET-Anwendung
  finden Sie unter
  http://go.microsoft.com/fwlink/?LinkId=169433
```

```
  -->

<configuration>
  <connectionStrings>
    <add name="ChatDBConnectionString" connectionString="Data Source=COMPUTERNAME\
SQLSERVERNAME;Initial Catalog=ChatDB;Integrated Security=True"
      providerName="System.Data.SqlClient" />
  </connectionStrings>
  <system.web>
    <compilation debug="false" strict="false" explicit="true" targetFramework="4.5" />
    <httpRuntime targetFramework="4.5" />
  </system.web>
</configuration>
```

Listing 18.9 Musterlösung: ConnectionString in Web.config (C#-Projekt)

```
<?xml version="1.0"?>

<!--
  Weitere Informationen zum Konfigurieren der ASP.NET-Anwendung
  finden Sie unter
  http://go.microsoft.com/fwlink/?LinkId=169433
  -->

<configuration>
  <connectionStrings>
    <add name="ChatDBConnectionString" connectionString="Data Source=COMPUTERNAME\
SQLSERVERNAME;Initial Catalog=ChatDB;Integrated Security=True"
      providerName="System.Data.SqlClient" />
  </connectionStrings>
  <system.web>
    <compilation debug="true" targetFramework="4.5"/>
    <httpRuntime targetFramework="4.5"/>
  </system.web>
</configuration>
```

■ 18.8 Validierung und Speicherung in der Datenbank

Nachdem wir jetzt einen ConnectionString in unserem Projekt haben, können wir die Chatnachrichten aus unserem Formular in der Datenbank abspeichern.

ÜBUNG: Beim Klick auf btnSpeichern soll Folgendes passieren:

- Validatoren sollen überprüfen, ob beide Textboxen Text beinhalten. Hierfür müssen Sie noch Validatoren und ein ValidationSummaryControl-Element hinzufügen.
- Die Texte sollen HTML-encodiert in der Datenbank gespeichert werden.
- Das Ganze soll in einen Try Catch-Block gepackt werden.

Listing 18.10 ASPX-Seite in VB.NET

```
<%@ Page ValidateRequest="false" Title="" Language="VB" MasterPageFile="~/MasterPage.
master" AutoEventWireup="false" CodeFile="Default.aspx.vb" Inherits="_Default" %>

<asp:Content ID="Content1" ContentPlaceHolderID="head"
    Runat="Server">
</asp:Content>
<asp:Content ID="Content2"
        ContentPlaceHolderID="ContentPlaceHolder1" Runat="Server">
    <h1>Meine Chatseite</h1>
    <p>Willkommen auf meiner Chatseite, tragen Sie Ihren Namen in
        das Feld ein und legen Sie los!
    </p>
    <asp:Panel ID="pnlChatFormular" runat="server">
        <asp:ValidationSummary ID="ValidationSummary1"
            runat="server"/>
        <div>
            <asp:Label ID="lblName" runat="server"
                Text="Ihr Name" AssociatedControlID="txtName">
            </asp:Label>
            <asp:TextBox ID="txtName" runat="server"
                MaxLength="20">
            </asp:TextBox>
            <asp:RequiredFieldValidator ID="rfvName" runat="server"
                ErrorMessage="Name ist ein Pflichtfeld" Text="*"
                ControlToValidate="txtName" Display="Dynamic">
            </asp:RequiredFieldValidator>
        </div>
        <div>
            <asp:Label ID="lblNachricht" runat="server"
                Text="Ihre Nachricht"
                AssociatedControlID="txtNachricht">
            </asp:Label>
            <asp:TextBox ID="txtNachricht" runat="server"
                TextMode="MultiLine">
            </asp:TextBox>
            <asp:RequiredFieldValidator ID="rfvNachricht"
                runat="server" Text="*"
                ControlToValidate="txtNachricht"
                ErrorMessage="Nachricht ist ein Pflichtfeld"
                Display="Dynamic">
            </asp:RequiredFieldValidator>
        </div>
        <div>
            <asp:Button ID="btnSpeichern" runat="server"
                Text="Speichern" />
        </div>
    </asp:Panel>
</asp:Content>
```

Listing 18.11 Speichern-Button Code-behind in VB.NET

```
Imports System.Data.SqlClient

Partial Class _Default
    Inherits System.Web.UI.Page
```

```
    Protected Sub btnSpeichern_Click(sender As Object, e As EventArgs) Handles
btnSpeichern.Click
        ' War die Page-Validierung erfolgreich?
      If Page.IsValid Then
            ' Den ConnectionString ChatDBConnectionString aus der
            ' Web.config auslesen
          Dim ConnectionString As String
          ConnectionString = ConfigurationManager.ConnectionStrings
("ChatDBConnectionString").ConnectionString
            ' Ein SQL-Verbindungsobjekt erstellen
          Dim sqlVerbindung As New sqlconnection(ConnectionString)

            ' Versuchen, die Verbindung zu öffnen
          Try
              sqlVerbindung.Open()
              ' Einen SQL-Befehl erstellen
              Dim sqlBefehl As New SqlCommand()

              ' Die Verbindung dem SQL-Befehl zuweisen, damit
              ' dieser weiß,
              ' an welche Datenbank der Befehl geht
              sqlBefehl.Connection = sqlVerbindung

              ' Den SQL-Befehl erstellen. Hierbei werden Parameter
              ' verwendet.
              Dim strSql As String
              strSql = "INSERT INTO ChatNachrichten(Name,Nachricht)" _
                  & " VALUES(@Name,@Nachricht)"

              ' Den Befehl an das SQL-Objekt übergeben
              sqlBefehl.CommandText = strSql

              ' Die Parameter befüllen
              sqlBefehl.Parameters.AddWithValue("@Name", Server.HtmlEncode
(Me.txtName.Text))
              sqlBefehl.Parameters.AddWithValue("@Nachricht", Server.HtmlEncode
(Me.txtNachricht.Text))

              ' Den SQL-Befehl ausführen, ExecuteNonQuery gibt die
              ' Anzahl der betroffenen Zeilen zurück.
              Dim Zeilen As Integer = sqlBefehl.ExecuteNonQuery()

          Catch sqlEx As Exception
              ' Hier können Sie eine Fehlermeldung ausgeben
              ' lassen.
          End Try

      End If
    End Sub
End Class
```

Listing 18.12 ASPX Seite in C#

```
<%@ Page ValidateRequest="false" Title="" Language="C#" MasterPageFile="~/MasterPage.
master" AutoEventWireup="true" CodeFile="Default.aspx.cs" Inherits="_Default" %>

<asp:Content ID="Content1" ContentPlaceHolderID="head"
    Runat="Server">
```

```
    </asp:Content>
    <asp:Content ID="Content2"
        ContentPlaceHolderID="ContentPlaceHolder1" Runat="Server">
        <h1>Meine Chatseite</h1>
        <p>Willkommen auf meiner Chatseite, tragen Sie Ihren Namen in
            das Feld ein und legen Sie los!
        </p>
        <asp:Panel ID="pnlChatFormular" runat="server">
            <asp:ValidationSummary ID="ValidationSummary1"
                runat="server"/>
            <div>
                <asp:Label ID="lblName" runat="server"
                    Text="Ihr Name" AssociatedControlID="txtName">
                </asp:Label>
                <asp:TextBox ID="txtName" runat="server"
                    MaxLength="20"></asp:TextBox>
                <asp:RequiredFieldValidator ID="rfvName" runat="server"
                    ErrorMessage="Name ist ein Pflichtfeld" Text="*"
                    ControlToValidate="txtName" Display="Dynamic">
                </asp:RequiredFieldValidator>
            </div>
            <div>
                <asp:Label ID="lblNachricht" runat="server"
                    Text="Ihre Nachricht"
                    AssociatedControlID="txtNachricht">
                </asp:Label>
                <asp:TextBox ID="txtNachricht" runat="server"
                    TextMode="MultiLine">
                </asp:TextBox>
                <asp:RequiredFieldValidator ID="rfvNachricht"
                    runat="server" Text="*"
                    ErrorMessage="Nachricht ist ein Pflichtfeld"
                    ControlToValidate="txtNachricht"
                    Display="Dynamic">
                </asp:RequiredFieldValidator>
            </div>
            <div>
                <asp:Button ID="btnSpeichern" runat="server"
                    Text="Speichern" OnClick="btnSpeichern_Click" />
            </div>
        </asp:Panel>
    </asp:Content>
```

Listing 18.13 Speichern-Button Code-behind in C#

```csharp
using System;
using System.Collections.Generic;
using System.Linq;
using System.Web;
using System.Web.UI;
using System.Web.UI.WebControls;
using System.Data;
using System.Data.SqlClient;
using System.Configuration;

public partial class _Default : System.Web.UI.Page
{
    protected void Page_Load(object sender, EventArgs e)
```

```
    {

    }
    protected void btnSpeichern_Click(object sender, EventArgs e)
    {
        // War die Page-Validierung erfolgreich?
        if (Page.IsValid)
        {
            // Den ConnectionString ChatDBConnectionString aus der
            // Web.config auslesen
            var conString = System.Configuration.ConfigurationManager.ConnectionStrings
["ChatDBConnectionString"];
            string ConnectionString = conString.ConnectionString;
            // Ein SQL-Verbindungsobjekt erstellen
            SqlConnection sqlVerbindung = new SqlConnection(ConnectionString);

            // Versuchen, die Verbindung zu öffnen
            try
            {
                sqlVerbindung.Open();
                // Einen SQL-Befehl erstellen
                SqlCommand sqlBefehl = new SqlCommand();

                // Die Verbindung dem SQL-Befehl zuweisen, damit
                // dieser weiß, an welche Datenbank der Befehl geht
                sqlBefehl.Connection = sqlVerbindung;

                // Den SQL-Befehl erstellen. Hierbei werden
                // Parameter verwendet.
                string strSql = null;
                strSql = "INSERT INTO ChatNachrichten(Name,Nachricht)" + " VALUES
(@Name,@Nachricht)";

                // Den Befehl an das SQL-Objekt übergeben
                sqlBefehl.CommandText = strSql;

                // Die Parameter befüllen
                // Und den Namen und die Nachricht HTML encodieren
                sqlBefehl.Parameters.AddWithValue("@Name", Server.HtmlEncode
(this.txtName.Text));
                sqlBefehl.Parameters.AddWithValue("@Nachricht", Server.HtmlEncode
(this.txtNachricht.Text));

                // Den SQL-Befehl ausführen, ExecuteNonQuery gibt
                // die Anzahl der
                // betroffenen Zeilen zurück.
                int Zeilen = sqlBefehl.ExecuteNonQuery();
            }
            catch (Exception sqlEx)
            {
                // Hier können Sie eine Fehlermeldung ausgeben
                // lassen.
            }
        }
    }
}
```

■ 18.9 ListView

Jetzt können wir also Chatnachrichten abschicken, aber leider kann noch niemand lesen, was wir schreiben, das ändert sich aber gleich.

 ÜBUNG: Erstellen Sie unterhalb von pnlChatFormular ein Panel pnlChatNachrichten mit folgenden Inhalten:

- Es gibt ein ListView-Element mit der ID Chat inklusive ItemTemplate, AlternatingItemTemplate, EmptyDataTemplate und einem numerischen Pager.
- Es gibt eine SqlDataSource, die alle Spalten der Tabelle „ChatNachrichten" ausliest, mit der ID sqlDsChatNachrichten und absteigend nach Datum sortiert.
- Die ListView Chat verwendet sqlDsChatNachrichten als DataSource.
- Platzieren Sie in ItemTemplate und AlternatingItemTemplate jeweils drei Div-Elemente:
  - Das erste bildet den Container für die beiden weiteren und bekommt als CSS-Klasse chat-nachricht bzw. chat-nachricht-alternating im AlternatingItemTemplate.
  - Das zweite Div ist innerhalb des ersten Div-Elements und beinhaltet ein Label mit dem Text „Name:", ein Label mit dem Namen aus dem Datensatz und ein Label mit dem Datum aus dem Datensatz. Die CSS-Klasse des Div-Elements ist chat-header, das Label für das Datum bekommt die CSS-Klasse chat-datum.
  - Das dritte Div ist unterhalb des chat-header-Div-Elements und beinhaltet ein Label mit dem Text aus der „Nachricht"-Spalte. Die CSS-Klasse des Div-Elements ist chat-nachricht-text.

Listing 18.14 Musterlösung: ListView

```
<asp:Content ID="Content2"
    ContentPlaceHolderID="ContentPlaceHolder1" Runat="Server">
    <h1>Meine Chatseite</h1>
    <p>Willkommen auf meiner Chatseite, tragen Sie Ihren Namen in
        das Feld ein und legen Sie los!
    </p>
    <asp:Panel ID="pnlChatFormular" runat="server">
        <asp:ValidationSummary ID="ValidationSummary1"
            runat="server"/>
        <div>
            <asp:Label ID="lblName" runat="server"
                Text="Ihr Name" AssociatedControlID="txtName">
            </asp:Label>
            <asp:TextBox ID="txtName" runat="server"
                MaxLength="20">
            </asp:TextBox>
```

```
            <asp:RequiredFieldValidator ID="rfvName" runat="server"
                ErrorMessage="Name ist ein Pflichtfeld" Text="*"
                ControlToValidate="txtName" Display="Dynamic">
            </asp:RequiredFieldValidator>
        </div>
        <div>
            <asp:Label ID="lblNachricht" runat="server"
                Text="Ihre Nachricht"
                AssociatedControlID="txtNachricht">
            </asp:Label>
            <asp:TextBox ID="txtNachricht" runat="server"
                TextMode="MultiLine">
            </asp:TextBox>
            <asp:RequiredFieldValidator ID="rfvNachricht"
                runat="server" Text="*"
                ErrorMessage="Nachricht ist ein Pflichtfeld"
                ControlToValidate="txtNachricht"
                Display="Dynamic">
            </asp:RequiredFieldValidator>
        </div>
        <div>
            <asp:Button ID="btnSpeichern" runat="server"
                Text="Speichern" />
        </div>
    </asp:Panel>
    <asp:Panel ID="pnlChatNachrichten" runat="server">
        <asp:ListView ID="Chat" runat="server"
            DataSourceID="sqlDsChatNachrichten">
            <AlternatingItemTemplate>
                <div class="chat-nachricht-alternating">
                    <div class="chat-header">
                        <asp:Label ID="lblName" runat="server"
                            Text="Name:" />
                        <asp:Label ID="NameLabel" runat="server"
                            Text='<%# Eval("Name") %>' />
                        <asp:Label ID="DatumLabel" runat="server"
                            Text='<%# Eval("Datum") %>'
                            CssClass="chat-datum" />
                    </div>
                    <div class="chat-nachricht-text">
                        <asp:Label ID="NachrichtLabel"
                            runat="server"
                            Text='<%# Eval("Nachricht") %>' />
                    </div>
                </div>
            </AlternatingItemTemplate>
            <EmptyDataTemplate>
                <span>Es wurden keine Daten zurückgegeben.</span>
            </EmptyDataTemplate>
            <ItemTemplate>
                <div class="chat-nachricht">
                    <div class="chat-header">
                        <asp:Label ID="lblName" runat="server"
                            Text="Name:" />
                        <asp:Label ID="NameLabel" runat="server"
                            Text='<%# Eval("Name") %>' />
                        <asp:Label ID="DatumLabel" runat="server"
                            Text='<%# Eval("Datum") %>'
```

```
                              CssClass="chat-datum" />
                    </div>
                    <div class="chat-nachricht-text">
                        <asp:Label ID="NachrichtLabel"
                            runat="server"
                            Text='<%# Eval("Nachricht") %>' />
                    </div>
                </div>
            </ItemTemplate>
            <LayoutTemplate>
                <div id="itemPlaceholderContainer" runat="server"
                    style="">
                    <span runat="server" id="itemPlaceholder" />
                </div>
                <div style="">
                    <asp:DataPager ID="DataPager1" runat="server">
                        <Fields>
                            <asp:NextPreviousPagerField
                                ButtonType="Button"
                                ShowFirstPageButton="True"
                                ShowNextPageButton="False"
                                ShowPreviousPageButton="False" />
                            <asp:NumericPagerField />
                            <asp:NextPreviousPagerField
                                ButtonType="Button"
                                ShowLastPageButton="True"
                                ShowNextPageButton="False"
                                ShowPreviousPageButton="False" />
                        </Fields>
                    </asp:DataPager>
                </div>
            </LayoutTemplate>

    </asp:ListView>
    <asp:SqlDataSource ID="sqlDsChatNachrichten" runat="server"
ConnectionString="<%$ ConnectionStrings:ChatDBConnectionString %>"
SelectCommand="SELECT [ID], [Nachricht], [Name], [Datum] FROM [ChatNachrichten]
ORDER BY [Datum] DESC"></asp:SqlDataSource>
        </asp:Panel>
</asp:Content>
```

Mit drei Testnachrichten sieht die Seite nun in etwa wie in Bild 18.2 aus.

Wenn Sie jetzt ein paar Nachrichten eintragen, werden Sie merken, dass sich die Textfelder nicht leeren, wenn eine Nachricht abgeschickt wurde, und dass sich die ListView nicht automatisch aktualisiert.

 ÜBUNG: Passen Sie den Code so an, dass

- `txtNachricht` nach erfolgreichem Absenden der Nachricht geleert wird,
- die ListView sich nach dem Absenden aktualisiert.

Bild 18.2
Chatseite mit Formular und ListView

Listing 18.15 TextBox leeren und ListView aktualisieren in VB

```vb
' Den SQL-Befehl ausführen, ExecuteNonQuery gibt die Anzahl der
' betroffenen Zeilen zurück.
Dim Zeilen As Integer = sqlBefehl.ExecuteNonQuery()

' Wenn etwas in die Datenbank geschrieben wurde
If Zeilen > 0 Then
    ' TextBox leeren
    Me.txtNachricht.Text = ""
    ' ListView aktualisieren
    Me.Chat.DataBind()
End If
```

Listing 18.16 Textbox leeren und ListView aktualisieren in C#

```csharp
// Den SQL-Befehl ausführen, ExecuteNonQuery gibt die Anzahl der
// betroffenen Zeilen zurück.
int Zeilen = sqlBefehl.ExecuteNonQuery();

// Wenn etwas in die Datenbank geschrieben wurde
if (Zeilen > 0)
{
    // TextBox leeren
    this.txtNachricht.Text = "";
    // ListView aktualisieren
    this.Chat.DataBind();
}
```

18.10 Menü hinzufügen

Als Nächstes brauchen wir ein Menü, um zwischen den beiden Seiten wechseln zu können.

 ÜBUNG: Fügen Sie in der Masterseite ein Menü ein und verlinken Sie die Startseite und die Impressum-Seite.

Listing 18.17 Masterpage mit Menü

```
<!DOCTYPE html>

<html xmlns="http://www.w3.org/1999/xhtml">
<head runat="server">
<meta http-equiv="Content-Type" content="text/html; charset=utf-8"/>
    <title></title>
    <asp:ContentPlaceHolder id="head" runat="server">
    </asp:ContentPlaceHolder>
</head>
<body>
    <form id="form1" runat="server">
    <div>
        <asp:Menu ID="Menu1" runat="server"
            Orientation="Horizontal">
            <Items>
                <asp:MenuItem NavigateUrl="~/Default.aspx"
                    Text="Startseite" Value="Startseite">
                </asp:MenuItem>
                <asp:MenuItem NavigateUrl="~/Impressum.aspx"
                    Text="Impressum" Value="Impressum">
                </asp:MenuItem>
            </Items>
        </asp:Menu>
        <asp:ContentPlaceHolder id="ContentPlaceHolder1"
            runat="server">

        </asp:ContentPlaceHolder>
    </div>
    </form>
</body>
</html>
```

Im Browser sieht die Seite nun in etwa wie in Bild 18.3 aus.

Startseite Impressum

Meine Chatseite

Willkommen auf meiner Chatseite, tragen Sie Ihren
Namen in das Feld ein und legen Sie los!

Ihr Name

Ihre Nachricht

[Speichern]
Name: Heinz 23.08.2013 16:30:42
Guten Tag
Name: JB 23.07.2013 15:14:16
gut uns selbst?
Name: Jamal 23.07.2013 15:14:00
Wie gehts?
Name: JB 23.07.2013 15:13:38
Hi!
Name: Jamal 23.07.2013 15:13:30
Hallo
[Erste] 1 [Letzte]

Bild 18.3
Seite mit Menü

18.11 Fehlermeldung ausgeben

Besonders schön sieht die Seite noch nicht aus, aber das wird sich noch etwas verbessern.
Was aber vorher noch fehlt, ist ein Label für eine Fehlermeldung, falls eine Nachricht einmal nicht abgeschickt werden kann.

ÜBUNG: Fügen Sie im selben Div von btnSpeichern ein Label mit dem
Namen lblFehler und der Eigenschaft Visible = False vor dem Button
ein.

Listing 18.18 Fehler-Label

```
<div>
    <asp:Label ID="lblFehler" runat="server" Text="Label"
        Visible="False">
    </asp:Label>
    <asp:Button ID="btnSpeichern" runat="server" Text="Speichern" />
</div>
```

ÜBUNG: Geben Sie im Catch-Block die Fehlermeldung „Ein Fehler ist
aufgetreten, versuchen Sie es später noch einmal" aus. Verstecken Sie die
Meldung aber beim erfolgreichen Absenden.

Listing 18.19 Fehlermeldung ein- und ausblenden in VB

```vb
    ' Wenn etwas in die Datenbank geschrieben wurde
    If Zeilen > 0 Then
        ' TextBox leeren
        Me.txtNachricht.Text = ""
        ' ListView aktualisieren
        Me.Chat.DataBind()
    End If

    ' Fehlermeldung ausblenden
    Me.lblFehler.Visible = False
Catch sqlEx As Exception
    ' Die Fehlermeldung ausgeben
    Me.lblFehler.Text = "Ein Fehler ist aufgetreten, versuchen Sie es später noch
einmal"
    Me.lblFehler.Visible = True
End Try
```

Listing 18.20 Fehlermeldung ein- und ausblenden in C#

```csharp
    // Wenn etwas in die Datenbank geschrieben wurde
    if (Zeilen > 0)
    {
        // TextBox leeren
        this.txtNachricht.Text = "";
        // ListView aktualisieren
        this.Chat.DataBind();
    }

    // Fehlermeldung ausblenden
    this.lblFehler.Visible = false;
}
catch (Exception sqlEx)
{
    // Die Fehlermeldung ausgeben
    this.lblFehler.Text = "Ein Fehler ist aufgetreten, versuchen Sie es später noch
einmal";
    this.lblFehler.Visible = true;
}
```

■ 18.12 Styling

Jetzt sollten wir das Ganze noch ein wenig stylen.

 ÜBUNG: Erstellen Sie eine CSS-Datei *StyleSheet.css* und binden Sie diese in der Masterseite ein.

■

Musterlösung: Webseite → Neues Element hinzufügen ... → Stylesheet → Hinzufügen

Listing 18.21 Stylesheet in Masterseite einbinden

```
<head runat="server">
    <meta http-equiv="Content-Type" content="text/html; charset=utf-8"/>
    <title></title>
    <link href="StyleSheet.css" rel="stylesheet" />
    <asp:ContentPlaceHolder id="head" runat="server">
    </asp:ContentPlaceHolder>
</head>
```

Sie können das Stylesheet auch einbinden, indem Sie die Datei per Drag & Drop aus dem Projektmappen-Explorer an die gewünschte Stelle im Code ziehen.

Wechseln Sie nun in die CSS-Datei und fügen Sie ein paar Standardwerte ein.

ÜBUNG:

- Setzen Sie den Außen- und Innenabstand von allen Elementen auf 0.
- Die Schriftart des body-Elements legen Sie auf Verdana, Arial, sans-serif fest. Der Innenabstand beträgt 10 Pixel, die Schriftgröße 14 Pixel und die Hintergrundfarbe ist e6e6e6.
- Die h1-Überschrift hat eine Schriftgröße von 18 Pixel, einen unteren, äußeren Abstand von 10 Pixel, einen oberen von 15 Pixel, und die Schriftfarbe ist 1e90ff.
- P-Elemente haben einen unteren Außenabstand von 15 Pixel.
- Die Klasse .fehler hat die Schriftfarbe ff0000.

Listing 18.22 CSS-Standardwerte

```
/* Standardwerte in den verschiedenen Browsern zurücksetzen */
* {
    padding: 0;
    margin: 0;
}

body {
    font-family:Verdana,Arial,sans-serif;
    padding:10px;
    font-size:14px;
    background-color:#e6e6e6;
}

h1 {
    font-size:18px;
    margin-bottom:10px;
    color:#1E90FF;
    margin-top:15px;
}

p {
    margin-bottom: 10px;
}
```

```
.fehler {
    color: #ff0000;
}
```

Da wir die Klasse `fehler` noch gar nicht verwendet haben, müssen wir unsere *aspx*-Seite noch ein wenig anpassen und fügen in dem Zug noch einige weitere Klassen hinzu.

 ÜBUNG: Fügen Sie folgende CSS-Klassen in der *Default.aspx*-Seite hinzu:

- `pnlChatFormular` bekommt die Klasse `chat-formular`.
- Die Validatoren und die Validator-Zusammenfassung bekommen die Klasse `validator`.
- `lblFehler` bekommt die Klasse `fehler`.
- `pnlChatNachrichten` bekommt die Klasse `chat-nachrichten`.
- Das Div-Element, in dem `btnSpeichern` liegt, soll die Klasse `speichern` haben.

Listing 18.23 Default.aspx mit CSS-Klassen

```
<asp:Content ID="Content2"
    ContentPlaceHolderID="ContentPlaceHolder1" Runat="Server">
    <h1>Meine Chatseite</h1>
    <p>Willkommen auf meiner Chatseite, tragen Sie Ihren Namen in
        das Feld ein und legen Sie los!
    </p>
    <asp:Panel ID="pnlChatFormular" runat="server"
        CssClass="chat-formular">
        <asp:ValidationSummary ID="ValidationSummary1"
            runat="server" CssClass="validator" />
        <div>
            <asp:Label ID="lblName" runat="server"
                Text="Ihr Name" AssociatedControlID="txtName">
            </asp:Label>
            <asp:TextBox ID="txtName" runat="server"
                MaxLength="20">
            </asp:TextBox>
            <asp:RequiredFieldValidator ID="rfvName" runat="server"
                ErrorMessage="Name ist ein Pflichtfeld" Text="*"
                ControlToValidate="txtName" Display="Dynamic"
                CssClass="validator" >
            </asp:RequiredFieldValidator>
        </div>
        <div>
            <asp:Label ID="lblNachricht" runat="server"
                Text="Ihre Nachricht"
                AssociatedControlID="txtNachricht">
            </asp:Label>
            <asp:TextBox ID="txtNachricht" runat="server"
                TextMode="MultiLine">
            </asp:TextBox>
            <asp:RequiredFieldValidator ID="rfvNachricht"
                runat="server" Text="*"
```

```
                    ErrorMessage="Nachricht ist ein Pflichtfeld"
                    ControlToValidate="txtNachricht" Display="Dynamic"
                    CssClass="validator" >
            </asp:RequiredFieldValidator>
        </div>
        <div class="speichern">
            <asp:Label ID="lblFehler" runat="server" Text="Label"
                Visible="false" CssClass="fehler">
            </asp:Label><asp:Button ID="btnSpeichern" runat="server"
                Text="Speichern" />
        </div>
    </asp:Panel>
    <asp:Panel ID="pnlChatNachrichten" runat="server"
        CssClass="chat-nachrichten">
        <asp:ListView ID="Chat" runat="server"
            DataSourceID="sqlDsChatNachrichten">
            <AlternatingItemTemplate>
                <div class="chat-nachricht-alternating">
                    <div class="chat-header">
                        <asp:Label ID="lblName" runat="server"
                            Text="Name:" />
                        <asp:Label ID="NameLabel" runat="server"
                            Text='<%# Eval("Name") %>' />
                        <asp:Label ID="DatumLabel" runat="server"
                            Text='<%# Eval("Datum") %>'
                            CssClass="chat-datum" />
                    </div>
                    <div class="chat-nachricht-text">
                        <asp:Label ID="NachrichtLabel"
                            runat="server"
                            Text='<%# Eval("Nachricht") %>' />
                    </div>
                </div>
            </AlternatingItemTemplate>
            <EmptyDataTemplate>
                <span>Es wurden keine Daten zurückgegeben.</span>
            </EmptyDataTemplate>
            <ItemTemplate>
                <div class="chat-nachricht">
                    <div class="chat-header">
                        <asp:Label ID="lblName" runat="server"
                            Text="Name:" />
                        <asp:Label ID="NameLabel" runat="server"
                            Text='<%# Eval("Name") %>' />
                        <asp:Label ID="DatumLabel" runat="server"
                            Text='<%# Eval("Datum") %>'
                            CssClass="chat-datum" />
                    </div>
                    <div class="chat-nachricht-text">
                        <asp:Label ID="NachrichtLabel"
                            runat="server"
                            Text='<%# Eval("Nachricht") %>' />
                    </div>
                </div>
            </ItemTemplate>
            <LayoutTemplate>
                <div id="itemPlaceholderContainer" runat="server"
                    style="">
```

```
                        <span runat="server" id="itemPlaceholder" />
                    </div>
                    <div style="">
                        <asp:DataPager ID="DataPager1" runat="server">
                            <Fields>
                                <asp:NextPreviousPagerField
                                    ButtonType="Button"
                                    ShowFirstPageButton="True"
                                    ShowNextPageButton="False"
                                    ShowPreviousPageButton="False" />
                                <asp:NumericPagerField />
                                <asp:NextPreviousPagerField
                                    ButtonType="Button"
                                    ShowLastPageButton="True"
                                    ShowNextPageButton="False"
                                    ShowPreviousPageButton="False" />
                            </Fields>
                        </asp:DataPager>
                    </div>
                </LayoutTemplate>

            </asp:ListView>
            <asp:SqlDataSource ID="sqlDsChatNachrichten" runat="server"
ConnectionString="<%$ ConnectionStrings:ChatDBConnectionString %>"
SelectCommand="SELECT [ID], [Nachricht], [Name], [Datum] FROM [ChatNachrichten]
ORDER BY [Datum] DESC"></asp:SqlDataSource>
        </asp:Panel>
</asp:Content>
```

In der C#-Version hat `btnSpeichern` noch das Attribut `OnClick="btnSpeichern_Click"`.

 ÜBUNG: Fügen Sie folgende Anweisungen in die *StyleSheet.css*-Datei ein:

- `.chat-formular` hat eine Breite von 300 Pixel und einen unteren äußeren Abstand von 20 Pixel, 5 Pixel Innenabstand und die Hintergrundfarbe f5f5f5.

- Die Label innerhalb von `chat-formular` sollen Block-Elemente sein.

- Die Elemente in `.speichern` sind rechts ausgerichtet.

- `.chat-nachrichten` hat eine Breite von 300 Pixel.

- `.chat-nachricht` hat 5 Pixel Innenabstand und die Hintergrundfarbe f5f5f5.

- `.chat-nachricht-alternating` hat 5 Pixel Innenabstand und links und rechts einen durchgezogenen Rahmen von 1 Pixel und die Farbe f5f5f5.

- `.chat-header` hat die Schriftgröße 12 Pixel und einen unteren Außenabstand von 4 Pixel.

- Die `.chat-header`-Elemente innerhalb von `.chat-nachricht`-Elementen haben einen unteren, gepunkteten Rahmen mit 2 Pixel Stärke und die Farbe e6e6e6. Die `.chat-header`-Elemente innerhalb von `.chat-nachricht-alternating`-Elementen haben denselben Rahmen, aber mit der Farbe f5f5f5.

- .chat-nachricht-text-Elemente haben einen oberen Außenabstand von 3 Pixel und einen unteren von 5 Pixel.
- .validator-Elemente haben die Schriftfarbe ff0000.
- Input-Felder vom Typ text unt Textarea-Elemente haben einen unteren Außenabstand von 10 Pixel.

Wenn Sie alle Anweisungen in die *StyleSheet.css*-Datei eingetragen haben, starten Sie die Webseite. Klicken Sie, ohne etwas in Textboxen einzutragen, auf den Button, damit die Validatoren angezeigt werden. Sollten Sie keine Änderungen im Styling sehen, müssen Sie eventuell den Browsercache leeren. Die Seite sollte bei Ihnen jetzt wie in Bild 18.4 aussehen.

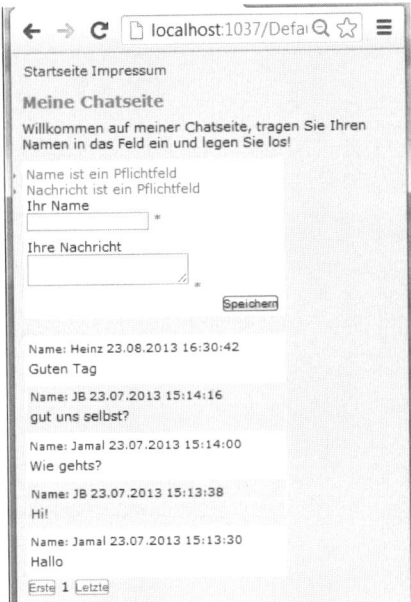

Bild 18.4
Angepasstes Styling

Der dazugehörige Code sieht wie in Listing 18.24 aus.

Listing 18.24 StyleSheet.css

```css
/* Standardwerte in den verschiedenen Browsern zurücksetzen */
* {
    padding: 0;
    margin: 0;
}

body {
    font-family:Verdana,Arial,sans-serif;
    padding:10px;
    font-size:14px;
    background-color:#e6e6e6;
```

```css
}

h1 {
    font-size:18px;
    margin-bottom:10px;
    color:#1E90FF;
    margin-top:15px;
}

p {
    margin-bottom: 10px;
}

.fehler {
    color:#ff0000;
}

.chat-formular {
    width:290px;
    margin-bottom:20px;
    background:#f5f5f5;
    padding:5px;
}

.chat-formular label {
    display: block;
}

.speichern {
    text-align:right;
}

.chat-nachrichten {
    width: 300px;
}

.chat-nachricht {
    background:#f5f5f5;
    padding:5px;
}

.chat-nachricht-alternating {
    border-right:1px solid #f5f5f5;
    border-left:1px solid #f5f5f5;
    padding:5px;
}

.chat-nachricht .chat-header,
.chat-nachricht-alternating .chat-header {
    font-size:12px;
    margin-bottom:4px;
    border-bottom:2px dotted #e6e6e6;
}

.chat-nachricht-alternating .chat-header {
    border-bottom:2px dotted #f5f5f5;
}
```

```
.chat-nachricht-text {
    margin:3px 0 5px 0;
}

.validator {
    color:#ff0000;
}

input[type=text],
textarea {
    margin-bottom:10px;
}
```

■ 18.13 Validator DisplayMode

Wie Ihnen sicherlich schon aufgefallen ist, sieht das `ValidatorSummary`-Element nicht sonderlich gut aus, da die Punkte der Liste herausstehen. Um dies zu beheben, könnten Sie das CSS der Liste anpassen oder, wenn Sie keine Aufzählungszeichen wollen, den `DisplayMode` ändern.

 ÜBUNG: Ändern Sie den `DisplayMode` des `ValidationSummary`-Elements von `BulletList` auf `List`.

■

Listing 18.25 ValidationSummary DisplayMode

```
<asp:ValidationSummary ID="ValidationSummary1" runat="server"
    CssClass="validator" DisplayMode="List" />
```

Jetzt sieht das Ganze schon ansehnlicher aus (Bild 18.5).

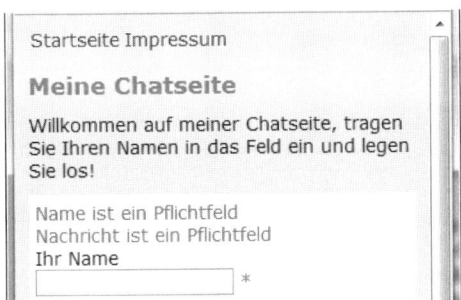

Bild 18.5
Geänderter DisplayMode

18.14 Menü-Styling

Um das Menü besser aussehen zu lassen, verwenden Sie am besten ein mitgeliefertes Design von Visual Studio. Die Farbgebung bleibt Ihnen überlassen. Sie können bei Bedarf auch direkt analysieren, welche CSS-Klassen das Menü-Element hat und diese gegebenenfalls selbst im Stylesheet anpassen.

ÜBUNG: Wählen Sie für das Menü-Element eine automatische Formatierung aus.

Musterlösung: Um die automatische Formatierung des Menü-Elements zu verwenden, wechseln Sie in die Masterseite und öffnen Sie die Entwurfsansicht. Klicken Sie das Menü-Element an und danach auf den kleinen Button rechts mit dem Pfeil. Es öffnet sich ein Pop-up, in dem Sie auf *Autom. Formatierung ...* klicken (Bild 18.6).

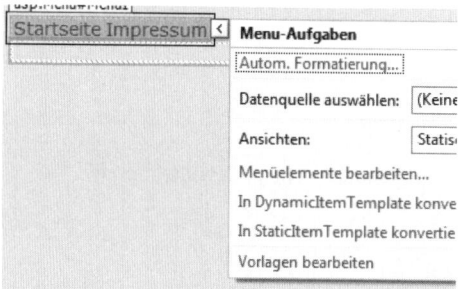

Bild 18.6
Menü-Element Optionen

Nun öffnet sich ein Fenster, in dem Sie eine der Formatierungen auswählen können. Wählen Sie ein Schema aus und klicken Sie auf OK. Ihr Menü wurde nun formatiert. Sollten Sie das Schema *Klassisch* gewählt haben, sollte Ihre Seite nun in etwa wie in Bild 18.7 aussehen.

Bild 18.7
Automatische Menü-Formatierung

■ 18.15 Fazit

Hiermit ist das Übungskapitel abgeschlossen, und wir sind am Ende des Buches angelangt. Natürlich haben wir keinen richtigen Chat programmiert, aber wir haben nochmals die Bereiche der Webseiten-Erstellung abgedeckt, die in diesem Buch erwähnt wurden. Sie können natürlich noch weitere Elemente einbauen oder die verschiedenen Optionen der Steuerelemente austesten. Je mehr Sie ausprobieren, desto mehr neue und nützliche Dinge werden Sie finden. Übung macht den Meister! Ich hoffe, Sie konnten sich erfolgreich durch das Buch durcharbeiten, und ich würde mir wünschen, dass Sie mithilfe dieses Buches Ihre erste dynamische Webseite mit ASP.NET realisieren. Und möglicherweise sind Sie ja jetzt so richtig auf den Geschmack gekommen und versuchen sich an der Entwicklung ganzer Webapplikationen mit Benutzerbereich etc.!

Index